Het Gezegende Leven

Het Gezegende Leven

Verhandelingen over Spiritualiteit
door
Swami Ramakrishnananda Puri

Mata Amritanandamayi Center, San Ramon
Californië, Verenigde Staten

Het Gezegende Leven

Verhandelingen over Spiritualiteit
door
Swami Ramakrishnananda Puri

Uitgegeven door:
Mata Amritanandamayi Center
P.O. Box 613
San Ramon, CA 94583
Verenigde Staten

———————— *The Blessed Life (Dutch)* ————————

Eerste druk door het MA Center: mei 2016

In Nederland:
www.amma.nl
info@amma.nl

In België:
www.vriendenvanamma.be

In India:
www.amritapuri.org
inform@amritapuri.org

Opdracht

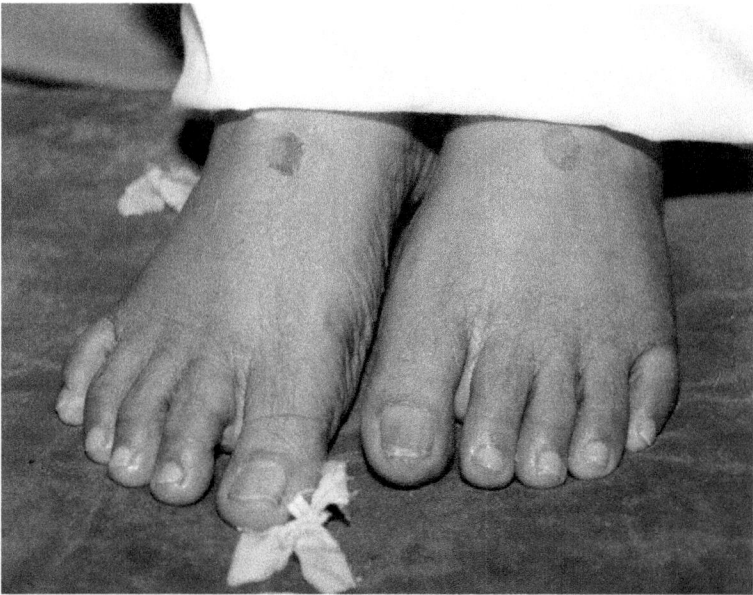

Ik draag dit boek nederig op
aan de lotusvoeten van mijn geliefde Satguru,
Sri Mata Amritanandamayi

Durlabhaṁ trayam ev'aitat daiv'ānugraha-hetukam;
manuṣyatvaṁ mumukṣutvaṁ mahā-puruṣa-saṁśrayaḥ.

Drie dingen zijn moeilijk te verkrijgen: als mens geboren worden,
het verlangen naar bevrijding en de omgang met Mahatma's. Ze
zijn het resultaat van goddelijke genade.

–Viveka Chudamani I.3

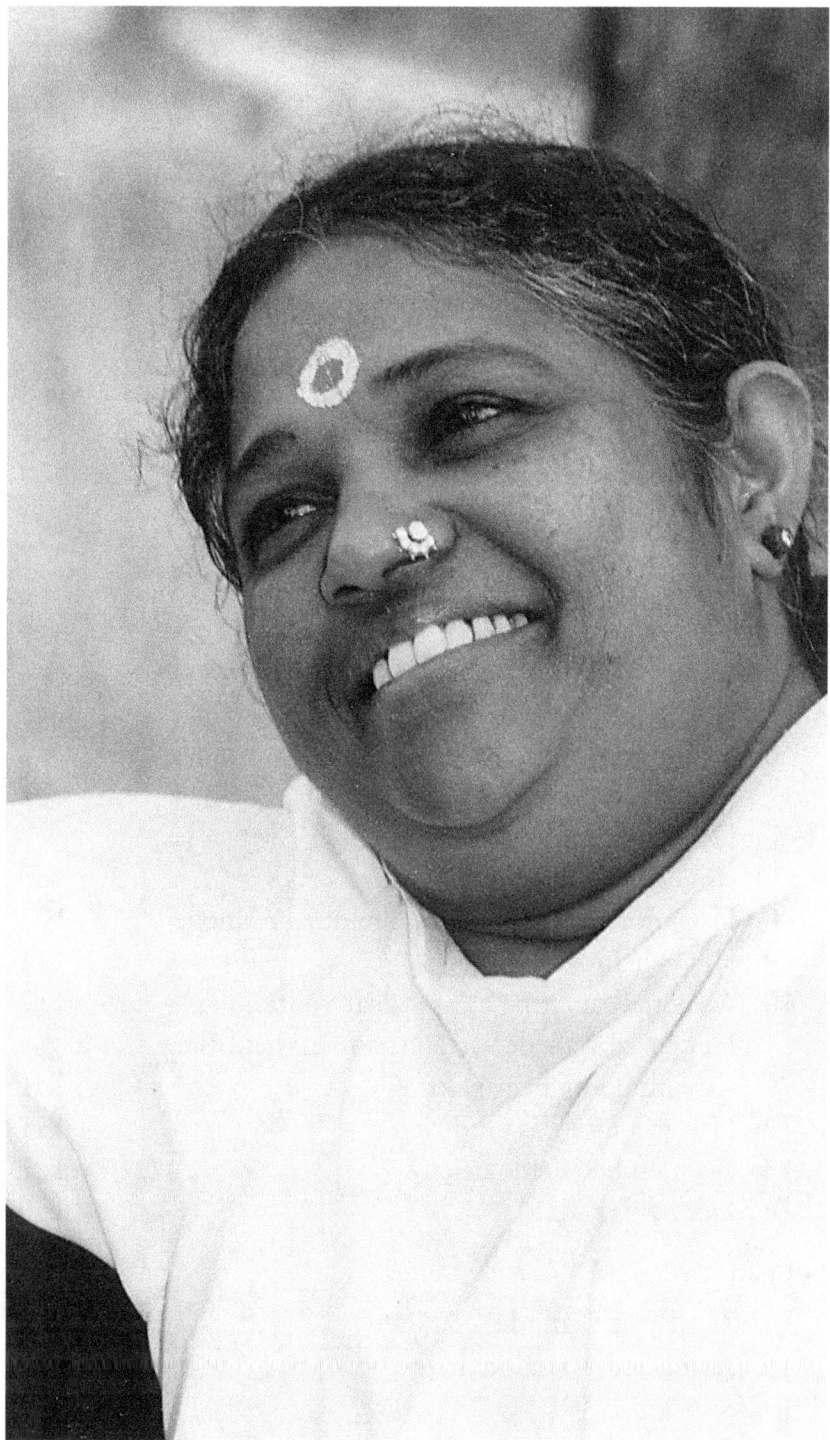

Inhoud

Inleiding

Toen ik 22 was, werkte ik bij een bank in Zuid Kerala en was niet bepaald geïnteresseerd in spiritualiteit. Ik was opgegroeid in een traditioneel brahmanengezin, maar had nooit veel over religie of spiritualiteit nagedacht. Op een dag kwam er een klant van de bank binnen en begon met mij te praten over een jonge, heilige vrouw die bekend stond als 'Amma' en die in een vissersdorp niet ver weg woonde. Op een avond na het werk besloot ik in een opwelling Haar op te gaan zoeken. Ik wilde overgeplaatst worden naar een bank in mijn geboorteplaats en ik dacht dat als Ze werkelijk een heilige was, Haar zegen me daarbij kon helpen.

Amma zat in een zeer klein tempeltje. Tot mijn verbazing zag ik dat Haar manier van mensen zegenen het geven van een omhelzing was aan iedereen, een voor een. Toen het mijn beurt was, deed ik hetzelfde als alle anderen: ik knielde voor Haar en legde mijn hoofd in Haar schoot. Toen Ze me omhelsde, begon ik spontaan intens te huilen. Sinds ik scholier was, had ik niet meer gehuild, maar in Amma's armen liepen de tranen over mijn wangen. Ik had er geen idee van wat er met me gebeurde. Ik dacht: "Er is niets verkeerd in mijn leven. Ik ben helemaal niet bedroefd. Waarom huil ik dan?" Ik voelde me alsof mijn hart helemaal open was gegaan. Ik voelde me helemaal kwetsbaar en tegelijkertijd toch volkomen veilig. Ik ervoer een verbazingwekkende lichtheid van mijn wezen. Hoewel ik Amma om een zegen had willen vragen, kon ik geen woord uitbrengen.

Er gebeurde die avond iets wat een nog diepere indruk op me maakte. De *darshan*[1] was bijna afgelopen en de laatste persoon werd naar binnen geroepen. Een melaatse met de naam Dattan ging de

---

[1] Het woord 'darshan' betekent letterlijk 'zien'. Het wordt traditioneel gebruikt in de context van het ontmoeten van een heilige, het zien van een beeld van God of een visioen van God hebben. In dit boek verwijst darshan naar Amma's moederlijke omhelzing, wat ook een zegen is.

tempel in en ging naar Amma. Hij had een bepaalde vorm van melaatsheid die zijn lichaam op veel plaatsen deed scheuren, waarbij er bloed en pus uit de zweren druppelde. Er kwam een sterke stank uit zijn wonden. Bijna iedereen in de tempel keek vol afschuw en walging. De mensen knepen hun neus met het uiteinde van hun kleren dicht. Sommigen renden de tempel uit, bang dat Dattans ziekte besmettelijk kon zijn. Ik dacht erover dat ook te doen, maar iets hield me tegen. Wat ik toen waarnam, ging alles wat ik me voor had kunnen stellen te boven.

Zonder de geringste aarzeling te tonen en met een uitdrukking van stralend mededogen liet Amma Dattan, die voor Haar knielde, zijn hoofd in Haar schoot leggen en begon Ze zijn wonden te onderzoeken. Tot mijn verbazing zoog Amma toen de pus uit enkele wonden en spuugde het in een schaal. Ze likte ook aan andere wonden en voegde daar Haar speeksel aan toe[2]. Toen ik dit zag, begon mijn hoofd te duizelen en dacht ik dat ik flauw zou vallen. Een paar anderen die vlakbij stonden, deden hun ogen dicht, omdat ze het niet aan konden zien. Amma had bijna tien minuten nodig om dit werk af te maken. Toen bracht ze wat heilige as op zijn lichaam aan.

Ik dacht: "Droom ik nu of gebeurt dit werkelijk?" Ik voelde dat hier iemand was die zelfs God in Haar liefde en mededogen overtrof. Een moeder zou aarzelen zoiets bij haar eigen kind te doen, maar hier was iemand die het bij een onbekende, melaatse bedelaar deed!

Ik voelde instinctief aan dat de melaatse bij Amma veiliger was dan waar ook ter wereld. Op dat moment besloot ik dat ik altijd bij Amma zou blijven, wat er ook mocht gebeuren. Ik zou Haar nooit verlaten.

De volgende keer dat ik naar Amma ging, zei Ze tegen me dat ik dicht bij Haar moest zitten en mediteren. Ik zei tegen Haar dat ik in mijn hele leven nog nooit gemediteerd had. Ze glimlachte alleen maar en zei: "Geen probleem, zit hier en doe je ogen dicht."

---

[2] Men zegt dat het speeksel van een Echte Meester helende eigenschappen heeft. Binnen een paar jaar gingen Dattans zweren dicht. Nu bezoekt hij nog steeds de ashram, met wat littekens, maar niet meer lijdend aan de gevreesde ziekte.

Ik deed eenvoudig wat Ze me gezegd had. Ik sloot mijn ogen en ervoer spoedig een diepe, onuitsprekelijke stilte. Na wat mij een paar minuten leek, deed ik mijn ogen open en ontdekte dat ik daar drie uur gezeten had! Ik dacht dat er met mijn horloge iets mis moest zijn en vroeg iemand hoe laat het was. Er waren inderdaad drie uur voorbijgegaan. Ik had een gevoel van diepe vreugde en tevredenheid. De volgende dag had ik nog steeds dat prachtige gevoel van lichtheid. Ik ging naar de bank, maar kon me niet op mijn werk concentreren. Ik voelde me volkomen onthecht van alles. Het duurde bijna een week voordat ik voelde dat ik weer min of meer mijn oude zelf was. En toch kon ik Amma en de onbegrijpelijke gift die Ze me gegeven had door eenvoudig te zijn wie Ze was, niet vergeten.

De derde keer dat ik naar Amma ging, overhandigde Ze me een kleine afbeelding van Madurai Minakshi, de vorm van de Goddelijke Moeder zoals die geïnstalleerd is in de beroemde tempel in de stad Madurai, waar ik geboren ben. Ik had die specifieke godin altijd aanbeden, maar hoe wist Amma dat?

Na deze eerste ervaringen vroeg ik me vaak af: "Wie is Amma precies?" Soms vroeg ik het Haar zelfs direct. Ze beantwoordde deze vraag nooit. Ze glimlachte eenvoudig. Toen ik op een dag op de vorm van Minakshi Devi aan het mediteren was, zag ik plotseling met mijn innerlijke oog Amma naar de vorm van de Godin lopen en in Haar opgaan. Ik realiseerde me dat dit het antwoord op mijn vraag was: Amma was niemand anders dan de Goddelijke Moeder zelf. Dit is mijn vaste geloof.

Voordat ik Amma ontmoette, waren mijn grootste zorgen dat het bed in de kamer die ik huurde niet comfortabel genoeg was en dat het voedsel niet lekker genoeg was. Ik bleef verlangen naar de kookkunst van mijn moeder en mijn eigen comfortabele bed thuis. Toen ik bij Amma verbleef, sliep ik plotseling iedere nacht op het ruwe zand. Het beetje voedsel dat er te eten was, was uiterst eenvoudig. En toch voelde ik me helemaal vervuld.

Amma liet me zien dat niet lichamelijk gemak of het voorbijgaande geluk dat we uit materiële genoegens en wereldse relaties kunnen krijgen, echt belangrijk in het leven is, maar de realisatie van de *Atman*, het licht van Bewustzijn dat de hele schepping doordringt, ondersteunt en verlicht en dat het ware Zelf in alle wezens is.

Degenen onder ons die een zekere religieuze inslag hebben, denken misschien dat we een ziel hebben, maar gewoonlijk beschouwen we onze ziel als een beperkt, afgescheiden wezen met bijna evenveel beperkingen als ons fysieke lichaam. Sanatana Dharma[3] vertelt ons echter dat er slechts één Ziel is, die in alle wezens aanwezig is. Deze ziel of dit Zelf kan het best verklaard worden als het bewustzijn, 'ik', zonder enige voorwaarden of omstandigheden die eraan gekoppeld zijn. Als we diep in onszelf kijken, zullen we uiteindelijk ontdekken dat dit 'ik' het enige blijvende is in een wereld vol verandering, dat het overal aanwezig is en dat de ervaring ervan in zijn zuivere toestand absorptie in de hoogste, eeuwige gelukzaligheid is.

Iemand vroeg de Mullah Nasrudin op een dag: "Wat heeft meer waarde voor de mensheid, de zon of de maan?"

"De maan natuurlijk," antwoordde de mullah zonder te aarzelen. "'s Nachts hebben we meer licht nodig."

Zoals de mullah zich niet realiseerde dat de maan alleen door het licht van de zon schijnt, vergeten wij dat alles in het universum zijn schoonheid en charme ontleent aan het licht van de Atman. Als we het gezegende leven willen leiden dat Amma ons aanbiedt, moeten we leren onze aandacht meer op het Echte Zelf te richten. Dit betekent niet dat we niet meer kunnen genieten van wat de wereld ons biedt, maar we kunnen ook niet langer de Bron ervan volledig veronachtzamen. Amma geeft het voorbeeld van een picknick. Hoewel we ons in het park kunnen ontspannen en genieten van de uitzichten, de geluiden en de heerlijke maaltijd die we meegebracht hebben, vergeten we nooit ons huis en het feit dat we daarheen spoedig zullen moeten terugkeren. Zo ook moeten we ons Ware

---

[3] Sanatana Dharma is de oorspronkelijke naam voor het hindoeïsme. Het betekent 'de Eeuwige Manier van Leven'.

Zelf, de Atman, en het feit dat alleen Dat voor altijd bij ons zal blijven, nooit vergeten.

Amma's zegeningen zijn er altijd voor ons. Of we ze wel of niet ontvangen hangt van onze ontvankelijkheid af. Als een emmer op zijn kop staat, zal hij niet vollopen, zelfs niet bij een geweldige stortbui. Een kamer zal donker blijven op de helderste zomerdag, als we niet de moeite nemen de ramen te openen. Op dezelfde manier moeten we misschien wat aanpassingen maken in de manier waarop we ons leven leiden. In dit boek zullen we proberen de soort handelingen en houdingen te onderzoeken die we kunnen aannemen om ons te zuiveren en Amma's genade in ons te laten stromen, waardoor ons leven werkelijk gezegend wordt.

Swami Ramakrishnananda Puri
Amritapuri
27 september 2005

Amma's leven in Haar eigen woorden

"Zolang er voldoende kracht in deze handen is om ze uit te steken naar hen die naar Haar toekomen,
om Haar hand te plaatsen op de schouder van een huilend iemand, zal Amma dat blijven doen...
Liefdevol mensen strelen, hen troosten en hun tranen afvegen tot het einde van dit stoffelijk omhulsel – dat is Amma's wens."

— Amma

Amma, die werd geboren in een afgelegen kustdorp in Kerala, Zuid India, zegt dat Ze altijd wist dat er een hogere realiteit was voorbij deze veranderende wereld van namen en vormen. Reeds als kind drukte Amma voor iedereen liefde en compassie uit. Amma zegt: "Een onafgebroken stroom liefde stroomt van Amma naar alle wezens in het universum. Dit is Amma's ingeboren aard."

Over Haar kinderjaren zegt Amma: "Al vanaf Haar kindertijd vroeg Amma zich af waarom de mensen in de wereld moeten lijden. Waarom moeten ze arm zijn? Waarom moeten ze hongerlijden? In het gebied waar Amma opgroeide bijvoorbeeld, zijn de mensen vissers. Op sommige dagen gaan ze vissen, maar vangen niets. Hierdoor zijn er dagen dat ze het zonder eten moeten stellen, soms meerdere dagen lang. Amma kreeg een hechte band met deze dorpelingen en had veel gelegenheden om over de aard van de wereld te leren door hun leven en moeilijkheden te observeren.

"Amma deed gewoonlijk al het huishoudelijk werk, waarvan het voeren van de vele koeien en de geiten van het gezin een onderdeel was. Om dit te doen moest Ze iedere dag naar dertig of veertig huizen in de buurt gaan om tapiocaschillen en andere voedselresten te verzamelen. Steeds wanneer Ze deze huizen bezocht, zag Ze dat de mensen leden, soms door hoge leeftijd, soms door armoede, soms door ziekte. Amma ging dan bij hen zitten, luisterde naar hun problemen, deelde hun lijden en bad voor hen.

"Steeds wanneer Ze tijd had, bracht Amma deze mensen naar het huis van Haar ouders. Daar gaf Ze hun een warm bad en te eten. Af en toe stal Ze zelfs dingen uit Haar eigen huis om aan deze hongerlijdende gezinnen te geven.

"Amma zag dat kinderen van hun ouders afhankelijk zijn, wanneer ze jong zijn, en daarom bidden dat hun ouders lang mogen leven en niet ziek worden. Maar wanneer deze zelfde kinderen volwassen worden, voelen ze dat hun ouders, die nu oud zijn, een last zijn. Ze denken: 'Waarom zou ik al dit werk voor mijn ouders doen?' Hun te eten geven, hun kleren wassen en hen met zorg behandelen wordt een last voor dezelfde kinderen die voorheen baden dat hun ouders lang zouden leven. Amma vroeg zich altijd af: 'Waarom zijn er zoveel tegenstrijdigheden in deze wereld? Waarom is er geen echte liefde? Wat is de echte oorzaak van al dit lijden en wat is de oplossing?'

"Zelfs in Haar vroegste kindertijd wist Amma dat alleen God, het Zelf, de Hoogste Kracht, Waarheid is en dat de wereld niet de absolute werkelijkheid is. Daarom besteedde Ze lange periodes aan diepe meditatie. Amma's ouders en verwanten begrepen niet wat er gebeurde. Uit onwetendheid begonnen ze Haar uitbranders te geven en zich tegen Haar spirituele oefeningen te verzetten."

Maar Amma was verdiept in Haar eigen wereld, volkomen onaangedaan door de kritiek en de straffen van Haar familie. In deze tijd moest Amma dag en nacht buiten doorbrengen onder de blote hemel zonder te eten en te slapen. In die tijd zorgden de dieren en vogels voor Haar door Haar voedsel te brengen en Haar uit diepe meditatieve toestanden te halen.

Amma zegt: "Tijdens de meditatie en de hele dag door onderzocht Amma de bron van alle verdriet en lijden dat Ze om zich heen zag. Op een bepaald moment besefte Ze dat het lijden van de mensheid door het karma van de mensen kwam, het resultaat van hun handelingen uit het verleden. Maar Amma was hiermee niet tevreden en ging dieper. Toen kwam van binnen uit het antwoord: 'Als het hun karma is te lijden, is het dan niet jouw *dharma*[1] hen te helpen?' Als iemand in een diepe kuil valt, is het dan juist om eenvoudig door te lopen en te zeggen: 'Het is hun karma om zo te lijden?' Nee, het is onze plicht hen te helpen eruit te klimmen.

"Omdat Amma Haar eenheid met de hele schepping ervoer, besefte Ze dat Haar levensdoel het verheffen van de noodlijdende mensheid was. Op dat moment begon Amma deze spirituele missie, het verspreiden van deze boodschap van Waarheid, liefde en mededogen over de hele wereld, door iedereen te ontvangen."

Nu reist Amma het grootste deel van het jaar door heel India en over de hele wereld om de lijdende mensheid te verheffen door Haar woorden en Haar troostende, liefdevolle omhelzing. Haar ashram is het thuis van drieduizend mensen en wordt iedere dag door nog eens duizenden vanuit heel India en de hele wereld bezocht. Zowel ashrambewoners als bezoekers worden door Amma's voorbeeld geïnspireerd en wijden zich aan het dienen van de wereld. Door Amma's uitgebreide netwerk van liefdadige projecten bouwen ze huizen voor de daklozen, geven ze uitkeringen aan de armen en verschaffen medische verzorging aan de zieken. Talloze mensen over de hele wereld dragen aan deze liefdevolle inspanning bij. Zeer onlangs ontving Amma internationale bijval door meer dan $23 miljoen te wijden aan de hulp en ondersteuning van tsunamislachtoffers in India, Sri Lanka en de Andaman- en Nicobareilanden.

"Uiteindelijk," zegt Amma, "is liefde het enige medicijn dat de wonden van de wereld kan genezen. In dit universum is het liefde dat alles bijeenhoudt. Naarmate dit bewustzijn in ons daagt, zal alle disharmonie ophouden. Er zal alleen blijvende vrede heersen."

---

[1] In het Sanskriet betekent dharma 'dat wat (de schepping) ondersteunt'. Het wordt gebruikt om verschillende dingen op verschillende momenten aan te duiden of, preciezer, verschillende aspecten van hetzelfde ding. Hier is de meest passende vertaling 'plicht.' Andere betekenissen zijn onder andere rechtvaardigheid, harmonie.

Deel 1

Het tellen van onze Zegeningen

"Het menselijke leven is kostbaar. Het is een geschenk van God."

—Amma

Hoofdstuk 1

De zegen van een menselijk leven

Hoewel God aanwezig is in alle wezens, in ieder voorwerp en de ruimte ertussen, hebben alleen wij mensen de capaciteit om onze ingeboren eenheid te realiseren met dit Hoogste Bewustzijn dat de hele schepping doordringt. Het bereiken van deze realisatie is het doel van het leven. Als we ons leven niet gebruiken om ons in te spannen om dit doel te bereiken, zullen we steeds dieper wegzinken in het moeras van gehechtheid en het ermee gepaard gaande lijden. Als we volkomen onzorgvuldig zijn met onze gedachten, woorden en daden, kunnen we zelfs als een lagere vorm van leven herboren worden.

Men zegt dat een ziel, voordat hij een menselijk leven bereikt, moet evolueren door miljoenen lagere vormen van leven: van een grassprietje tot een boom, van een worm tot de vogel die hem opeet, en zoveel andere vormen van leven in allerlei gedaanten en afmetingen. In de boeddhistische traditie bestaat het verhaal van de vogel die een zijden lint in zijn bek houdt. De vogel vliegt een keer per jaar over een bergtop, waarbij hij iedere keer met het zijden lint licht over de top van de berg wrijft. Het verhaal vertelt dat de tijd die de vogel nodig heeft om de berg met zijn lint tot niets af te slijpen, vergelijkbaar is met de tijd die een ziel nodig heeft om zich tot een menselijk wezen te ontwikkelen. Hieruit kunnen we begrijpen hoe kostbaar een menselijk leven is.

Het menselijke leven is een zegen, maar als we er niet op de juiste manier gebruik van maken, kan het een vloek worden. We hebben allemaal mensen in een moment van wanhoop horen zeggen: "Ik wou dat ik dood was." Maar stel dat we zo'n wanhopig iemand benaderen en een miljoen dollar voor zijn[1] handen bieden. Ze stemmen er misschien mee in een nier af te staan, maar ze zullen nooit hun handen afstaan. Ook zullen ze hun benen, hun ogen, hun hoofd of hun hart niet aanbieden – de lijst is nog langer. Onlangs las ik in een tijdschrift dat we om machinaal alle functies die de lever verricht, uit te voeren niet slechts één machine, maar een hele fabriek van miljoenen dollars nodig zouden hebben. Als we op deze manier rekenen, kunnen we zien dat God voor ons een grote investering heeft gedaan. Amma zegt dat zelfs een normaal menselijk lichaam, om niet te spreken van de ermee gepaard gaande menselijke eigenschappen, van onschatbare waarde is. Helaas hebben de meesten van ons geen flauw benul hoe ze van deze kostbare gift van het menselijke leven gebruik moeten maken. Voordat ik Amma ontmoet had, verkeerde ik in eenzelfde situatie. Ik had geen idee waar het leven echt voor was of hoe het geleefd moest worden.

Wanneer we een nieuw apparaat kopen, vinden we in de verpakking altijd een gebruiksaanwijzing met alle noodzakelijke informatie om het apparaat veilig en efficiënt te gebruiken, hoe we er het meeste profijt van kunnen hebben.

Maar er is één aanwinst waarvoor we geen gebruiksaanwijzing hebben. Toen we geboren werden, kregen we geen handleiding voor ons lichaam, noch een gebruiksaanwijzing om vredig en gelukkig te leven en het doel van het leven in deze wereld te realiseren.

Als zo'n handleiding bestond, zouden we die dan niet willen zien? Zouden we die dan niet iedere dag grondig door willen nemen? In feite bestaat er zo'n gebruiksaanwijzing voor het menselijke leven. Het leven en het onderricht van een *Satguru* (Echte Meester) als Amma is de duidelijkste en beste leidraad hoe we ons leven tot zijn volle vermogen en tot de grootst mogelijke harmonie met de hele schepping kunnen ontwikkelen.

---

[1] Noot van de vertaler: in deze vertaling wordt het mannelijke voornaamwoord hij, hem of zijn gebruikt, als het geslacht van de persoon naar wie het verwijst onbepaald is. Dit is om omslachtige constructies als 'hij of zij', 'hem of haar' en 'zijn of haar' te vermijden.

De mens is niet geschapen om gewoon als een dier te leven, dat bezig is met eten, slapen, zich voortplanten en overleven. Het doel van het menselijke leven en het menselijke lichaam is op te stijgen naar de hoogten van Zelfrealisatie, oftewel de kennis dat onze ware aard niets anders is dan het Hoogste Bewustzijn. Natuurlijk zullen er problemen en hindernissen zijn – hoe hoger het doel, hoe groter de moeilijkheden. Als je bijvoorbeeld een raket de ruimte in stuurt, brengt dat zoveel gevaren en uitdagingen met zich mee: de raket moet loskomen van de zwaartekracht van de aarde, de geweldige hitte van de buitenste atmosfeer weerstaan en in de geplande baan blijven. Als er iets misgaat, kunnen de mensen erin omkomen, maar toch riskeren ze alles voor het doel. Als de raket aan de grond zou blijven, zou er geen gevaar zijn, maar het doel van de raket is om de ruimte te verkennen, nietwaar? Wat is het nut van een raket die de aarde nooit verlaat?

Zo ook, als een mens eenvoudig als een dier leeft en zich richt op eten en slapen, is er niet veel gevaar, maar er is waarschijnlijk ook geen groot succes. Niemand zal ons tot het spirituele pad dwingen. Ieder van ons moet beslissen wat hij van zijn leven zal maken. Maar nadat we de gebruiksaanwijzing voor een bepaald apparaat gelezen hebben, zijn we over het algemeen geïnspireerd om het zo efficiënt mogelijk te gebruiken. Wanneer wij het leven en het onderricht van de Meesters oprecht bestuderen, de geschriften lezen en de spirituele principes in ons eigen leven in de praktijk proberen te brengen, zullen we zeker het beste willen maken van de zeldzame en kostbare zegen van een menselijk leven.

Hoofdstuk 2

Weten wat we niet weten

Een man gaat een kamer in een psychiatrische inrichting binnen en ziet twee heren achter een bureau zitten. Beiden zijn goed gekleed, knap en zien er volkomen normaal uit. De bezoeker die onder de indruk van hun uiterlijk is, benadert een van hen en zegt: "Pardon meneer, zou u me kunnen vertellen waarom de andere man hier in deze inrichting zit? Hij ziet er zo normaal uit."

De eerste man antwoordt: "O, hij is volkomen geschift. Hij denkt dat hij Jezus Christus is."

Geamuseerd vraagt de bezoeker aan de eerste man: "Hoe weet u dat hij dat niet is?"

De eerste man antwoordt: "Omdat ik God ben en hem niet eens ken."

Dit antwoord klinkt idioot, maar wat de man zei is waar: "Ik ben God en ik ken hem niet eens." In feite zijn we allemaal God, maar we zijn ons er niet bewust van. Zelfs als we het op intellectueel niveau weten, is het geen deel van onze ervaring.

Alle Grote Meesters hebben geprobeerd ons naar de realisatie van deze zelfde Waarheid te leiden. Christus zei: "Heb uw naaste lief als uzelf." Mohammed zei: "Als de ezel van je vijand ziek wordt, zorg er dan voor als voor je eigen ezel." Amma zegt het nog directer: "Jij bent niet verschillend van mij. Ik ben jou en jij bent mij." We kunnen aan de waarheid van Amma's woorden twijfelen, maar er bestaat geen twijfel over dat dit Amma's persoonlijke ervaring is, veeleer dan geloof.

Als Amma ons verdriet en onze pijn niet als het Hare zou voelen, als Ze onze problemen niet als Haar problemen zou beschouwen, zou Ze dan zoveel tijd, dag in dag uit, jaar in jaar uit, kunnen besteden aan het op Haar schouders nemen van de wereld? We hebben misschien vaak gehoord dat Amma de afgelopen dertig jaar aan 24 miljoen mensen darshan heeft gegeven, maar hebben we er ooit over nagedacht wat dat betekent? Toen Dr. Jane Goodall Amma de Gandhi King Prijs voor Geweldloosheid in 2002 aanbood, omschreef ze Amma als iemand die aan 21 miljoen mensen darshan gegeven heeft. Toen pauzeerde ze en zei: "Denk je eens in: *21 miljoen mensen.*" Het publiek dacht erover na en barstte in een daverend applaus los. Als we een stap terug doen en naar Amma's leven kijken zoals Ze dat geleid heeft, kunnen we duidelijk zien dat Amma het volmaakte voorbeeld is van de hoogste waarheid die in de geschriften wordt uitgedrukt: ik ben jou en jij bent mij.

Amma weet dat het onderwijzen van theorie alleen met woorden niet voldoende is om een verandering in de wereld tot stand te brengen. Daarom praat Ze 30 tot 45 minuten en geeft dan 6 tot 24 uur darshan. Zo laat Ze ons zien hoe we God in ieder wezen en in alles kunnen zien.

Zonder zo'n voorbeeld zijn we geneigd de bevelen van onze geest op te volgen, die alleen door onze egoïstische voorkeur en afkeer gemotiveerd zijn. Het stralende voorbeeld van de Heiligen uit oude tijden is altijd voor ons beschikbaar geweest en Amma is hier en nu voor ons beschikbaar. Als we ons niet de noodzakelijke inspanning getroosten om van Amma te leren hoe we dit menselijke leven op de juiste manier moeten gebruiken en het doel van het leven bereiken, heeft het geen zin onze schepper, God, de schuld te geven van de problemen die we creëren.

De Griekse filosoof Epictetus schreef: "Iemand kan niet leren wat hij denkt dat hij al weet." Om gebruik te maken van de mogelijkheid om van een Echte Meester te leren moeten we bereid zijn toe te geven dat we op dit moment niet weten hoe we dit leven intelligent moeten leiden of op zijn allerminst dat er dingen zijn die we niet weten.

Tijdens een recente Europese tournee van Amma kwam een

groep onbehouwen jongeren de darshanruimte binnen. Ze waren wild en lawaaierig en sommige mensen begonnen bij de organisatoren te klagen over hun oneerbiedig gedrag. Ze leken dronken te zijn of zelfs onder de invloed van drugs en iedereen wantrouwde hen. Na een tijdje kwam het de organisatoren ter ore dat een van hen flauw gevallen was. Onmiddellijk nam iedereen aan dat dat door de dronkenschap of een overdosis drugs veroorzaakt werd. Nadat ze een ambulance gebeld hadden, informeerden ze Amma over de situatie en zeiden dat hij dronken leek te zijn. Amma zei dat ze de jongeman onmiddellijk bij Haar moesten brengen.

Amma wierp een blik op hem en stopte toen een chocolaatje in zijn mond en zei de anderen dat ze hem ergens neer moesten leggen. De volgelingen keken bezorgd toe Ze de situatie afhandelde. Ik was ook nogal bezorgd en zei tegen Amma: "Snoepjes geven aan een dronkaard verergert zijn dronkenschap alleen maar."

Zoals gewoonlijk gaf Amma me een zeer goed spiritueel advies: "Hou je mond!"

Een paar minuten laten kwam het medisch personeel en onderzocht de jongen grondig. Tegen ieders verwachting was het enige probleem van de jongen dat zijn bloedsuikerniveau gevaarlijk laag was. Het personeel zei dat Amma precies het juiste gedaan had: hem een dosis suiker geven. De volgende keer dat Amma naar die stad ging, bracht de jongeman veel vrienden mee om Amma te zien. De eerste keer kwam hij gewoon voor de lol, maar de tweede keer kwam hij duidelijk om Amma's genade te vragen.

Natuurlijk is de menselijke aard zo, dat we altijd denken dat we gelijk hebben. We hebben zoveel vooroordelen en verkeerde opvattingen over onszelf, over anderen en over wat in het leven het beste is voor ons en voor anderen. Zelfs als deze vooroordelen volkomen verkeerd blijken te zijn, zijn we niet bereid ze los te laten. Dit herinnert me aan een verhaal dat ik eens gehoord heb over een man die een oude vriend tegenkwam toen hij op straat liep. Hij kreeg de man voor hem in het oog en hoewel hij hem bijna niet herkende, was hij er zeker van dat het zijn oude vriend was. Hij rende naar hem

27

toe, sloeg hem op de schouder en schreeuwde: "Hoi Jan, hoe gaat het met je, ouwe makker? Ik heb je eeuwen niet gezien. Ik bedoel, ik herkende je zelfs bijna niet. Je bent vijftien kilo aangekomen. Je lijkt ook een halve meter langer. En ik kan zie dat je plastische chirurgie aan je neus hebt ondergaan. Je hebt zelfs je haar geverfd! Ik kan mijn ogen niet geloven!"

De totaal verwarde vreemdeling antwoordde: "Pardon meneer, maar ik heet niet Jan."

Verbijsterd antwoordde de eerste man: "Mijn God, je hebt zelfs je naam veranderd!"

Hoe duidelijk het bewijs dat we krijgen ook is, we slagen er altijd in het mentaal te manipuleren en het aan te passen aan onze vooroordelen, zodat we ons gedrag of onze gedachtepatronen niet hoeven te wijzigen. Hoewel Amma's woorden en leiding de beste manier voor ons zijn om wakker te worden en onze onwetendheid te verwijderen, zal onze geest proberen de feiten te negeren en wegen vinden om zijn eigen ideeën en meningen te rechtvaardigen.

Amma zegt ons bijvoorbeeld altijd dat we ons niet bedroefd moeten voelen door over het verleden te piekeren of angstig moeten worden door over de toekomst te tobben. Een student die dit hoorde, zei eens tegen Amma: "Omdat u ons gezegd heeft dat we niet over de toekomst moeten piekeren, heb ik besloten niet voor mijn komende examens te studeren. In plaats daarvan ga ik naar de bioscoop en ga ik surfen." Dit is duidelijk een misinterpretatie van Amma's onderricht.

Het is als het verhaal van de dokter die besloot de waarheid te vertellen aan een man die niet lang meer te leven had. "Als u de feiten wilt weten, ik denk niet dat u nog lang te leven hebt. U bent erg ziek. Is er iemand die u graag zou willen zien?"

De dokter die zich over de patiënt boog, hoorde hem zwak antwoorden: "Ja."

"Wie is het?" vroeg de dokter.

Iets luider zei de stervende man: "Een andere dokter."

Dit is het verhaal van onze relatie met Amma. Gelukkig geeft

Amma ons ontelbare kansen om te leren en helpt Ze ons onze manier van denken te veranderen. Ze heeft zelfs gezegd dat Ze bereid is om ter wille van Haar kinderen zoveel levens aan te nemen als nodig is. Door Haar onderricht en het voorbeeld van Haar leven verwijdert Amma onze vooropgezette ideeën over de aard van de werkelijkheid en vervangt die door een heldere kijk op de aard van de wereld en ons Ware Zelf. Uit dit begrip bloeien vrede, liefde en positieve deugden als geduld, vriendelijkheid en mededogen vanzelf in ons op.

Hoofdstuk 3

Veranderlijke wereld, onveranderlijke Zelf

Op een dag besloot de joodse koning Salomo de minister die hij het meest vertrouwde, te vernederen. Hij zei tegen hem: "Benaiah, er is een bepaalde ring die je binnen zes maanden voor me moet vinden."

"Als die ergens op aarde bestaat, uwe majesteit," antwoordde Benaiah vol vertrouwen, "zal ik die vinden en naar u brengen. Maar wat maakt de ring zo speciaal?

"Hij heeft magische kracht," antwoordde de koning met een uitgestreken gezicht. "Als een gelukkig iemand ernaar kijkt, wordt hij bedroefd en als een bedroefd iemand ernaar kijkt, wordt hij gelukkig." Salomo wist dat zo'n ring in de wereld niet bestond, maar omdat hij zijn minister een beetje nederigheid bij wilde brengen, zond hij hem op reis met een onmogelijke opdracht.

De lente ging voorbij en daarna de zomer en hoewel Benaiah overal in het koninkrijk gezocht had, had hij nog steeds geen idee waar hij de ring kon vinden. De nacht voordat de zes maanden voorbij waren en hij verslagen naar de koning zou moeten terugkeren, besloot hij een wandeling te maken in een van de armste wijken van Jeruzalem. Hij kwam langs een oude koopman die begonnen was de koopwaar voor die dag op een versleten tapijt uit te stallen. Omdat hij niets te verliezen had, vroeg Benaiah: "Heeft u misschien gehoord van een magische ring die de gelukkige drager ervan zijn vreugde laat vergeten en de diepbedroefde drager zijn verdriet laat vergeten?"

De oude koopman zei niets, maar nam een eenvoudige gouden

ring van zijn tapijt en graveerde er iets in. Toen Benaiah de woorden op de ring las, kwam er een brede glimlach op zijn gezicht.

Die avond zocht Benaiah de koning op toen hij met al zijn ministers in het paleis was. "Wel, mijn vriend," grijnsde Salomo, "Heb je meegebracht waar ik je op uitgestuurd heb?" Alle ministers verkneukelden zich van harte en verlangden ernaar dat hun collega zijn beschamende nederlaag moest toegeven.

Tot ieders verrassing hield Benaiah de kleine ring omhoog en verklaarde: "Hier is het, majesteit!" Zodra Salomo de inscriptie las, verdween de glimlach van zijn gezicht. In de ring had de juwelier de woorden 'Ook dit zal vergaan' gegraveerd. Op dat moment realiseerde Salomo zich dat al zijn rijkdom, macht en invloed vergankelijk waren en dat hij er niet aan kon ontsnappen dat ook hij op een dag alleen maar stof zou zijn.

In de *Dhammapada* zegt Boeddha:

> *Niet in de lucht,*
> *Noch midden in de oceaan,*
> *Noch diep in de bergen,*
> *Nergens*
> *Kun je je voor je eigen dood verbergen.*

Amma zegt ons dat we er altijd aan moeten denken dat alles wat we in de wereld om ons heen aantreffen, inclusief ons lichaam, veranderlijk en vergankelijk is. Dit bewustzijn is echter niet bedoeld om ons in wanhoop weg te laten zinken. Samen met de kennis dat ons echte Zelf onveranderlijk, eeuwig en een staat van hoogste gelukzaligheid is, kan dit bewustzijn ons helpen onze prioriteiten juist te stellen en ons inspireren het hoogste dharma van Zelfrealisatie na te streven. Amma zegt dat we ons lichaam altijd op de eerste plaats laten komen en God, of ons Zelf, op de laatste plaats, terwijl we in feite het Zelf op de eerste plaats moeten stellen. Als we kunnen leren de juiste waarde aan ons lichaam en de andere objecten in de wereld te hechten en de juiste waarde aan de Atman, kunnen we het vergankelijke lichaam als voertuig gebruiken om de permanente

Atman te realiseren. Hoewel de schaduw van een boom in principe tijdelijk is, is die nuttig: we kunnen in de schaduw staan om ons te beschermen tegen de hete zon. Op dezelfde manier hebben het lichaam en alle objecten in de wereld hun praktisch nut, hoewel ze allemaal tijdelijk zijn. Er ontstaan alleen problemen wanneer we te veel belang hechten aan deze objecten of iets van hen verwachten wat ze ons niet kunnen geven.

In de geschiedenis van India komen we een groot en machtig koning tegen, genaamd Bhartrihari. Evenals koning Salomo leerde Bhartrihari een harde les over vergankelijkheid. Nadat hij tot koning gekroond was, raakte hij zo gehecht aan zijn vrouw, Koningin Pingala, dat hij de meeste tijd met haar doorbracht, wat ten koste van zijn koninklijke plichten ging. Toen een van zijn adviseurs hem tot rede probeerde te brengen, verbande Bhartrihari hem uit de stad.

Op een dag bood een bezoekende kluizenaar de koning een speciale vrucht aan. De kluizenaar zei tegen de koning dat het eten van deze speciale vrucht eeuwige jeugd zou geven. Door zijn obsessieve gehechtheid aan Pingala at de koning de vrucht niet zelf, maar gaf hem aan de koningin, want hij kon de gedachte dat haar jeugdige schoonheid in de loop der tijd zou verdwijnen, niet verdragen.

De koningin nam de vrucht van de koning aan en beloofde die te eten nadat ze haar bad genomen had. De koning wist niet dat Pingala verliefd was op een van de stalhouders in het paleis. Die nacht smokkelde ze de vrucht het paleis uit en gaf hem aan hem. Ondertussen ging het hart van de stalhouder naar een plaatselijke prostituee uit, wat de koningin niet wist, en ook hij at de vrucht niet zelf, maar gaf hem aan zijn geliefde. Ondanks de manier waarop ze de kost verdiende, had de prostituee enig besef van dharma en besloot dat de vrucht verspild zou zijn als hij niet aan de koning gegeven werd.

En zo gebeurde het dat de prostituee de dag nadat de koning de gezegende vrucht aan zijn vrouw had gegeven, het hof van de koning binnenstapte toen hij een bespreking met zijn ministerraad had. Aarzelend gaf ze hem aan de koning en legde ondertussen de kracht ervan uit.

Toen de koning dezelfde vrucht in de handen van de prostituee zag, reageerde hij verbijsterd. Hij eiste dat de prostituee hem vertelde waar ze die gekregen had. Ze gaf toe dat ze hem van de paleisstalhouder gekregen had. Onmiddellijk riep de koning de paleisstalhouder naar zijn hof. Omdat de stalhouder geloofde dat zijn leven alleen om zijn eerlijkheid gespaard zou worden, bekende hij dat hij die van niemand minder dan de koningin gekregen had.

Het nieuws was een grote schok voor koning Bhartrihari. Tegelijkertijd was het een zegen: hij kon nu zijn buitensporige gehechtheid aan zijn vrouw te boven komen en beseffen dat alle wereldse liefde zijn beperkingen heeft. De koning werd zo onthecht van de belofte van geluk door dingen in de wereld, dat hij het hele koninkrijk met alle macht en genoegens opgaf en zich in het bos terugtrok op zoek naar eeuwige vrede door de kennis van het Zelf.

Dit betekent niet dat we moeten wachten op een grote schok in ons leven om de tijdelijkheid van alles wat we 'van ons' noemen te beseffen. We kunnen deze overtuiging gemakkelijk krijgen door te luisteren naar de woorden van de geschriften en de Ware Meesters. Als dat niet genoeg is, is er overvloedig bewijs in de wereld om ons heen.

Na de verwoestende tsunami in december 2004 merkte Amma op dat de tsunami een waarschuwing was, maar dat niemand die hoorde. Ze daagde de ashrambewoners en anderen uit na te denken over wat men van de tsunami kon leren.

"Onverwachte situaties als deze leren ons dat niets echt van ons is," zei Amma indertijd. "We houden ons vast aan dingen en mensen en denken dat ze van ons zijn, maar zulke situaties laten ons zien dat niets van ons is. Zelfs ons leven is niet van ons, niet iets om ons aan vast te houden.

"Als we vlak voor onze neus een ongeluk op de weg zien, dient dat om ons alerter te maken. Zulke situaties creëren een bewustzijn in ons. Dit bewustzijn toont ons de weg, hoe we verder moeten gaan.

"We houden ons vast aan het idee van 'ik' en 'mijn'. Iedereen zegt '*ik* heb dit gedaan, *ik* heb dat gedaan', maar waar komt dit 'ik' vandaan? We zien de zon alleen door het licht van de zon. Wat we van ons noemen, is niet echt van ons. Wat Hij geeft, neemt Hij ook weg. Hij geeft en wij accepteren. En wanneer Hij het wenst, neemt Hij terug. Met deze houding zouden we situaties in het leven moeten accepteren."

Amma's woorden herinneren ons aan de inspirerende reactie van de dorpelingen in Gujarat, nadat de verwoestende aardbeving in 2001 hun dorpen totaal met de grond gelijk gemaakt had. De meeste gezinnen hadden een of meer gezinsleden en ook het dak boven hun hoofd verloren. Toen Amma hen daar bezocht en vroeg hoe het met hen ging, antwoordden ze met verbazingwekkende gelijkmoedigheid en kalmte. "Het gaat goed met ons," zeiden ze tegen Amma. "Wat God gegeven heeft, heeft hij teruggenomen."

Als we van de dingen in de wereld genieten, ervaren we tijdelijk geluk. In plaats van ons vertrouwen in de wereld te laten toenemen door deze kortstondige genoegens moeten we eraan denken dat ons leven als een slinger is en dat de slinger, wanneer we geluk ervaren, alleen maar energie krijgt om naar verdriet te zwaaien. Amma zegt dat we alleen echte rust en tevredenheid kunnen vinden, wanneer de slinger tot rust komt, in het midden. Dit is niet zo maar een willekeurige wet. Het is het logische resultaat van het vertrouwen op uiterlijke omstandigheden voor ons geluk. Wanneer de omstandigheden veranderen, ervaren we verdriet. Zelfs als de omstandigheden niet veranderen, zal het geluk niet blijven. We kunnen bijvoorbeeld echt van een bepaalde film genieten. Maar stel dat iemand ons zou vertellen dat die film eeuwig door zou gaan en we de bioscoop niet zouden kunnen verlaten. Dan zou ons geluk meteen verdwenen zijn. Zo ook kunnen we van ijs houden. Maar hoeveel ijs kunnen we eten voordat we ziek worden? Er zal een moment komen dat we geen ijs meer kunnen zien. Dit laat ons zien dat geluk niet inherent is aan deze objecten en ervaringen, dat zelfs het beetje geluk dat we door de wereld krijgen, van voorbijgaande aard is. De enige manier om echt geluk te vinden is naar binnen te kijken en het onveranderlijke Zelf te vinden. De meeste mensen ervaren geluk alleen door een bepaald middel, gewoonlijk door zintuiglijk genot, door prijzende woorden of door een bepaald doel te bereiken. Mahatma's[1] daarentegen kunnen geluk ervaren zonder enig hulpmiddel. Toen Amma gedwongen werd in de open lucht te leven en de brandende zon en stortregens te verdragen en ook mishandelingen en zelfs aanslagen op Haar leven, zat Ze uren achter elkaar verdiept in meditatie. Hoe zouden wij eraan toe zijn als we in een dergelijke situatie verkeerden? We zouden niet rusten totdat we een leuk hotel of op zijn minst een vriend bij wie we konden verblijven, gevonden hadden. Onze volgende zorg zou zijn iets te eten te vinden, bij voorkeur bij een vriend bij wie we ons verdriet konden uitstorten en praten over alle onrecht dat ons is aangedaan. Maar Amma was helemaal niet van streek door deze omstandigheden. Hoewel Ze geen eten, geen onderdak en niemand die ze vriend kon noemen had, was Ze volmaakt tevreden. Amma heeft geen uiterlijk hulpmiddel nodig om tevredenheid te ervaren en toch is Haar tevredenheid zoveel dieper dan die van ons.

Of we ons ervan bewust zijn of niet, we hebben altijd vertrouwen in het vermogen van iemand of iets om ons geluk te schenken. We nemen onze toevlucht tot iets in de hoop dat het ons dichter bij het geluk zal brengen. Als het niet het ene ding is, dan is het het andere. Amma zegt dat onze 'toevlucht' eenvoudig datgene is waartoe onze geest voortdurend wordt aangetrokken en waar onze gedachten naar toe stromen, datgene waarin onze geest voortdurend vertoeft. Als

---

[1] Mahatma betekent letterlijk 'Grote Ziel'. Hoewel de term nu in een ruimere betekenis gebruikt wordt, verwijst 'Mahatma' in dit boek naar iemand die leeft in de Kennis dat hij één is met het Universele Zelf of de Atman. Alle Satgurus of Ware Meesters zijn Mahatma's, maar niet alle Mahatma's zijn Satgurus. In veel gevallen toont de Mahatma geen belangstelling voor het verheffen van anderen en geeft hij er de voorkeur aan al zijn tijd geabsorbeerd in de gelukzaligheid van het Zelf door te brengen. De Satguru is iemand die ervoor kiest af te dalen naar het niveau van de gewone mensen om hen te helpen spiritueel te groeien, terwijl hij nog steeds de gelukzaligheid van het Zelf ervaart.

we ons die definitie voor ogen houden, is het niet moeilijk erachter te komen waartoe we nu onze toevlucht nemen: onze bezittingen, ons werk, onze vrienden, ontspanning en onze emoties. Zijn dit niet de dingen waar we de hele tijd aan denken?

Het verhaal gaat dat Thomas Edison, voordat hij ontdekte dat wolfraam een geschikte gloeidraad voor het gebruik in gloeilampen was, meer dan tweeduizend experimenten verrichtte met materialen die geen stroom geleidden en licht gaven. Veel andere wetenschappers maakten zijn pogingen belachelijk en zeiden: "Zelfs na tweeduizend experimenten heb je niets kunnen bewijzen."

Edison antwoordde: "Helemaal niet. Ik heb bewezen dat deze tweeduizend materialen niet werken!"

Op dezelfde manier hoeven wij ons niet rot te voelen dat we naar geluk in wereldse dingen zoeken, zolang we maar de juiste les leren. En zoals de wetenschappers die Edisons voetsporen volgden, die tweeduizend experimenten niet meer hoefden te doen, hoeven wij niet naar geluk buiten onszelf te blijven zoeken, als we bereid zijn in de voetsporen van de Grote Meesters te treden.

We moeten hier opmerken dat wereldse zaken, hoewel ze een beperkt vermogen hebben ons gelukkig te maken, een onbeperkt vermogen hebben ons leed te bezorgen. Zij die hun geluk in sigaretten zoeken, krijgen uiteindelijk longkanker en sterven na een langdurige ziekte een vroege dood. Zij wier geluk in hun geliefde ligt, plegen misschien zelfs zelfmoord, wanneer diegene hen voor iemand anders verlaat. Iedereen wil in een groot huis wonen, hoe groter hoe beter, maar hoe groter het huis, des te meer reparaties en onderhoud er verricht moet worden. In de *Tao Te Ching* zegt Lao Tzu:

> *Jaag geld en veiligheid na*
> *en je hart zal nooit opengaan.*
> *Bekommer je om de goedkeuring van de mensen*
> *en je zult hun gevangene worden.*

Zelfs voordat de jonge prins Siddharta de Boeddha (de Ontwaakte) werd, had hij wellicht een duidelijke kijk op de aard van werelds geluk. Misschien noemde hij zijn zoon daarom 'Rahula' wat keten of slavernij betekent. Dit kan hard klinken, maar laten we aan onze eigen ervaring denken. We kunnen een pasgeboren baby de bron van onuitputtelijk geluk vinden, maar wat als het kind de moeilijke leeftijd van twee bereikt? En later, wanneer het kind tiener is, kan hij in slecht gezelschap terechtkomen, een bullebak worden of zelfs zijn ouders gaan haten. Er zijn veel gevallen van kinderen die zelfs hun ouders niet meer willen zien, zodra ze volwassen worden. In zulke gevallen wordt dat wat we als een bron van oneindig geluk beschouwden, een bron van eindeloos verdriet.

Dit betekent niet dat we geen kinderen moeten krijgen of geluk in de uiterlijke wereld mogen zoeken, maar we moeten zowel geluk als ongeluk verwachten en ons erop voorbereiden beide gelijkmoedig te accepteren. We moeten er altijd aan denken niet te veel van iets of iemand te verwachten en dat alleen God voor altijd bij ons zal blijven. Met andere woorden het is prima van de vergankelijk dingen van de wereld om ons heen te genieten, maar we moeten onze toevlucht hier niet toe nemen. In plaats daarvan moeten we leren onze toevlucht te nemen tot – onze gedachten te laten stromen naar – God of de Guru. Is het niet verstandig om onze toevlucht alleen te zoeken tot iets wat ons nooit zal verlaten?

Zoals een slangenbezweerder weet dat het de aard van slangen is te bijten, moeten wij accepteren dat het de aard van mensen is van mening, houding en standpunt te veranderen. We moeten nooit verwachten dat een persoon, voorwerp of situatie hetzelfde blijft. Leven met dit begrip en in overeenstemming daarmee handelen is intelligent leven. Amma geeft het voorbeeld van het schakelen in een auto. Wanneer we een steile heuvel oprijden, zullen we niet vooruitkomen als we de auto niet in een lagere versnelling zetten. En als we niet naar een hogere versnelling schakelen wanneer we hard rijden, zullen we de motor vernielen. Op dezelfde manier moeten wij, wanneer we met verschillende situaties in het leven geconfronteerd worden, ons op de juiste manier aan kunnen passen om alles wat zich voordoet met een gelijkmoedige houding te accepteren.

Niemand wil verdriet ervaren, zelfs niet een beetje. Maar we vinden het niet genoeg als alleen maar het verdriet verwijderd wordt, we willen ook blijvend geluk ervaren. Op een keer kwam er een jongeman naar me toe en zei: "Ik heb geen problemen of verdriet, maar ik ben toch niet tevreden. Er ontbreekt iets in mijn leven. Ik heb tot nu toe veel dingen geprobeerd, maar niet spiritualiteit. Daarom ben ik hier gekomen." Deze jongeman had geen problemen, maar toch voelde hij zich niet volledig. Hij geloofde, en terecht, dat spiritualiteit de sleutel was tot het vullen van de onverklaarbare leegte in zijn leven.

Blijvend geluk kan niet verkregen worden uit iets wat niet blijvend is. De situaties en dingen in de wereld veranderen voortdurend en ons bewustzijn is gewoonlijk gericht op en geïdentificeerd met deze veranderende omstandigheden. Als gevolg daarvan worden we steeds beïnvloed wanneer de omstandigheden zich wijzigen.

Dit lijkt op wat er gebeurt wanneer we naar een film kijken. De verschillende gebeurtenissen in de film beïnvloeden ons emotioneel, zelfs fysiek. In de dorpen van Tamil Nadu zijn filmsterren die zo populair zijn, dat de bioscoopgangers totaal geïdentificeerd raken met hun karakter. Zelfs als de held een klein schrammetje in een gevechtsscène oploopt, gooit iedereen flessen en stenen naar het scherm. Als hij tijdens een emotionele scène begint te huilen, kunnen we veel snikkende stemmen in de bioscoop horen.

Het publiek raakt zo betrokken bij het verhaal dat het bereid is alles te geloven om door het drama meegesleept te worden, hoewel de voorgestelde gebeurtenissen vaak volkomen irreëel zijn. Ik hoorde over een recente film met een actiescène waarin de held en de schurk elkaar onder vuur nemen totdat de kogels van de held op zijn. De schurk die zijn plotselinge voordeel doorheeft, mikt en schiet een salvo van kogels af, waarbij hij de held in de dij treft. Eén moment is het publiek van afschuw vervuld. Ze denken er zelfs over de bioscoop af te branden. Maar het volgend moment haalt de held de kogel die in zijn dij zat eruit, laadt die in zijn eigen geweer, schiet en doodt de schurk. De bioscoop barst in een daverend applaus los. Niemand maakt zich druk om de absurditeit van de scène.

Temidden van al deze opschudding is er één ding dat totaal betrokken is bij de film, maar tegelijkertijd helemaal niet beïnvloed wordt. Dat is het filmscherm. Zonder scherm kan de film niet vertoond worden, maar het blijft totaal onaangetast. Het is de onveranderlijke onderlaag voor alle veranderlijke scènes. Op dezelfde manier is er een onveranderlijke grondslag voor alle ervaringen die wij in het leven ondergaan. Dat is de Atman of het Zelf. Dit Zelf manifesteert zich als het bewustzijn dat ons zowel de uiterlijke wereld als ons eigen lichaam, gedachten, emoties, verlangens en gehechtheden laat ervaren. In werkelijkheid zijn wij niet deze veranderende mentale structuren, maar het onveranderlijke bewustzijn erachter. Dat is wat we echt zijn.

In plaats van ons te identificeren met dit onveranderlijke Zelf, identificeren we ons altijd met de verschillende ervaringen en dus wordt ons leven als een emotionele achtbaan. Hierdoor lijden velen van ons aan een soort identiteitscrisis. Niet de identiteitscrisis waaraan we gewoonlijk denken en die verband houdt met ons beroep, persoonlijkheid of relaties. Het gaat veel dieper dan dit. In deze zin lijden we in feite allemaal in verschillende gradaties aan verwarring over onze identiteit, ook al hebben we niet de zichtbare symptomen van een identiteitscrisis.

Hoe meer we ons met ons Echte Zelf identificeren, des te minder lijden we. Mahatma's lijden nooit aan enige vorm van identiteitscrisis. Strikt genomen kan alleen een gerealiseerd iemand beweren dat hij zijn echte identiteit kent. Zoals Amma zegt: "Er was nooit een tijd dat Amma niet wist wie Ze is."

Toen Amma nog een jonge vrouw was, dreigden enkele dorpelingen die wrok koesterden over Amma's vreemde, onorthodoxe gedrag en jaloers waren over haar toenemende populariteit, Haar te doden. Ze zwaaiden zelfs met een mes voor Haar. Amma was totaal onaangedaan door hun bedreigingen. Ze stond voor hen en verklaarde dapper: "Je kunt dit lichaam doden, maar het Zelf kun je niet aanraken."

Ook nu is Amma's houding tegenover zulke situaties niet veranderd. Toen in augustus 2005 een vreemdeling Amma met een verborgen mes benaderde, blijkbaar met de bedoeling een eind aan Haar leven te maken, bleef Amma totaal onverstoord. Ze stond zelfs niet van het podium op, maar ging door met het zingen van *bhajans* (devotionele liederen) en gaf daarna de Devi Bhava darshan[2], zoals van tevoren gepland was. Hoewel de ashrambewoners en toegewijden over de hele wereld erg van streek waren door dit incident, werd Amma door de hele situatie niet gehinderd. Later die dag beantwoordde Ze vragen van een groep verslaggevers die onmiddellijk na de verijdelde aanslag naar de ashram kwam. Amma zei tegen de verslaggevers met een onbezorgde glimlach: "Ik heb geen reactie op dit voorval. Ik ben helemaal niet bang voor de dood... Alles wat bestemd is te gebeuren, zal gebeuren wanneer de tijd komt. Ik wil gewoon doen wat ik moet doen. Hoe dan ook, op een dag gaan we allemaal dood. Daarom is het beter om te verslijten door voor anderen te werken dan weg te roesten."

Ook bij ontelbare wereldse verantwoordelijkheden handhaaft Amma altijd een spirituele zienswijze. In tegenstelling daarmee blijft wij altijd op het wereldse niveau gericht, zelfs wanneer we spirituele oefeningen doen.

Amma zegt dat het doel van spiritualiteit is een verandering in onze waarneming tot stand te brengen: van het wereldse naar het spirituele, van het uiterlijke naar het innerlijke. Door ons onvermogen onze waarneming te veranderen verspillen we veel tijd en energie met het oplossen van onze problemen.

Het komt door ons beperkte bewustzijn dat we de omstandigheden in het leven niet aankunnen. Zoals Amma vaak zegt, zijn er

---

[2] Amma geeft regelmatig een speciale darshan waarbij Ze in de stemming en kleding van de Goddelijke Moeder verschijnt. Op dat moment is Ze volledig geïdentificeerd met God in de vorm van de Goddelijke Moeder. Vroeger gaf ze ook darshan in Krishna Bhava.

drie manieren waarop we gewoonlijk omgaan met de onaangename omstandigheden in het leven: wegrennen, het verdragen maar klagen en proberen de omstandigheden te veranderen. Niemand probeert wat Amma de *manasthiti* (mentale houding) noemt te veranderen om de uitdagingen in het leven tegemoet te treden. Het is dit proces van het veranderen van onze mentale houding, niet van de uiterlijke omstandigheden, dat onze geest verruimt. Doordat de samenleving en de cultuur naar buiten gericht zijn, zoeken de mensen op het ogenblik de oorzaak van het lijden alleen in uiterlijke omstandigheden. We proberen zelden te leren hoe we onze aandacht naar binnen kunnen richten en de geest kunnen verruimen om op die manier de problemen op te lossen.

Het is waar dat de oplossing voor sommige problemen, zoals honger of gebrek aan onderdak, buiten onszelf gevonden kan worden, maar zelfs dan is een uiterlijke oplossing soms niet voor handen. In de begintijd van de ashram gebeurde het vaak dat er niet veel voor Amma en de *brahmachari's* (celibataire leerlingen) te eten over was, nadat alle volgelingen te eten gekregen hadden. En toch was er veel vermoeiend lichamelijk werk te doen en niemand anders om het te doen. Op de een of andere manier waren we, dankzij de inspiratie die we door Amma opdeden, in staat al onze krachten te verzamelen om spirituele oefeningen te doen naast het fysieke werk, zelfs op een karig dieet.

Alles hangt van onze conditionering af. Amma zegt dat spiritualiteit het conditioneren van de geest is om zich aan iedere situatie aan te passen en van binnen geluk te vinden, onafhankelijk van wat er om ons heen gebeurt. In feite kunnen de oplossingen voor de meeste problemen in ons leven alleen van binnenuit komen. Neem bijvoorbeeld de problemen van kwaadheid, haat, teleurstelling of jaloezie. Er zijn geen uitwendige oplossingen voor deze problemen. We moeten de oplossing in onszelf vinden. Als we uiterlijke oplossingen voor deze problemen zoeken, kan het zelfs tot meer problemen in de toekomst leiden.

Onlangs kwam iemand uit het Westen in Amritapuri wonen.

In het Westen had hij vele jaren alleen gewoond, maar toen hij naar de ashram kwam, moest hij een kamer met iemand delen. Toen ontdekte hij dat hij erg gevoelig voor geluid was. Zijn kamergenoot werkte achter een laptopcomputer in de kamer en de nieuwkomer ontdekte dat het klikken van de elektronische muis van zijn kamergenoot hem werkelijk stoorde als hij probeerde te mediteren. Hij wilde zijn kamergenoot niet vragen zijn werk in te perken en daarom besloot hij een speciale, stille muis voor zijn kamergenoot te kopen. Hij dacht dat hij daarna in vrede zou kunnen mediteren en studeren. Maar nu het klikken van de muis verdwenen was, werd hij zich plotseling bewust van het ratelende geluid van de ventilator in de kamer beneden hem. Na weken rusteloos mediteren en 's nachts woelen en draaien besloot hij uiteindelijk een stille ventilator voor zijn buren beneden te kopen. Toen was hij er echt zeker van dat hij door niets meer gestoord zou worden. Maar toen het ratelende geluid van de ventilator voorbij was, werd hij zich ervan bewust dat er tengevolge van de tsunamihulpverlening in het omliggende gebied veel vrachtwagens voorbijreden op de weg naast de ashram. Het geronk van de vrachtwagens stoorde hem enorm, maar hij wist dat het onmogelijk was een heel autopark van stille vrachtwagens te kopen. Toen realiseerde hij zich dat hij geprobeerd had een innerlijk probleem met uiterlijke middelen op te lossen en dat wat hij werkelijk moest doen was zijn eigen innerlijke gevoeligheid voor geluid verminderen.

Velen van ons bidden tot Amma om onze problemen op te lossen en natuurlijk doet Amma dat graag door Haar goddelijke besluit. Maar voor ieder probleem zullen we een afzonderlijke oplossing moeten vinden. De beste hulp die we kunnen krijgen is één oplossing die voor veel problemen werkt. Deze brede oplossing is de verandering in waarneming die Amma in ons tot stand probeert te brengen. Hoe kan een simpele verandering in waarneming zo'n verschil maken?

Stel je voor dat er twee golven zijn. De een is een onwetende golf en de andere is een wijze golf. De onwetende golf beschouwt zichzelf als niets meer dan een golf en denkt: "Ik ben een golf van een bepaalde afmeting, ik ben toen en toen uit een andere golf voortgekomen en in de nabije toekomst zal ik ten onder gaan." De wijze golf denkt heel anders: "Ik ben helemaal geen golf. 'Golf' is gewoon een naam die men mij gegeven heeft. Ik ben in wezen water en als water ben ik nooit als golf geboren. Ik ben altijd water geweest, ik ben nu water en ik zal altijd water zijn. Hoewel deze speciale golf zal verdwijnen, zal ik nog steeds als water bestaan." Een onwetende golf ziet zichzelf als een sterfelijke golf, terwijl een wijze golf zichzelf als onsterfelijk water ziet.

Zodra de onwetende golf zich als een golf beschouwt, zal hij allerlei verschillen in de andere golven zien. Hij zal andere golven als verschillend van hemzelf zien, als mogelijke rivalen – groot of klein, vreedzaam of gewelddadig – en dat zal competitie, jaloezie, hebzucht en andere negatieve gevoelens creëren.

De wijze golf ziet zichzelf als water en andere golven ook als water. Hij ziet alles alleen maar als water, hij ziet geen verschil tussen hemzelf en de andere golven of tussen hemzelf en de oceaan.

Op dezelfde manier zal een wijs iemand alles en iedereen als niets anders dan zijn eigen Zelf zien, terwijl een onwetend iemand alles en iedereen als afgescheiden en verschillend van zichzelf zal zien. Ook bij een wijs iemand zullen de fysieke ogen het verschil tussen allerlei vormen zien, maar door het spirituele oog van wijsheid zal zo iemand alles als dezelfde Atman zien.

Kort nadat ik in de ashram was gaan wonen, was ik voor ashramzaken naar Bangalore gegaan en op de terugweg moest ik over een weggedeelte rijden waar werk in uitvoering was en het grootste deel van de weg was afgezet. Er was maar een nauwe strook over waarop de voertuigen in beide richtingen moesten rijden. Toen ik op deze nauwe strook naast de bouwwerkzaamheden reed, zag ik een vrachtwagen die op me af kwam, blijkbaar zonder de bedoeling ruimte te maken om mijn auto door te laten. Ik besloot half uit te zwenken voor de vrachtwagen, omdat ik aannam dat de vrachtwagenchauffeur ook wel wat zou uitwijken, omdat dat een ongeschreven verkeersregel is. Maar deze chauffeur ging geen centimeter opzij. Ik vond zijn verwaandheid irriterend en reed onverdroten door op het pad dat ik gekozen had. Ik was er zeker van dat ik hem in ieder geval een beetje opzij kon laten gaan. In het Westen wordt dit, denk ik, 'bluf' genoemd. Toen het uiteindelijk duidelijk werd dat hij helemaal niet opzij zou gaan, besloot ik dat het beter was een bangerik te zijn dan dood te gaan, omdat ik de kans om bij Amma te zijn niet wilde missen.

Nadat de chauffeur gepasseerd was, keerde ik om en zette de achtervolging in. Razend door zijn roekeloos en egoïstisch rijgedrag besloot ik hem een lesje te leren. Ik haalde hem in en reed meerdere kilometers vooruit en vergrootte de afstand tussen ons. Toen keerde ik om, stapte uit en wachtte tot hij voorbijkwam. Toen ik hem aan zag komen, pakte ik een grote steen van de kant van de weg en smeet die tegen zijn voorruit, die mooi in stukken brak. Toen stapte ik weer in en reed snel weg.

Ik ging zo snel als ik kon naar de ashram terug omdat ik Amma graag wilde onthalen op het verhaal van mijn heldhaftige daden. Maar toen Amma het verhaal hoorde, was Ze niet onder de indruk: "Zou je hetzelfde gedaan hebben, als Amma in die vrachtwagen gezeten had?"

Toen Amma dit zei, werd mij alle wind uit de zeilen genomen. Ik had geen antwoord en liet mijn hoofd vol schaamte hangen.

Amma kan iedereen accepteren zoals hij is, omdat Ze iedereen als Haar eigen Zelf ziet. Als wij ons eigen Zelf niet in alles kunnen zien, kunnen we proberen onze geliefde Amma in iedereen te zien of ze als Amma's kinderen te zien. Dit zal zeker een verandering in onze waarneming tot stand brengen, die het aantal conflicten en problemen in ons leven zal verminderen en ons zal helpen onder alle omstandigheden in het leven geduldiger en meedogender te zijn.

Hoofdstuk 4

Het hoogste dharma

Soms vragen mensen Amma: "Is het niet voldoende een goed iemand te zijn en een leven in overeenstemming met dharma te leiden? Als ik niemand kwaad doe en geen slechte gewoonten heb, waarom moet ik dan spirituele oefeningen doen?"

Om deze vraag te beantwoorden moeten we eerst dharma beter begrijpen en wat een leven in overeenstemming met dharma betekent. Volgens de geschriften zijn er een aantal verschillende soorten dharma. Als de vragensteller naar een leven in overeenstemming met dharma verwijst, verwijst hij maar naar één soort dharma: het leiden van een moreel deugdzaam en juist leven: niet bedriegen, niet stelen, anderen niet doden of letsel toebrengen, de waarheid vertellen, enz. Natuurlijk moet iedereen deze morele waarden in acht nemen, die universeel van toepassing zijn op iedere samenleving, cultuur en tijdperk. Maar het simpel in acht nemen van morele waarden vormt op zichzelf geen volledig dharmisch leven. Daarvoor hebben we een dieper begrip van dharma en de verschillende transformaties ervan nodig.

Het tweede soort dharma hoort specifiek bij ons geloof of religieuze achtergrond. Een moslim heeft andere voorschriften en gebruiken dan een jood en een christen heeft andere verplichtingen dan een hindoe. Moslims wordt bijvoorbeeld gevraagd om vijf keer per dag te bidden, tijdens de hele Ramadanmaand overdag te vasten en ten minste één maal in hun leven een pelgrimstocht naar Mekka te maken. Hindoes kunnen iedere week een of twee keer vasten, een gelofte van stilte doen, de hele nacht opblijven met Shivaratri, een heilige draad dragen, tempels bezoeken en hun mantra herhalen.

Christenen en joden hebben andere verplichtingen die specifiek zijn voor hun geloof. Om een dharmisch persoon in de tweede betekenis te zijn, hoeven we niet de regels van ieder geloof te volgen. We hoeven alleen de regels van ons eigen geloof te volgen.

Hoewel gerealiseerde Meesters voorbij de noodzaak van het volgen van gebruiken gegaan zijn en alle verschillen, inclusief religie, getranscendeerd hebben, zullen zelfs zij in sommige gevallen de gebruiken die door hun geloof worden voorgeschreven, volgen om anderen een voorbeeld te geven.

Een derde soort dharma heeft betrekking op onze positie en rol in de samenleving. Een soldaat en een monnik hebben bijvoorbeeld ieder hun eigen dharma. Als een monnik de wapens opneemt om zijn land te verdedigen, zou dat totaal misplaatst zijn. Maar als een soldaat dat zou weigeren, zou hij zich niet aan het dharma dat bij zijn positie hoort, houden. Ons relatieve dharma volgen is de taken die ons zijn toevertrouwd, oprecht en zo goed als we kunnen, verrichten. Wanneer iedereen dit doet, zal de samenleving soepel functioneren en zal iedereen er wel bij varen.

Ten slotte is er het hoogste dharma: de plicht ons ware Zelf te realiseren, onze eenheid met God. Evenals de eerste soort dharma, geldt dit hoogste dharma voor iedereen.

Amma zegt: "Wie we ook zijn of wat we ook doen, de taken die we in de wereld verrichten moeten ons helpen het hoogste dharma te bereiken, wat eenheid met het Universele Zelf is. Alle levende wezens zijn één omdat het leven één is en het leven heeft slechts één doel. Door identificatie met het lichaam en de geest kan men denken: 'Het Zelf zoeken en Zelfrealisatie bereiken is niet mijn dharma. Mijn dharma is als acteur of musicus of zakenman te werken.' Het is prima als men zo denkt, maar we zullen nooit vervulling vinden, als we onze energie niet op het hoogste doel in het leven richten."

Als we ons dharma oprecht volgen, zullen we onze voorkeur en afkeer, ons egoïsme, jaloezie, trots en andere negatieve eigenschappen beginnen te overwinnen. Het dharma van een leerling is bijvoorbeeld de instructies van de Guru op te volgen. Soms zal de Guru de leerling vragen iets te doen wat hij niet graag doet.

Een jongeman kwam in de ashram wonen, nadat hij een carrière als filmer en fotograaf begonnen was. Hij zei tegen Amma dat hij erg graag Haar persoonlijke videofilmer wilde zijn. Amma luisterde naar zijn suggestie en zei hem toen dat Ze wilde dat hij in de koeienstal ging werken. Dit was het laatste wat deze jongeman wilde doen, maar omdat Amma het hem gevraagd had, nam hij gehoorzaam de taak van het zorgen voor de koeien op zich. Maar zijn verlangen om films te maken verdween niet zo gemakkelijk. Naast het zorgen voor de dagelijkse behoeften van de koeien, begon hij een documentaire over hun leven te maken. Hij nam opnamen van hun grazen, slapen, gemolken worden en andere activiteiten. Toen Amma dit hoorde, herinnerde Ze hem eraan dat het het dharma van een zoeker is alle *seva* (onbaatzuchtig dienen) te doen die hem toebedeeld is en de rest van de tijd te besteden aan meditatie, *mantra japa* (herhalen van de mantra), studie en gebed. Anders handelen is van het spirituele pad afgaan en midden op de weg gaan zitten. Door het opvolgen van Amma's instructies kon deze jonge zoeker zijn voorkeur te boven komen en zich van ganser harte wijden aan het werk dat Amma hem gegeven had.

Zo zullen wij door ons dharma oprecht te volgen zuiverder en rijper worden. Als we een grotere mate van mentale volwassenheid hebben bereikt, zullen we vanzelf belangstelling voor spiritualiteit en het hoogste dharma van Zelfrealisatie krijgen. Tegelijkertijd is het alleen spiritualiteit die ons de kracht zal geven om ons onder alle omstandigheden aan ons dharma te houden.

Neem bijvoorbeeld Yudhishthira van wie gezegd wordt dat hij een incarnatie van het principe van dharma in een menselijke vorm geweest is. Yudhishthira, de oudste van de vijf Pandava-broers en de rechtmatige troonopvolger van de Kurus, werd voor twaalf jaar naar het bos verbannen door zijn jaloerse neef Duryodhana, die in plaats van hem de koningsmantel had aangetrokken. Hoewel Duryodhana de verbanning van de Pandava's door bedrog bewerkstelligd had en alle broers van Yudhishthira hem aanspoorden naar het koninkrijk terug te gaan en oorlog tegen Duryodhana en zijn broers, de Kaurava's, te voeren, stond Yudhishthira erop zijn woord te houden en in ballingschap te blijven voor de hele periode van twaalf jaar. Pas toen die periode over was, stemde Yudhishthira ermee in de onrechtvaardige Kaurava's de macht te ontnemen en terug te winnen wat wettelijk van hem was.

Alleen door spirituele principes te begrijpen en spirituele oefeningen te doen krijgen we het juiste begrip en de juiste mentale houding om door te gaan met goede handelingen, wat voor reactie we hierop ook krijgen.

Sint Eknath zag een schorpioen in een plas spartelen. Hij besloot die te redden door zijn vinger uit te steken, maar de schorpioen beet hem. Eknath trok zijn hand kort terug en kromp ineen van de pijn. Een moment later probeerde Eknath opnieuw de schorpioen uit het water te redden, maar de schorpioen beet hem opnieuw. Dit ging zo een tijdje door.

Uiteindelijk vroeg een toekijker Eknath: "Waarom blijf je proberen een schorpioen te redden, als je weet dat hij je in ruil daarvoor alleen bijt?"

Eknath legde uit: "Het is de aard van de schorpioen om te bijten; het is mijn aard om lief te hebben. Waarom zou ik mijn aard om lief te hebben opgeven, alleen omdat het de aard van de schorpioen is om te bijten?" Uiteindelijk hield de schorpioen, onderworpen door de kracht van Eknaths mededogen, op hem te bijten en Eknath bracht de schorpioen blij in veiligheid en zette hem veilig op de grond.

Alleen spiritualiteit kan ons de kracht geven anderen lief te hebben en te dienen, ook als ze ons in ruil daarvoor alleen bijten. Zoals Boeddha zei: "Haat houdt nooit op door haat; haat houdt op door liefde. Dit is de eeuwige wet."

Toen Amma nog een jonge vrouw was, ging Ze met een andere jonge vrouw uit het dorp bij de buren overgebleven restjes voedsel verzamelen voor de koeien van het gezin. In die tijd treiterden veel dorpelingen Amma. Ze dachten dat ze krankzinnig was in plaats van een goddelijke incarnatie. Toen ze voorbij een bepaald huis kwamen, riep een man die in de deuropening stond, luid: "Die Sudhamani is zo vreemd. Geen wonder dat Haar familie geen man voor Haar kan vinden. Of kunnen ze zich geen bruidsschat permitteren? Als ze het geld niet hebben, zal ik het betalen. Ze heeft gewoon een man nodig om Haar op het juiste spoor te zetten…" De man ging maar door met zo te praten toen Amma en de andere jonge vrouw voorbijliepen. Amma was totaal onverstoord onder zijn opmerkingen, maar de andere vrouw, die Amma kende en vertrouwen in Haar had als een goddelijk wezen, leed erg door zijn woorden. Toen ze verder liepen, probeerde Amma haar te troosten door te zeggen dat we ons niet moeten laten beïnvloeden door de woorden van anderen, dat ze alleen hun ware aard laten zien, enz. Maar de vrouw was niet te troosten. Ze kon zich niet indenken waarom deze man zo nodeloos wreed kon zijn en dan nog wel tegenover Amma. Hoewel Amma zelf door de woorden van de man niet beïnvloed werd, was de pijn in het onschuldige hart van de vrouw te veel voor Haar. Uiteindelijk zei Ze tegen de vrouw: "Maak je geen zorgen. Op een dag zal hij spijt van zijn woorden krijgen."

Kort na dit voorval werd de man die Amma gehekeld had, in zijn vissersboot door een vreselijke storm overvallen. Twee familieleden verdronken en de boot zonk en werd op het strand gesmeten. In een oogwenk waren zijn middelen van bestaan vernield. Omdat deze man nergens anders hulp kon krijgen, ging hij uiteindelijk naar Amma en smeekte om hulp. Een gewoon iemand had zich misschien de eerdere wreedheid van deze man herinnerd en hem weggestuurd. Maar Amma deed alles wat Ze kon om hem te helpen, hoewel de ashram in die tijd erg klein was. Al het geld dat Ze had, gaf Ze aan hem om hem er weer bovenop te helpen[1].

---

[1] Men moet niet verkeerd begrijpen dat Amma, omdat Ze correct voorspelde dat de man op een dag zijn wreedheid zou betreuren, op de een of andere manier deze tegenslag bij hem veroorzaakte. Beter gezegd, Amma kon zien dat deze man voorbestemd was op deze manier te lijden als gevolg van zijn eigen karma en dat hij voor hulp naar Haar toe zou komen.

Na de tsunamiramp in 2004 kon men een dergelijk verhaal zich op een veel grotere schaal zien ontvouwen. Veel dorpelingen in het district rondom Amma's ashram verloren die dag alles. In de dagen na de ramp vertelde Amma Haar oudere leerling, Swami Amritaswarupananda, dat ze van plan was €19 miljoen aan de hulp en ondersteuning van de tsunamislachtoffers te wijden. Later zei hij dat hij zijn oren niet kon geloven, toen hij dit de eerste keer hoorde. "Wat?" vroeg hij Amma stomverbaasd, "19 miljoen euro? Waar zal het geld vandaan komen?"

Amma bleef kalm. Ze zei eenvoudig: "Het zal komen." Er was zoveel zekerheid en vastberadenheid in Haar stem. Er was geen spoortje twijfel. Bij een multinational duurt het maanden voordat men een besluit neemt om €19 miljoen te investeren. Er gaan ronden van bestuursvergaderingen aan vooraf, deskundige analisten worden erbij gehaald om de risico's en mogelijke winst te berekenen. Maar voor Amma is mededogen het belangrijkst: het opheffen van de pijn en het lijden van de mensen. Haar beslissing kwam gewoon spontaan. In een handomdraai was de beslissing genomen: "Het zal komen."

Hoewel veel van deze mensen Amma als kind meedogenloos hadden geplaagd en zelfs stenen naar Haar hadden gegooid toen Ze een jonge vrouw was, deed dat Amma geen moment aarzelen. Vanaf het moment dat het water naar binnen stroomde, was Amma er met Haar hele hart aan gewijd de dorpelingen te helpen alles terug te krijgen wat ze hadden verloren, ook al had de ashram zelf uitgebreide materiële schade geleden. Alleen Amma's kennis dat Ze één is met de Bron van de schepping stelt Haar in staat van anderen te houden en hen te dienen, hoe Ze ook in ruil daarvoor behandeld wordt.

Swami Pranavamritananda is een van Amma's oudere leerlingen. Hij was een van de eerste spirituele zoekers die besloot om aan Amma's voeten te leven en alleen bij Haar zijn toevlucht en leiding te zoeken. Als zodanig is hij op verschillende tijden verantwoordelijk geweest voor diverse plaatselijke ashrams. De avond voordat hij Amritapuri voor de eerste keer voor een langere periode ging verlaten, gaf Amma hem een advies dat hij, naar hij zegt, nooit zal vergeten. "Als je met de overtuiging gaat dat niemand iets goeds over je zal zeggen, hoeveel goed je ook voor de wereld doet," zei Amma hem, "zul je nooit teleurgesteld worden."

Hier brengt Amma naar voren dat niet alleen de activiteit belangrijk is, maar ook de houding waarmee we handelen. Wanneer we goede daden verrichten, verwachten we misschien erkenning of gunsten van degenen die onze hulp ontvangen. Wanneer we niet de reactie krijgen die we verwachtten, kunnen we ons enthousiasme verliezen en zelfs ophouden goede dingen te doen. Het volgende verhaal illustreert dit punt.

Een man uit Mumbai kwam Amma bezoeken in Amritapuri. Eerder had hij een royale donatie aan de ashram gedaan. Toen hij de darshanmonitors informeerde dat hij er was om Amma te zien, verstrekten ze hem een darshankaartje en zeiden hem dat hij het middageten kon gebruiken en zich ontspannen, omdat hij een paar uur moest wachten voordat het zijn beurt was om in de rij te gaan staan om Amma's darshan te ontvangen. Toen de man dit hoorde, barstte hij in woede uit: "Weten jullie niet wie ik ben? Ik heb zoveel geld aan de ashram in Mumbai gegeven! Hoe kunnen jullie me zo tegenhouden?" De man was zo beledigd toen hem gevraagd werd een kaartje voor zijn darshan te nemen en in de rij te wachten, dat hij de ashram verliet zonder zelfs Amma's darshan te ontvangen.

Hoewel deze man het goede hart had om royaal te doneren, verwachtte hij daarvoor een speciale behandeling en erkenning terug. De schoonheid van zijn goede daad werd bedorven door zijn onjuiste houding en het maakte hem zelfs blind voor de weldaad van Amma's darshan.

Ik herinner me een ander voorbeeld van dit soort geven uit mijn vroegste tijd bij Amma. In die tijd werkte ik bij een bank en omdat er geen vegetarische restaurants in de buurt waren, ontwikkelde ik de gewoonte om het middageten en ook het avondeten over te slaan. Na het ontbijt gebruikte ik 's middags alleen wat thee en versnaperingen.

In die tijd gaf Amma tijdens Haar Krishna en Devi Bhava dars-han een of twee lepels *payasam* (zoete rijstpudding) als *prasad*[2] aan iedereen die voor darshan kwam. Maar steeds wanneer ik 's nachts naar Amma's Devi Bhava darshan ging, als ik van de bank terug-gekeerd was, gaf ze mij extra veel *payasam* omdat ze wist hoeveel honger ik had. Daarna vroeg Ze me daar te blijven en een tijdje te mediteren.

In die tijd was er een toegewijde die erg jaloers was over de aandacht die Amma de eerste brahmachari's gaf, vooral mij. Op een dag gaf hij Amma een *asana* (meditatiematje) van echte tijgervel[3]. Maar omdat Amma Haar behandeling van mij en de andere brah-machari's niet veranderde, riep hij op een dag vol frustratie uit: "Er is alleen ruimte voor brahmanen hier!" Met die woorden pakte hij de tijgervel-asana terug van de plaats waar die opgeborgen was, en verliet de ashram. Daarna kwam hij Amma slechts zelden opzoeken.

Natuurlijk was de bewering van de man absurd. Amma heeft nooit voor iemand vanwege kaste, religie of iets anders voorkeur getoond. Amma toonde ook geen voorkeur voor mij. Het was alleen zo dat er in die tijd heel weinig van ons rondom Amma geïnteresseerd waren in meditatie en brahmachari worden. De meeste mensen hadden een gezin en wilden Amma alleen hun problemen vertellen en naar huis gaan. Voor degenen onder ons die graag mediteerden, gaf Amma speciale gelegenheid om naast Haar te zitten.

---

[2] Alles wat de Guru gezegend heeft, wordt prasad genoemd. Ook wordt alles wat aan de Guru of God geofferd wordt, geheiligd en wordt daardoor prasad.
[3] In oude tijden gebruikten yogi's een asana van tijgervel om op te mediteren. Van tijgervel wordt gezegd dat het de positieve vibraties die opgewekt worden door de persoon die de asana gebruikt, vasthoudt. Als men een asana van ander materiaal gebruikte, zouden de vibraties door de asana heen de aarde in kunnen gaan. Natuurlijk gebruikt nu niemand die meer, omdat tijgers een bedreigde diersoort zijn geworden. Maar in het begin van de jaren tachtig waren ze nog verkrijgbaar, hoewel ze toen al zeldzaam en duur waren. Natuurlijk zijn voor een gerealiseerde Meester als Amma zulke materiële hulpmiddelen totaal on-belangrijk. Omdat deze toegewijde dit niet wist, dacht hij dat hij Amma een grote gunst bewees.

Hoewel de man Amma een gulle gift geschonken had in de vorm van deze zeldzame, traditionele asana, werd niet alleen de schoonheid van zijn donatie tenietgedaan, maar nam hij zelfs het cadeau terug, omdat hij niet de beloning kreeg die hij verwachtte.

Trots en egoïsme kunnen niet alleen onze goede daden bederven, maar ook onze goede eigenschappen. Amma merkte eens op dat een bepaalde brahmachari erg nederig was. De volgende dag zei Amma dat een andere brahmachari veel nederigheid had, toen de eerste brahmachari vlakbij stond. Toen hij Amma's woorden hoorde, protesteerde hij onmiddellijk: "Amma, hoe kunt u dit over hem zeggen? Ik ben zoveel nederiger dan hij." In het vuur van het moment besefte deze brahmachari duidelijk niet de ironie dat hij prat ging op zijn eigen nederigheid.

Nederigheid is een unieke eigenschap in die zin dat de bewering dat men het bezit, duidelijk een bewijs is dat men het niet heeft. Het is waarschijnlijk de meest ongrijpbare deugd. Amma zegt dat een echte zoeker zelfs niet één woord van waardering moet verwachten. Heel vaak is nederigheid niet het loslaten van trots, maar het vervangen van de ene vorm van trots door de andere: er trots op zijn dat we niet trots zijn. We moeten er ijverig naar streven nederig te zijn, maar we moeten ook beseffen dat we, als we ooit perfecte nederigheid bereiken, dan zo onbewust van onszelf zijn dat we onszelf niet eens als nederig zullen herkennen.

Boeddha adviseerde zijn leerlingen eens: "Er zijn 80.000 verschillende soorten onwetendheid in de menselijke geest. Als je de mensheid wilt dienen, moet je bereid zijn 80.000 verschillende soorten beledigingen te accepteren."

Toen Amma begon met het huisvestingsproject van de ashram, het bouwen en toewijzen van gratis huizen aan arme dakloze mensen, zond Ze veel brahmachari's uit om op de bouw toezicht te houden en die ook uit te voeren. Toen de brahmachari's naar de ashram terugkeerden, klaagden sommigen van hen bij Amma dat iemand die een nieuw huis kreeg en nota bene in een gammele hut van blikjes en karton gewoond had, helemaal niet dankbaar leek voor wat hij kreeg. Hoewel hij zelf geen werk had, weigerde hij de brahmachari's op welke manier dan ook te helpen. Hij stond vlakbij sigaretten te roken en ongeïnteresseerd toe te kijken. Toen de brahmachari's op een avond beton gestort hadden, vroegen ze de toekomstige bewoner het beton nat te maken om het 's nachts te laten harden. Zijn antwoord was: "Dat is niet mijn werk en ik wil het niet doen."

De brahmachari's vroegen Amma: "Waarom zouden we de moeite nemen huizen voor zulke mensen te bouwen?"

Amma antwoordde: "Kinderen, het is jullie plicht de huizen te bouwen. Verder was deze persoon gewoon zichzelf. Als hij anders gehandeld had, zou hij iemand anders zijn." Met ander woorden, mensen handelen gewoon volgens hun natuur en we moeten niet verwachten dat ze zich anders gedragen.

Als deze brahmachari's Amma niet gehad hadden om hun houding te corrigeren, hadden ze zeker hun enthousiasme en motivatie om de armen te dienen verloren, nadat ze een paar keer slecht behandeld waren. Dankzij Amma's leiding konden ze de ervaring zien als een gelegenheid om actief te zijn om de activiteit zelf en om gelijkmoedigheid te ontwikkelen: hun plicht doen zonder zich erom te bekommeren of hun inspanningen waardering of kritiek krijgen.

Als we liefdadigheid of welke goede daad dan ook verrichten en dankbaarheid of erkenning verwachten te krijgen, creëren we meer karma voor onszelf en zullen we, ook al is het goed karma, de (positieve) resultaten van deze handelingen moeten ervaren. Terwijl de resultaten van schadelijke of negatieve handelingen vergeleken kunnen worden met vastgebonden zijn met een ijzeren ketting, omdat we voorbestemd zijn de pijnlijke resultaten van onze negatieve handelingen te ervaren, kunnen de resultaten van goede handelingen die we met een egoïstische houding verrichten, vergeleken worden met vastgebonden zijn aan een gouden ketting.

Of we nu met een gouden of ijzeren ketting vastgebonden zijn, we leven nog steeds in slavernij. Hoewel we succes, voorspoed en aangename ervaringen zullen hebben tengevolge van deze handelingen, zitten we nog steeds gevangen in de cyclus van geboorte en dood.

Er zijn mensen die hun leven wijden aan het verrichten van goede daden en de toepasselijke *yagna's* (rituelen) om bij hun dood toegang te krijgen tot hemelse sferen. Maar ook al slagen ze daarin, het leven in de hemel is volgens Sanatana Dharma niet eeuwig. In de *Katha Upanishad* biedt Yama, de Heer van de Dood, Nachiketas toegang tot het hoogste hemelrijk aan en belooft hem de grootste genoegens voor vrijwel eeuwig. Nachiketas weigert dit aanbod echter en zegt dat hij alleen Zelfkennis wil, omdat alleen dit hem vrijheid van de cyclus van geboorte en dood verleent. Nachiketas wist dat alle genoegens, zowel aardse als bovenaardse, tijdelijk en uiteindelijk onvolmaakt zijn, en dat een ziel weer naar de aarde zal moeten komen om als mens geboren te worden, wanneer zijn verdienste is uitgeput. Hetzelfde verklaart Heer Krishna in de *Bhagavad Gita*:

te taṁ bhuktvā svargalokaṁ viśālaṁ
kṣīṇe puṇye martya-lokaṁ viśanti

Nadat ze de uitgestrekte wereld van de hemel genoten hebben,
keren ze terug naar de wereld van de sterfelijken.

IX, 21

Dit betekent natuurlijk niet dat we onbaatzuchtig dienen op moeten geven omdat onze houding niet volledig onbaatzuchtig is. Zolang we actief zijn met dat doel voor ogen, zal onze geest zich steeds meer verruimen en te zijner tijd een toestand bereiken waarin onze dienstbaarheid echt onbaatzuchtig is.

Amma zegt: "Hoewel we niet de juiste reactie van anderen voor onze goede daden hoeven te krijgen, moeten we het nooit opgeven goede dingen te doen. Zelfs als niemand waardeert wat we doen, zal er toch een positief effect zijn."

Hier verwijst Amma ernaar dat iedere activiteit op zijn minst twee resultaten heeft: een zichtbaar resultaat en een onzichtbaar resultaat. Iemand kan positief of negatief reageren op onze goede daad; dat is het zichtbare resultaat. Maar voor iedere goede daad die we verrichten, verzamelen we, onafhankelijk van het zichtbare resultaat, positieve verdienste; dat is het onzichtbare resultaat. Dus het onzichtbare resultaat van deugdzame activiteit is altijd positief, terwijl het zichtbare resultaat positief of negatief kan zijn. Wanneer we bijvoorbeeld iemand die hongerlijdt te eten geven, is het direct waarneembare resultaat dat de honger van die persoon bevredigt wordt. Het onzichtbare resultaat is dat we wat positieve verdienste krijgen voor het verrichten van deze goede daad.

We moeten niet vergeten dat in ieder geval het onzichtbare resultaat van onze positieve handelingen altijd positief is en we moeten altijd ons best doen om ons aan ons dharma te houden en handelingen in overeenstemming met dharma te verrichten zonder er al te veel belang aan te hechten of we waardering of erkenning uit de omgeving krijgen.

Er is een speciaal soort schildpad die met zijn staart over de grond zwaait als hij loopt. De schildpad doet dit om mogelijke roofdieren te verhinderen zijn voetsporen te volgen. Tot op zekere hoogte werkt dit, maar sommige roofdieren hebben zijn techniek doorgekregen en zoeken niet meer naar de voetsporen van de schildpad, maar naar het patroon dat door het zwiepen met zijn staart over de grond gemaakt wordt.

Om spiritueel vooruit te gaan en uiteindelijk los te breken uit de slavernij van geboorte en dood verrichten we goede daden. Maar wanneer we het goede doen met de verkeerde houding, zijn we als deze schildpad. Onze verkeerde houding is als de staart die de indrukken die door onze goede daden geschapen zijn, uitveegt en zelf een teken achterlaat wat meer gebondenheid voor ons creëert. Daarom zegt Amma dat we, als we iets goeds gedaan hebben, het onmiddellijk moeten vergeten.

Als we de sleutel in een slot de ene kant omdraaien, gaat het dicht. Als we het de andere kant opdraaien, gaat het open. Op dezelfde manier sluiten handelingen die we met de verkeerde houding doen, ons op in de cyclus van *samsara* (de cyclus van geboorte en dood), terwijl handelingen die we met de juiste houding doen, het slot van samsara opendoen en ons bevrijden.

Deel 2

De benodigdheden voor een Gezegend Leven

Moge de boom van ons leven stevig in de grond van liefde geworteld zijn.

Laat goede daden de bladeren aan die boom zijn.

Mogen vriendelijke woorden zijn bloemen vormen en

Moge vrede zijn vruchten zijn.

— Amma

Hoofdstuk 5

Spiritueel leven

Als we de geschriften lezen zonder de juiste begeleiding of begrip, kunnen we de verkeerde conclusie trekken dat de vijf zintuigen om de een of andere reden inherent slecht zijn. Maar door naar Amma te kijken kunnen we begrijpen dat dit niet zo is. Amma laat ons zien dat we dezelfde vijf zintuigen op een positieve manier kunnen gebruiken, op een manier die onze spirituele groei bevordert in plaats van belemmert.

Amma gebruikt Haar oren om te luisteren naar het verdriet van de lijdende mensen, Haar spraak om hen te troosten en op te beuren en Haar ogen om op allen een meedogende blik te werpen. Wat onze levensomstandigheden ook mogen zijn, we kunnen allemaal proberen goede gedachten te denken, goede dingen te horen, vriendelijke woorden te spreken en goede daden te verrichten.

Tijdens Amma's Amerikaanse tournee in 2005 in Haar ashram in San Ramon kwam het zoontje van een toegewijde, een jongetje van drie jaar dat dankzij Amma's zegen geboren was, met een klacht naar Haar toe. Hij stond voor Amma en verklaarde dapper: "Ik mag niemand hier in deze ashram."

In plaats van deze opmerking als kinderpraat af te doen nam Amma zijn klacht serieus: "Waarom mijn zoon? Heeft iemand hier tegen je geschreeuwd?"

"Nee," antwoordde de jongen.

Amma vroeg toen: "Zou jij je niet bedroefd voelen als de mensen hier zouden zeggen dat ze je niet mochten?"

Daarmee was de jongen het eens.

Toen gaf Amma een stuk onderricht voor het hele leven aan de jongen en aan alle anderen die de uitwisseling gadesloegen, inclusief de vader van de jongen. Amma gebruikte Haar handen om Haar woorden te benadrukken en zei: "In alles wat je hoort, in alles wat je ziet, in alles wat je ruikt, in alles wat je eet..." Toen zwaaide Ze met Haar hand naar alle mensen in de zaal en ging verder: "In mensen overal... je moet God in alles voelen." Hiermee kon Amma zelfs aan een driejarige uitleggen hoe we de zintuigen positief in ons leven kunnen gebruiken.

Zo leert Amma ons hoe we onze energie naar een goed doel kunnen leiden in plaats van die te onderdrukken. Dit is een heel belangrijke techniek in de spiritualiteit. Als we proberen een snel stromende rivier af te dammen, is dat een heel moeilijk proces dat schade kan veroorzaken aan het milieu en ook aan onszelf. Als we in plaats daarvan de loop van de rivier bij zijn bron iets omleiden, zal het eindresultaat zijn dat de rivier een heel andere bestemming krijgt.

Amma zegt ons nooit dat we onze gedachten en verlangens moeten onderdrukken. In plaats daarvan leidt ze de stroom van onze gedachten heel bekwaam in een andere richting, zodat die naar God stroomt. Wanneer onze gedachten naar God stromen, zullen al onze energie en handelingen vanzelf een hoger doel dienen. In plaats van een egoïstisch leven te leiden worden we onbaatzuchtiger en meedogender. Genieten is niet verkeerd; het is alleen niet goed wanneer het alleen voor onszelf is. Het is bijvoorbeeld prima als we onze tijd en geld aan wat vermaak besteden. Maar volgens Amma moeten we in ieder geval een deel van onze tijd en rijkdom aan de arme en hulpbehoevende mensen besteden.

Eigenlijk is het een zeer eenvoudig begrip en proces. Maar in de praktijk moeten we er voortdurend aan herinnerd worden en hebben we een perfect rolmodel nodig. Hier kunnen we echt ons voordeel doen door bij een Meester als Amma te zijn. Jullie zijn misschien vertrouwd met Amma's voorbeeld van de Meester die functioneert als een hulpraket die ons helpt los te breken uit de kring van onze negatieve neigingen en egoïstische verlangens. Onlangs las ik dat een Russisch ruimteschip terug op de aarde stortte door een mankement aan zijn hulpraket. Als we afhankelijk zijn van een materiële hulpraket, weten we nooit wanneer die zal falen of wanneer de brandstof op is. Maar de hulpraket van de Meester laat ons nooit in de steek, omdat de Meester de onuitputtelijke brandstof van onvoorwaardelijke liefde heeft.

Hoe kunnen we het voorbeeld van Amma's leven als hulpraket gebruiken? Op de eerste plaats ontwikkelen we door tijd in Amma's aanwezigheid door te brengen liefde voor Haar, of op zijn minst voor de dingen die Ze doet. Als we het leven van zelfopoffering zien dat Ze leidt, beginnen ook wij onze obsessie voor zintuiglijke objecten los te laten.

Amma vertelt het volgende verhaal. Een rijke man had een persoonlijk interview met Amma. Hij sliep altijd op een enorm groot luxe bed. Daarom dacht hij dat Amma, nadat Ze zoveel uren darshan gegeven had en zich ingespannen had, ook een fijn, comfortabel bed zou gebruiken. Maar toen hij ontdekte dat Amma altijd op de harde grond slaapt, was hij geschokt. Hij besloot zijn luxe bed te verkopen en het geld aan liefdadigheid te besteden.

Op een keer kwam een groep jongelui naar de ashram toen Amma darshan aan het geven was. De meesten van hen waren dronken en eentje spuugde de hele vloer onder meteen na Amma's darshan. De toegewijden die bij Amma zaten, gingen allemaal vol walging verder weg zitten, zelfs zijn eigen vrienden. Maar Amma stond onmiddellijk van Haar stoel op en maakte het gezicht en de borst van de jongen met Haar eigen sari schoon. Toen begon Ze de troep op de grond met Haar eigen handen op te ruimen. Weldra kwamen de toegewijden met een dweil en een emmer water. Het zien van de diepte van Amma's liefde en nederigheid bracht een echte verandering in de jongeren tot stand. Ze hadden zo'n spijt dat ze helemaal ophielden met drinken.

Zo laat Amma ons zien dat ons leven niet alleen voor ons eigen genot bedoeld is. Ze laat ons een hoger doel in het leven zien en hoe we ons lichaam, de geest en de zintuigen moeten gebruiken om dat te bereiken.

In de *Kena Upanishad* is een gebed om vrede dat als volgt luidt:

Laat al mijn ledematen sterk en gezond zijn, o Heer.
Mogen mijn spraak, adem, ogen, oren en alle andere orga-
nen sterk en gezond zijn...
Moge ik die Hoogste Brahman nooit vergeten, die dit hele
universum doordringt.

Dit betekent: "Mogen mijn vijf zintuigen me niet bedriegen door me de oppervlakkige kennis van vormen en geluid te geven. Mogen ze sterk genoeg zijn om door de uiterlijke namen en vormen heen te dringen en de Waarheid hierachter waar te nemen."

Amma vertelt het volgende verhaal. Een zakenman ging naar een Guru toe. De zakenman vertelde de Guru dat hij volop geld had, een lieve vrouw en gehoorzame kinderen, maar toch geen innerlijke rust kon ervaren. De Guru antwoordde: "Als u er belangstelling voor hebt, zal ik u een mantra geven."

De zakenman haalde een enorme bos sleutels te voorschijn en zei: "Iedere sleutel is van een fabriek waarvoor ik verantwoordelijk ben. Waar haal ik de tijd vandaan om een mantra te herhalen?"

De Guru vroeg geduldig: "Neemt u iedere dag een douche?"

"Natuurlijk," antwoordde de man.

Hoe ver is de badkamer van uw bed?" informeerde de Guru.

"Ongeveer tien stappen," antwoordde hij.

"Wat doet u als u naar de badkamer gaat?"

"Niets, ik loop gewoon."

"Waarom kunt u op weg naar de badkamer uw mantra dan niet een paar keer herhalen?"

De zakenman was het ermee eens dat hij dat kon doen.

"En als u uw douche neemt. Bent u dan met iets bezig?"

De zakenman stemde ermee in dat hij zijn mantra ook onder de douche kon herhalen.

Zo ook adviseerde de Guru de zakenman dat hij zijn mantra in gedachten kon herhalen wanneer hij zijn tanden poetste, zijn ontbijt at en naar zijn auto liep. De zakenman volgde het advies van de

Guru oprecht op en in de loop der tijd kon hij zijn mantra onder veel dagelijkse activiteiten herhalen.

De Romeinse filosoof Seneca zei: "Iedereen heeft tijd als hij dat graag wil. Het werk loopt niemand achterna. Mensen klampen zich uit vrije wil eraan vast en denken dat druk bezig zijn een bewijs van geluk is." Vooral in de huidige wereld klagen de mensen vaak dat ze het te druk hebben om spirituele oefeningen te doen of een spiritueel leven te leiden. Maar als we, zoals de zakenman in het verhaal, nauwkeurig naar ons leven kijken, zullen we zeker de tijd vinden om aan God te denken. Hoe druk we het ook mogen hebben, we kunnen de hele dag door veel korte perioden vinden dat we wat vrije tijd hebben, ook al is het maar een paar minuten in een bus, ergens in de rij wachten of wanneer we met routinewerk bezig zijn. Dan is de geest vrij om de mantra te herhalen. In plaats van te proberen al onze vrije tijd te vullen met een of andere vorm van vermaak of toe te geven aan gedachten over het verleden en de toekomst, moeten we leren om in ieder geval een deel van onze vrije tijd om te zetten in goed bestede tijd. Als we bijvoorbeeld zitten te wachten op een telefoongesprek, kunnen we proberen van binnen stil te zijn en ons te herinneren dat onze ware aard stilte en vrede is. Als Amma onze Guru is, kunnen we aan een mooie ervaring met Haar denken of we kunnen ons voorstellen dat Amma in ons hart woont. Als we op het postkantoor in de rij wachten, kunnen we ons voorstellen dat we in de rij voor Amma's darshan wachten. (Maar pas op dat je de postbeambte niet omhelst, wanneer hij je je postzegels geeft!)

Als we niet devotioneel van aard zijn, kunnen we eenvoudig onze ademhaling waarnemen en ons bewust blijven van iedere inademing en uitademing. Dat is een spirituele oefening die meer bewustzijn in ons zal creëren.

Als we spirituele oefeningen doen en ons begrip van spirituele principes verdiepen, moeten we vooral voorzichtig zijn hoe we onze vrije tijd gebruiken. Als we bijvoorbeeld een vrije avond of een vrij weekend hebben, kunnen we een *satsang* (bijeenkomst van spirituele zoekers) bijwonen of vrijwilligerswerk doen. Als we in onze vrije tijd iets doen wat spiritueel nuttig is, zal onze geest op zijn minst in die tijd betrekkelijk zuiver zijn en helpen we ook anderen. Tegelijkertijd moeten we voorzichtig zijn geen nieuwe *vasana's*[1] te creëren. We kunnen dit doen door spirituele boeken te lezen, Amma's ashrams te bezoeken en tijd door te brengen met toegewijden of andere spirituele aspiranten. Met zulke activiteiten bezig zijn voorkomt voor een groot deel het ontstaan van nieuwe vasana's. De eerste stap om onze vasana's te verwijderen of te overwinnen is de plaatsen die onze vasana's naar buiten brengen, te vermijden. Amma zegt bijvoorbeeld dat we, als we verslaafd zijn aan tv, geen tv in onze slaapkamer kunnen hebben en dan zeggen dat we geen tv zullen kijken. De eerste stap is de tv uit de kamer te zetten. Het is veel moeilijker iets te vermijden, wanneer onze zintuigen ermee in contact komen. Als we het volledig kunnen vermijden, als we naar een plaats gaan waar de bestaande vasana's minder kans hebben zich te manifesteren, hebben we meer kans op succes. Natuurlijk, als de vasana sterk is, kunnen we die misschien niet helemaal verwijderen, maar kunnen we toch proberen die onder controle te krijgen. Als we niet helemaal op kunnen houden met tv kijken, kunnen we naar spirituele films of naar iets leerzaams kijken.

We kunnen ook de routinehandelingen onderzoeken die we iedere dag verrichten, en manieren vinden om ze bewuster te doen, om ze om te vormen zodat ze ons aan onze ware aard en het hoogste doel in het leven herinneren.

Hoe we 's morgens wakker worden is heel belangrijk. Als we 's morgens wakker worden, laten we dan, voordat we onze voeten op de grond zetten, de aarde bedanken dat ze ons steunt en onderhoudt. Voordat we opstaan moeten we bidden: "O Heer, laat me vandaag

---

[1] Letterlijk betekent vasana 'neiging'. In dit boek wordt het woord vooral gebruikt om negatieve neigingen aan te duiden. Uiteindelijk moeten alle neigingen getranscendeerd worden om Bevrijding of Zelfrealisatie te bereiken, maar een belangrijk onderdeel van het proces is zich te bevrijden van alle negatieve neigingen en actief positieve neigingen te ontwikkelen.

niemand kwaad doen, of het nu in gedachten, woorden of daden is. Laat me vandaag goede dingen voor anderen doen."

Als we ons 's morgens wassen, kunnen we Moeder Natuur dankbaar zijn dat ze ons water verschaft. We kunnen opletten dat we niet meer water gebruiken dan we nodig hebben en eraan denken dat water een kostbaar bezit is. We kunnen er ook aan denken dat niet iedereen de beschikking over water heeft en we kunnen bidden dat ieders behoeften vervuld worden.

Voordat we eten, kunnen we een dankgebed tot God richten dat hij ons voedsel te eten geeft. We kunnen eraan denken dat er zoveel opoffering en inspanning door andere levende wezens voor nodig is om ons dit voedsel te geven. Ook moeten we voorzichtig zijn dat we niet meer nemen dan we kunnen eten. Voedsel verspillen staat gelijk met gebrek aan respect voor God en alle mensen die niets te eten hebben. Amma zegt het ronduit: "Meer voedsel nemen dan je nodig hebt is een daad van geweld." Onlangs las ik een studie over wereldwijde armoede, waarin geconcludeerd werd dat je rijker bent dan 60% van de mensen in de wereld als je voedsel in de koelkast hebt, kleren aan je lijf, een dak boven je hoofd en een plaats om te slapen. Velen van ons beschouwen al deze dingen als vanzelfsprekend. We beschouwen het als ons geboorterecht. Maar voor de grote meerderheid van de mensen is het niet zo. We hebben veel geluk dat we deze simpele noodzakelijkheden bezitten. Als we aan de toestand van lijdende mensen in de hele wereld denken, hoe kunnen we dan zeggen dat ons leven niet gezegend is?

Amma zegt: "Gewoonlijk tellen we onze zegeningen niet, maar zijn altijd bereid te klagen. Deze houding is verkeerd. God heeft ons in dit leven zoveel gegeven: een gezond lichaam, zonneschijn, lucht en water. Toch drukken we onze dankbaarheid tegenover God niet uit. We moet een hart vol dankbaarheid en liefde voor God proberen te ontwikkelen."

Een van de meest belangrijke tijden van de dag is de schemering. Amma zegt dat wereldse vibraties op dat moment erg sterk zijn, omdat alle levende wezens aan hun dagelijks leven denken en naar slaap verlangen. Amma zegt dat we ongunstig beïnvloed zullen worden door al deze wereldse vibraties, als we op deze tijd niet een vorm van spirituele oefening doen. Daarom beveelt Amma aan dat we reciteren of luid bhajans zingen tijdens de schemering in plaats van te eten, slapen of andere naar buiten gerichte activiteiten. Op deze manier kunnen we negatieve gedachten vermijden en zal de geest op God geconcentreerd worden. Amma zegt dat het zelfs helpt de atmosfeer te zuiveren.

Traditioneel is de schemering de tijd die bestemd is voor spirituele oefeningen, vooral in brahmanenfamilies. Het gezin gaat naar de pujakamer en bid en reciteert minstens een half uur. Maar tegenwoordig worden om halfzeven of zeven uur 's avonds in India alle populaire films vertoond. Dus gebeurt het vaak dat de ouders ervoor zorgen dat de kinderen op die tijd hun gebeden doen, zodat zij rustig naar de avondfilm kunnen kijken.

Ik heb dit gezien toen ik huizen van Amma's toegewijden in India bezocht. Ik herinner me dat ik een huis precies om halfzeven bezocht en de ouders de kinderen net naar de pujakamer gestuurd hadden, maar omdat ik er was, konden ze niet naar de film kijken. Ik kon zien dat ze teleurgesteld waren dat ik op die tijd gekomen was, maar ze wilden me niet zeggen weg te gaan. Later vertelden ze me zelf: "Swami, we zeggen onze kinderen dat ze precies van halfzeven tot zeven uur moeten bidden. De film wordt alleen in afleveringen van een half uur vertoond, dus dat is genoeg voor ons." Van binnen bad ik tot Amma en bedankte Haar dat ze me in ieder geval niet weggestuurd hadden.

Amma heeft opgemerkt dat mensen belangstelling voor spiritualiteit en liefde voor God kunnen hebben, maar dat er zeer weinig zijn die Bevrijding zouden aannemen, zelfs als het hun werd aangeboden. Amma grapt dat we, zelfs als God zelf aan onze deur zou komen en ons de Hoogste Realisatie zou aanbieden, zouden zeggen: "Weet u, God, dit is een te gekke film waar ik nu naar zit te kijken. Kunt U terugkomen wanneer hij afgelopen is?"

Wat we doen voor we gaan slapen is ook erg belangrijk. In plaats van naar een gewelddadige film te kijken of een griezelverhaal te lezen, moeten we proberen iets te lezen met morele en spirituele waarden. We kunnen een paar bladzijden met Amma's onderricht lezen of dat van een andere Gerealiseerde Meester. We kunnen ook een tekst uit de geschriften lezen. Er zijn veel mensen die volhouden dat films en media geen effect op iemands houding of gedrag hebben, maar veel psychologen zullen je vertellen dat het beter is iets te lezen dat ons tot rust brengt en kalmeert, vooral voordat we naar bed gaan.

Amma adviseert ook dat we tien minuten mediteren net voordat we gaan slapen en ook tien minuten als we net wakker geworden zijn. Ze zegt dit om een goede reden: regelmatige meditatie heeft een subtiele, maar zeer belangrijke invloed. Amma zegt dat verschillende emoties verschillende vibraties in en rondom ons veroorzaken. Kwaadheid veroorzaakt een bepaalde vibratie, lust geeft een andere en moederlijke liefde geeft weer een andere. *Mantra japa* (het herhalen van de mantra) en meditatie produceren een zeer weldadige vibratie in ons. De moderne wetenschap heeft veel studies verricht die aantonen dat meditatie ook een zeer positieve invloed heeft op onze fysieke en geestelijke gezondheid en zelfs delen van de hersenen activeert die verband houden met geluk en gevoelens van welzijn. Een studie naar de kracht van meditatie aan de Universiteit van Wisconsin mat de activiteit van deze hersendelen bij gewone mensen en vergeleek die met hetzelfde hersendeel bij Tibetaanse boeddhistische monniken. Bij de oudere monniken die jarenlang regelmatig gemediteerd hadden, ging de 'geluksmeter' voorbij de bovenkant van de grafiek die de universiteit voor de studie gemaakt had. Deze monniken waren gelukkiger dan de wetenschappers voor mogelijk gehouden hadden.

De oude Wijzen hechtten veel belang aan spirituele oefeningen voordat we de dag beginnen. In de *Srimad Bhagavatam* geeft de Wijze Shuka een beschrijving van het verval van spirituele en morele waarden in *Kali Yuga*, het tijdperk van materialisme waar we nu midden in zitten. Hij zegt dat dan "een bad nemen zonder een andere ochtendroutine genoeg zal zijn om de dag te beginnen." Denken de meesten van ons niet precies zo? Vooral wanneer we haast hebben, nemen we snel een douche en rennen de deur uit met een stuk geroosterd brood in onze hand. Maar de wijzen herinneren ons eraan dat onze geest ook een ochtendbad nodig heeft. Deze innerlijke reinheid kan alleen door meditatie en andere spirituele oefeningen verkregen worden.

Sommige mensen vragen waarom er zoveel uiterlijke rituelen en ceremonies in Sanatana Dharma zijn als God in ons is. Zulke mensen vragen zich af: "Hoe vinden we God van binnen, als we altijd naar buiten kijken?"

Als zulke mensen hun ogen twee minuten zouden sluiten en God van binnen zouden proberen te vinden, denk ik dat ze het antwoord op hun vraag zouden hebben. Naar binnen kijken is niet zo eenvoudig als het klinkt. Onze geest is ongelofelijk naar buiten gericht. Als we een directe aanval op onze geest inzetten en onmiddellijk proberen onze zintuigen terug te trekken en ons naar binnen te richten, zou de geest in opstand komen. Onze geestelijke onrust zou tien keer erger worden.

Er is een vers in de Katha Upanishad:

> De onafhankelijke Hoogste Heer bracht letsel toe aan deze zintuigen door ze te creëren met naar buiten gekeerde neigingen. Daarom neemt een mens daarmee alleen uiterlijke objecten waar en niet het innerlijke Zelf.

II, 1,1

Amma zegt dat onze geest niet naar binnen kijkt, ook al is God binnenin. Het doel van de uiterlijke vormen van aanbidding is de geest er met een truc toe te brengen zich op God te richten. We laten de geest naar buiten gaan, wat hij graag doet, maar we beheersen het object van onze aandacht. Door te oefenen kunnen we onze aandacht langzaam naar binnen verplaatsen.

In India hebben moeders van jonge kinderen een interessante

manier om kinderen over te halen te eten. We weten allemaal dat het moeilijk is hummeltjes over te halen te eten wanneer wij dat willen. Wat deze moeders doen is dat ze hun kinderen aanbieden iets anders te doen in plaats van hen te roepen om te komen eten. De moeder zegt tegen het kind: "Kom lieveling, laten we naar de maan gaan kijken." En terwijl de moeder naar de maan wijst en over zijn gezicht praat en de aandacht van het kind volkomen naar de maan uitgaat, stopt ze wat voedsel in de mond van het kind. Of de moeder neemt het kind mee naar een park en zet hem op een schommel. Iedere keer dat het kind naar de moeder terugzwaait, geeft ze hem wat voedsel te eten. Maar het kind heeft niet het gevoel dat hij eet. Hij ervaart dat hij schommelt of naar de maan kijkt.

Zo zijn uiterlijke vormen van aanbidding. Zelfs *hatha yoga* is een uiterlijke vorm van aanbidding. In hatha yoga concentreren we ons op de houding van het lichaam, maar het echte doel is onze geest te kalmeren en concentreren. Op dezelfde manier mediteren sommige mensen graag door zich op hun adem te concentreren, maar ook hier is het gewenste resultaat de geest tot rust brengen. Omdat de geest erg intiem verbonden is met het lichaam en de ademhaling, kunnen beide technieken erg goed werken, zonder dat de geest het gevoel heeft dat hij aangevallen wordt.

Wanneer we een *archana*[2] (aanbidding), *puja* (heilig ritueel) of *homa* (vuurceremonie) doen of mediteren over een afbeelding van onze Guru of geliefde godheid, richten we onze aandacht op wat voor ons is. Op die manier kunnen we de ogen, oren en andere zintuigen van alle andere zaken afhouden. Langzaam zullen we hierdoor meer concentratie ontwikkelen. In plaats van dat de zintuigen zich naar buiten keren, naar veel verschillende voorwerpen, proberen we ze op één voorwerp te richten, niet een gewoon voorwerp, maar een

---

[2] Letterlijk betekent vasana 'neiging'. In dit boek wordt het woord vooral gebruikt om negatieve neigingen aan te duiden. Uiteindelijk moeten alle neigingen getranscendeerd worden om Bevrijding of Zelfrealisatie te bereiken, maar een belangrijk onderdeel van het proces is zich te bevrijden van alle negatieve neigingen en actief positieve neigingen te ontwikkelen.

voorwerp met goddelijke eigenschappen, zodat we tegelijkertijd een zuiver hart ontwikkelen. Wanneer de geest meer concentratie krijgt, wordt het gemakkelijk om de aandacht naar binnen te richten. Dat is het doel van deze externe rituelen. Hoewel het uiterlijk is, is het een proces van langzaam naar binnen keren.

Zelfs als we maar twintig minuten per dag spirituele oefeningen doen, moeten we niet het gevoel krijgen dat we niet de mogelijkheid hebben een spiritueel leven te leiden. In Haar Guru Purnima toespraak in 2005 bood Amma de volgende simpele oefeningen aan, die ieder van ons in zijn leven in kan passen om een leven in overeenstemming met Haar onderricht te leiden:

1. Eén dag stilte per week. Dit kun je in acht nemen samen met meditatie, mantra japa of vasten.

2. Als je kwaad op iemand bent, bel hem dan op of schrijf een vriendelijke en liefdevolle brief naar hem.

3. Doe een keer per week een gelofte: "Vandaag word ik op niemand kwaad." We kunnen daarin falen en kwaad worden op anderen, maar we moeten doorgaan met onze pogingen zonder ontmoedigd te worden.

4. Maak een spiritueel tijdsschema met een lijst van dingen om te beoefenen en eigenschappen die je wilt ontwikkelen. Kijk er iedere ochtend naar en volg het schema. Amma wijst erop dat dit tijdsschema als een veiligheidsalarm functioneert, dat ons zal waarschuwen wanneer herrieschoppers ons terrein binnenkomen.

Amma zegt dat een spiritueel leven leiden betekent ons gewone leven leiden met een spirituele houding. De meeste handelingen van ons kunnen spirituele oefeningen worden. Een van de belangrijkste spirituele oefeningen is positieve eigenschappen ontwikkelen zoals vriendelijkheid, geduld, mededogen en liefde. Als we goed naar ons leven kijken, zullen we ontdekken dat we de hele dag door veel gelegenheden hebben om deze eigenschappen te ontwikkelen en uit te drukken.

In de Bhagavad Gita zegt Heer Krishna:

ne'hā bhikramanāśo'sti pratyavāyo na vidyate
valpam apyasya dharmasya trāyate mahato bhayāt

*Op deze spirituele weg gaat geen poging verloren, noch is er
een nadelig effect.*
*Zelfs de beoefening van een beetje van dit dharma bevrijdt
je van grote angst.*

II.40

Over het algemeen hebben de inspanningen die we in de wereld
verrichten twee fundamentele gebreken. Het eerste gebrek is dat alle
moeite die we gedaan hebben om het doel te bereiken, voor niets is
geweest, als we om de een of andere reden het doel niet bereiken.
We werken bijvoorbeeld maandenlang op het land om een oogst te
krijgen. Maar als een cycloon toeslaat voor de oogsttijd, moeten we
weer helemaal van voren af aan beginnen.

Het tweede fundamentele gebrek is dat onze inspanningen
andere resultaten kunnen geven dan de bedoeling was. Als we medicijnen tegen een ziekte nemen, kunnen die wel of niet effect hebben.
Tegelijkertijd kunnen we allergisch voor het medicijn zijn. Dus gaf
onze inspanning niet het gewenste resultaat en gaf in feite een ander
resultaat, dat het tegenovergestelde was van waar we op hoopten.

Maar in dit vers vertelt Krishna ons dat inspanning die we
op het spirituele pad verrichten niet onderhevig is aan dezelfde
fundamentele tekortkomingen die inherent zijn aan alle andere
inspanningen. Zoals we altijd gevoed worden door een goede, gezonde maaltijd, zal zelfs de kleinste inspanning die we bij spirituele
oefeningen verrichten, of het toepassen van spirituele principes in
ons leven ons zeker ten goede komen. Dit is een andere wet van het
universum, even onwrikbaar als de wet van karma. We moeten deze
waarheid begrijpen en nooit aarzelen ons tot spiritualiteit te wenden,
hoe gevorderd in jaren we ook mogen zijn, en we moeten er nooit
over denken onze inspanningen op te geven of wanhopen dat het
allemaal voor niets is geweest. Wanneer we spirituele oefeningen

doen, zullen we daar baat bij vinden, we móeten er baat bij vinden. Dit is een universele wet.

Hoofdstuk 6

De omgekeerde techniek: de geest verruimen door onbaatzuchtig te dienen

In zijn beroemde gedicht 'The Waste Land' beschrijft de dichter T.S. Eliot het moderne leven als moreel en spiritueel leeg. Op een bepaalde plaats in het gedicht neemt de verteller een schijnbaar oneindige rij mensen waar die over London Bridge loopt op weg naar hun werk. Hun bewegingen zijn zo mechanisch en hun leven lijkt zo totaal zonder betekenis dat Eliot naar hen verwijst als de 'Levende Doden' en zegt: "Ik had niet gedacht dat de dood er zoveel te gronde gericht had."

De geschriften van Sanatana Dharma zeggen dat iedereen die alleen voor zichzelf leeft zonder anderen te helpen, niet echt leeft. Zo iemand is alleen maar in leven als een dier. Iemand in een coma kan in leven zijn, maar leeft hij werkelijk? Op dezelfde manier is iemand die alleen een zuiver egoïstisch bestaan leidt, alleen maar in leven. In de *Bhagavad Gita* verwijst Heer Krishna naar zulke mensen als dieven, omdat ze altijd van de wereld nemen en nooit iets teruggeven. Amma zegt dat we een bedelaar blijven zolang we van anderen blijven nemen, maar wanneer we aan anderen beginnen te geven, worden we een koning. Echt leven begint wanneer we anderen beginnen te helpen en dienen, wanneer we mededogen tonen.

Er was een zeer succesvol zakenman die zijn zaak zeer streng leidde. Een van zijn medewerkers was tien jaar lang iedere dag precies om negen uur op het werk. Hij had nooit een werkdag gemist en was nooit te laat gekomen. Als gevolg daarvan veroorzaakte het veel opschudding op het kantoor, toen het op een dag negen uur werd en deze werknemer nog niet gekomen was. Iedereen hield op met werken en de baas zelf kwam de gang op, op zijn horloge kijkend en mompelend.

Uiteindelijk kwam de werknemer precies om tien uur opdagen met stoffige en gescheurde kleren, zijn gezicht vol schrammen en blauwe plekken en zijn bril verbogen. Hij strompelde pijnlijk naar de tijdklok, klokte en zei met schorre stem: "Sorry dat ik te laat ben, maar ik ben gestruikeld en ben twee trappen in de metro afgerold. Ik was bijna omgekomen."

Het enige wat de baas kon zeggen was: "Heeft het je een heel uur gekost om twee trappen af te rollen?"

Hoewel de baas een briljant zakenman was, miste hij de fundamentele menselijke eigenschap van mededogen. Hoewel hij zoveel tot stand gebracht leek te hebben, kon hij niet eens menselijk reageren op iemand die hem zo lang zo trouw gediend had.

Egoïsme is zo dominerend geworden dat we een zeer treffend voorbeeld van onbaatzuchtigheid als Amma nodig hebben om ons te inspireren. We hebben één eigenschap gemeen met Amma. We zijn allebei onverbeterlijk, maar op een verschillende manier. Wij zijn onverbeterlijk egoïstisch en Zij is onverbeterlijk onbaatzuchtig. Als Amma op een bepaalde dag geen darshan geeft, vindt Ze dat Ze het niet waard is om te eten. Terwijl wij, als we geen werk hebben, het een mooie gelegenheid vinden om een extra maaltijd te eten en een lekker dutje te doen. Terwijl wij er alleen in geïnteresseerd zijn manieren te vinden ons lijden te verminderen, lijdt Amma vrijwillig omwille van Haar kinderen.

Ik herinner me een voorval dat vele jaren geleden in Amma's ashram in India plaatsvond. Het was Vijaya Dashami, een festivaldag voor Sarasvati, de Godin van Kennis. Op deze dag brengen veel toegewijden hun kinderen naar de ashram voor de schrijfceremonie, waarbij Amma de kinderen initieert in hun formele studie. Vanaf negen uur 's morgens tot twaalf uur 's middags waren er speciale gebeden en bhajans en verrichte Amma de schrijfceremonie voor honderden kinderen. Toen een bepaald kind voor Amma's darshan kwam, zei de moeder van het kind dat haar dochter altijd koorts had en overgaf. Ze bad om Amma's hulp om haar te genezen.

Toen alle schrijfceremonies over waren, ging Amma naar Haar kamer, wat in die tijd slechts een kleine hut was, en werd onmiddellijk ziek. Ze gaf herhaaldelijk over en had heel hoge koorts. Amma merkte op dat het door de ziekte kwam die Ze van het kind had overgenomen. Ze zei dat dit kind vele levens aan deze ziekte geleden had, maar dat Amma het karma voor haar in korte tijd kon uitputten. Al Amma's naaste leerlingen kwamen naar Haar kamer en waren zeer bezorgd over Haar conditie. Volgens het programma moest Amma spoedig teruggaan naar de darshanzaal en darshan geven aan alle toegewijden die op deze gunstige dag op Haar zegen wachtten. Amma zei dat Ze eraan twijfelde of Ze het kon doen. Een brahmachari ging naar de tempel en kondigde aan alle toegewijden aan dat Amma ziek was en dat de middagdarshan helaas geannuleerd moest worden. Toen de toegewijden dit nieuws hoorden, waren zij van hun stuk en geschokt, omdat Amma nooit een darshan wegens ziekte afgelast heeft. Voor een vrouwelijke toegewijde was de pijn dat ze Amma's darshan niet kon krijgen, zo ondraaglijk dat ze luid begon te snikken. Haar huilen werd een intens geweeklaag van verdriet en lijden.

De zaal was op een behoorlijke afstand van Amma's hut en het is dus onwaarschijnlijk dat Amma het gehuil van deze vrouw fysiek gehoord heeft, maar Ze heeft het zeker in Haar hart gehoord. Op dat moment vergat Amma alle misselijkheid, koorts, hoofdpijn en uitputting die Ze een ogenblik eerder ervaren had, sprong plotseling van Haar bed op en rende naar de zaal om Haar kind te troosten. Daarna gaf ze darshan tot laat in de avond[1].

Terwijl de meesten van ons lijden door onze handelingen uit het verleden, lijden Echte Meesters als Amma vrijwillig, zodat anderen niet hoeven te lijden. Ze nemen het resultaat van onze handelingen uit het verleden op zich. Een van de 108 namen van Amma die dagelijks in

---

[1] Tot nu toe heeft Amma nooit een darshanprogramma wegens ziekte geannuleerd sinds Ze dertig jaar geleden begon met darshan geven. Met dat voor ogen lijkt het erop dat Amma alleen om het verlangen in het hart van de toegewijden te vermeerderen bij deze gelegenheid opmerkte dat de darshan niet door zou gaan.

Amma's ashrams en door Haar toegewijden over de hele wereld herhaald wordt, is: "Zij die gelukkig is de hemel voor de hel om te ruilen om anderen te helpen."

Naarmate onbaatzuchtigheid toeneemt, vermindert het ego in ons vanzelf en komt onze ingewortelde onschuld duidelijker naar voren. Maar we moeten werken om die onschuld te bewaren. Als we niet regelmatig spirituele oefeningen doen en ervoor zorgen goede gedachten te bevorderen, kunnen onze latente negatieve neigingen ieder moment wakker worden en ons naar beneden trekken in ongezonde gewoonten en gedachtepatronen.

Lezers van *Het Ultieme Succes* herinneren zich misschien het verhaal van de toegewijde aan wiens zoon Amma vele jaren geleden toestond een theewinkeltje op het ashramterrein op te zetten. Er is nu een nieuw hoofdstuk, of je zou kunnen zeggen een nieuw einde, aan deze geschiedenis.

Hoewel de toegewijde al op gevorderde leeftijd was, was hij zo onschuldig dat Amma hem vaak Baby Krishna noemde. Maar toen Amma de zoon van deze toegewijde vroeg zijn winkel te verplaatsen vanwege gebrek aan ruimte, verloor deze toegewijde al zijn onschuld. Toen hij met Amma argumenteerde dat zijn zoon de theewinkel op het ashramterrein moest kunnen houden, zei Amma heel meedogend dat hij wat meer tijd kon krijgen om een nieuwe plek te vinden. Ondertussen begon er een pipalboom, die als heilig beschouwd wordt, in een barst in de muur van de winkel te groeien. In India is het een wijdverbreid geloof dat overal waar een pipalboom opkomt, wereldse activiteiten en geld verdienen niet zullen gedijen.

Omdat deze toegewijde dit wist, goot hij op een dag kokend water over het jonge pipalboompje in de hoop dat het zou sterven en zijn zoon daarom de winkel niet zou hoeven te verplaatsen. Toen hij de volgende dag naar Amma's darshan ging, vroeg Ze hem onverwacht: "Mijn zoon, wat heb je met die arme boom gedaan? Je kunt hem niet vernielen omdat ik al een *sankalpa* (goddelijk besluit) genomen heb dat hij vele jaren zal leven."

Hierna werd de toegewijde nog kwader op Amma en ging niet meer naar Haar toe. Hij begon zelfs valse geruchten over Amma te verspreiden en gedurende een lange periode van vijftien jaar ging deze toegewijde nooit naar Amma. Er was een natuurramp voor nodig om hem naar Haar terug te brengen.

Toen de tsunami in december 2004 toesloeg, zochten hele dorpen hun toevlucht in de vluchtelingenkampen die Amma op de universiteitscampus aan de overkant van de backwaters had opgericht. Amma bezocht de vluchtelingenkampen vele malen en bij een gelegenheid ontmoette Ze de toegewijde die Ze Baby Krishna placht te noemen en die nu oud en verzwakt was. Amma ging naar zijn bed en streelde zijn hoofd vol mededogen, informeerde naar zijn gezondheid en verzekerde hem dat de ashram alle noodzakelijke hulp aan zijn gezin zou verlenen.

Zoals het lot bepaalde, overleed deze oudere toegewijde twee maanden later. Op dat moment merkte Amma op dat zijn vroegere onschuld en toewijding Haar aan hem deed denken en dat Ze hem nog één keer wilde zien voordat hij zijn lichaam verliet.

Hier is het de moeite waard ons Amma's woorden te herinneren: "Zelfs als we honderd slechte dingen doen en slechts één dingetje goed, zal Amma zich altijd dat goede ding herinneren en niet de slechte, terwijl de wereld zich alleen onze fouten zal herinneren, zelfs als we honderd goede dingen doen en slechts één dingetje verkeerd."

Ik heb eens een verhaal gelezen over drie skydivers van wie de parachutes midden in de lucht in elkaar verstrikt raakten. Een moment leek het of ze alledrie ten dode opgeschreven waren, maar toen realiseerde een van de skydivers zich dat zijn parachute en lichaamsgewicht het grootste probleem leek te vormen en daarom verwijderde hij zijn parachute en dook zijn dood tegemoet. Als gevolg daarvan konden de andere twee mensen hun parachute van de zijne lossnijden en werden ze gered.

Denk je de moed en onbaatzuchtigheid eens in die nodig is om zoiets te doen. We leven allemaal als mensen van wie de parachutes met elkaar in de knoop zijn geraakt. Niemand is bereid zijn eigen belangen op te offeren en daarom lijdt iedereen.

Onder zoveel omstandigheden in het leven maken we onbewust de keuze onszelf te helpen in plaats van anderen. Dit is in zekere zin begrijpelijk. In de moderne wereld wordt door velen onmiddellijke persoonlijke bevrediging als het doel en de bestemming van het leven gezien. Maar stel je de toestand van de wereld voor als de Natuur volgens dit principe functioneerde. Amma zegt dat mensen veel kunnen leren door naar Moeder Natuur te kijken: "Neem bijvoorbeeld een appelboom. Hij geeft al zijn vruchten aan anderen en neemt niets voor zichzelf. Zijn hele bestaan is voor andere levende wezens. Hetzelfde geldt voor een rivier: hij spoelt het vuil van iedereen weg en verwacht niets. Hij accepteert bewust alle onzuiverheden en geeft daarvoor zuiverheid terug, waarbij hij alles voor anderen opoffert.

"Kinderen, ieder voorwerp in deze wereld leert ons opoffering. Als je goed observeert, zie je dat het hele leven een offer is. Ieders leven is een verhaal van opoffering. De man offert zijn leven op voor zijn vrouw en de vrouw offert het hare op voor haar man; een moeder voor haar kinderen en de kinderen voor het gezin. Ieder van ons offert zijn leven op de een of andere manier op. Zonder opoffering is er geen wereld."

Amma moedigt al Haar kinderen aan om naast spirituele oefeningen als meditatie, archana en bhajans zich ook bezig te houden met onbaatzuchtig dienen: "Wanneer we zonder verwachtingen iets onbaatzuchtig voor anderen doen, worden we ruimer van geest. Verruiming is de ervaring dat het Zelf in ons het Zelf in alles is. Dit is het doel van alle spirituele oefeningen. Verruiming is God."

Hier zegt Amma dat eerst onze handelingen verruimd moeten worden, als we willen dat onze geest zich verruimt. In zekere zin is het een soort omgekeerde techniek. Mahatma's als Amma zijn gevestigd in hun eenheid met de hele schepping en daarom zijn ze geïnspireerd om de lijdende mensheid te verheffen. Voor ons kan het andersom zijn: als we proberen de lijdende mensheid te helpen, kunnen we uiteindelijk onze eenheid met de hele schepping ervaren.

Een van de eerste grote projecten in het kader van de tsunamihulp door de ashram was de bouw van tijdelijk onderdak langs het strand, ongeveer anderhalve kilometer van de ashram. Na de tsunami hadden zoveel mensen eenvoudig geen plaats waar ze heen konden, geen plaats waar ze konden slapen. De ashram bracht velen onder in zijn universiteit vlakbij en vele anderen werden in de plaatselijke scholen van de regering ondergebracht. Maar toen de wintervakanties ten einde liepen, gaf de regering te kennen dat de mensen moesten vertrekken, zodat de scholen hun lessen konden hervatten. Dus werd het absoluut noodzakelijk dat het tijdelijk onderdak onmiddellijk afgemaakt werd.

De brahmachari die verantwoordelijk was voor de bouw, werkte dag en nacht. Iedere keer dat Amma opbelde om de vooruitgang bij het onderdak te controleren, was hij daar aan het werk: middernacht, twee uur 's nachts, vier uur 's nachts. Op een gegeven moment zei Amma hem dat hij wat moest slapen, maar hij zei dat hij dat niet kon, omdat hij wist dat ieder uur dat het onderdak niet af was, weer een uur was dat de tsunamislachtoffers geen plaats hadden om hun hoofd neer te leggen.

Over deze brahmachari merkte Amma later op: "Omdat hij zo geïdentificeerd was met het lijden van anderen, kon hij zijn lichamelijke behoeften transcenderen." Ze voegde er toen aan toe: "Een moeder wordt het nooit moe voor haar kinderen te zorgen, omdat ze hen als van haar beschouwt."

Een paar jaar geleden kwam er een westerling naar de ashram. Het was een toerist die langskwam en niets over Amma wist. Hij had gehoord dat Ze mensen omhelst terwijl Ze als de Goddelijke Moeder verkleed was, en wilde dit zelf zien. Nadat hij zich geregistreerd had, vertelden de mensen van het kantoor voor buitenlanders hem dat hij naar de sevabalie moest gaan, waar iedereen een taak toebedeeld krijgt om de ashram draaiend te houden. Een brahmachari die vlakbij stond, hoorde het gesprek dat plaatsvond. De sevacoördinator vroeg hem: "Wel, er moet geveegd worden en potten gewassen worden. Wat zou u graag doen?"

De man antwoordde: "Nee, dank u wel."

"Wat bedoelt u met 'Nee, dank u wel'?" vroeg de sevacoördinator.

De bezoeker antwoordde: "Sorry, maar ik ben niet geïnteresseerd in werk."

"Wel, Amma stelt voor dat iedereen een beetje van zijn tijd besteedt aan het onderhoud van de ashram."

"Wel, dan ben ik misschien naar de verkeerde plaats gekomen!" De man begon kwaad te worden en daarom zette de sevacoördinator hem niet verder onder druk. De man ging toen naar Amma, die darshan aan het geven was, en de brahmachari die vlakbij gestaan had, volgde hem en begon met hem te praten. "Ga je niet naar darshan?" vroeg de brahmachari.

"Nee," zei de bezoeker stoïcijns. "Ik ga alleen maar toekijken." Hij keek met toenemende nieuwsgierigheid tot het einde van de middagdarshan en toen Amma de trap naar Haar kamer opging, zei hij: "Behoorlijk indrukwekkend om de hele tijd zo te zitten, maar wat is dit Devi Bhavading?"

"O, dat is vanavond," antwoordde de brahmachari.

De bezoeker was verrast toen hij dit hoorde. "Bedoel je dat Ze vandaag opnieuw naar buiten komt?"

"Natuurlijk," zei de brahmachari. Over een paar uur. Dan zit Ze de hele nacht totdat de laatste persoon geweest is."

De bezoeker kon dit niet geloven, maar hij zag het die nacht met zijn eigen ogen. En toen Devi Bhava de volgende ochtend om zeven uur voorbij was, liep hij weer dezelfde brahmachari tegen het lijf. "Dat was verbazingwekkend," zei de bezoeker hem. "Dus dit doet Ze iedere maand?"

De brahmachari antwoordde: "Nee, niet iedere maand, iedere dag! Darshan iedere dag en Devi Bhava twee keer per week!" Toen de bezoeker dit hoorde, duizelde het hem. Hij wist niet hoe hij dat moest verwerken.

Kort daarna kwam Amma uit Haar kamer en begon met 'baksteenseva'. In die tijd werd de tempel met de hand door Amma en de ashrambewoners gebouwd. Amma had alle ashrambewoners het maken van bakstenen geleerd door zand en cement in de juiste verhouding te mengen. Iedereen werd verzocht tien bakstenen per dag te maken. Zoals gewoonlijk werkte Amma samen met de ashrambewoners bij het maken van de bakstenen en daarna bij het op hun plek leggen. Vaak begon Ze met dit werk nadat Ze uren achter elkaar darshan gegeven had[2].

---

[2] Op het ogenblik besteden bijna alle ashrambewoners en veel bezoekers uit heel India en het buitenland iedere ochtend zes of meer uur aan een moderne vorm van baksteenseva in het kader van de tsunami-wederopbouwactiviteiten. De meeste huizen die de ashram na de ramp bouwt, zijn niet via de weg te bereiken. Daarom zijn er lange uren en veel hulp nodig om de bakstenen van de dichtstbijzijnde weg naar de plaats van het nieuwe huis te brengen. Voor ieder huis zijn 13.000 bakste-

Bij deze gelegenheid leidde Amma de ashrambewoners nog een paar uur bij de handarbeid, nadat Ze net veertien uur darshan had gegeven. Nu was de man helemaal in verwarring. De volgende dag leek hij verdoofd toen hij Amma weer darshan zag geven.

Later die week benaderde de sevacoördinator de brahmachari die met deze bezoeker gesproken had. "Weet je wat er is gebeurd met die man die geen seva wilde doen? Deze ochtend kwam hij als een bedeesd muisje naar binnen en zei: 'Neem me niet kwalijk, meneer, maar kan ik alstublieft wat seva doen?'" Deze bezoeker werd later een van de beste pottenwassers in de ashram.

Amma zegt: "De schoonheid en charme van onbaatzuchtig dienen mag niet van deze aarde verdwijnen. De wereld moet weten dat een leven vol toewijding mogelijk is, dat een leven geïnspireerd door liefde en dienen van de mensheid mogelijk is."

Laat ieder van ons op zijn eigen bescheiden manier doen wat hij kan doen om ervoor te zorgen dat Amma's wens vervuld wordt. Het hoeft niet iets dramatisch te zijn. Wanneer voldoende mensen kleine dingen doen, geeft dat een groot verschil.

Kort na de tsunami organiseerden Amma's volgelingen in Houston, Texas, een geldinzameling voor de tsunamihulp. Het evenement bestond uit een Indiaas diner en een avond met klassieke Indiase muziek. Door dit ene evenement te presenteren konden deze toegewijden hun doel van het inzamelen van $25.000 voor Amma's tsunamifonds bereiken. Later vertelde een van de organisatoren me: "Toen ik hoorde dat Amma $23 miljoen aan hulp toegezegd had, kreeg ik het idee $25.000 voor dit doel in te zamelen, één duizendste van het totale bedrag. Als Amma's volgelingen over de hele wereld duizend eenvoudige inzamelingen als deze kunnen houden, kunnen we het hele bedrag bij elkaar brengen." $23 miljoen lijkt misschien een onmogelijk

---

nen nodig. In de directe omgeving van de ashram worden meer dan 1400 huizen (op een totaal van 6200) gebouwd voor de tsunamislachtoffers. Dat zijn dus meer dan 18 miljoen bakstenen die met de hand doorgegeven moeten worden door de ashrambewoners en bezoekers. Maar geïnspireerd door Amma's voorbeeld gaan de ashrammensen onverschrokken door en werken onvermoeibaar in de hete zon en de stromende regen. Op 27 september 2005, Amma's 52ste verjaardag, waren er al 1200 huizen af en werden overhandigd.

bedrag om bij elkaar te brengen, maar wanneer we de onschuldige, optimistische visie van deze man horen, lijkt het toch niet zo moeilijk.

Toen een groep journalisten Amma vroeg hoe Ze zo'n groot bedrag voor de tsunamihulp kon beloven, antwoordde Ze: "Mijn kinderen zijn mijn kracht." Ze had het niet alleen over de brahmachari's, brahma-charini's en andere ashrambewoners die tot vijftien uur per dag werken zonder er iets voor betaald te krijgen en zich eraan gewijd hebben zoveel mogelijk mensen zo snel mogelijk te helpen. Amma verwees naar Haar miljoenen volgelingen over de hele wereld, toen Ze zei: "Ik heb veel goede kinderen. Ze doen allemaal wat ze kunnen." Ze beschreef vervolgens hoe zelfs kleine kinderen poppen of beelden maken en die verkopen zodat ze de inkomsten aan hun geliefde Amma kunnen geven. "Sommige kinderen," zei Amma, "die geld op hun verjaardag krijgen of die van hun ouders een ijsje kunnen krijgen, zeggen dat ze dat geld liever aan Amma willen geven en vertellen hun ouders hoe Amma het kan gebruiken om arme kinderen te helpen. Andere kinderen komen naar Amma toe en bieden hun spaargeld aan en zeggen dat het gebruikt kan worden om pennen voor arme scholieren te kopen. Amma wil dit niet accepteren, omdat andere kinderen die niets te geven hebben, zich dan bedroefd kunnen voelen. Maar wanneer Amma de goedheid in hun hart ziet, heeft Ze geen keus. De regering alleen kan niet alles doen. Zouden deze kinderen dit geld met evenveel liefde aan de regering geven als ze het aan Amma geven?"

Een man zonder enige spirituele achtergrond kwam naar Amma op een van Haar buitenlandse tournees. De man was een professionele motorcoureur, een kettingroker en een stevige drinker. Toen Amma kwam, kwam hij Haar uit nieuwsgierigheid opzoeken. Hij werd eenvoudig aangetrokken door Haar foto op de tourneefolder. Hij zei dat hij, zodra hij de zaal inging, zo'n overweldigende golf van spirituele energie voelde, dat hij niet binnen kon blijven. In plaats daarvan besloot hij wat seva buiten te doen, toen hij het voorbeeld van onbaatzuchtig dienen van Amma zag. Hij zei dat het enige nuttige wat hij kan doen, autorijden was en daarom vervoerde hij mensen naar en van het station bij de zaal. Iedere keer dat hij iemand oppikte en hem terugbracht, kon hij het enorme verschil in hun gelaatsuitdrukking zien nadat ze Amma's darshan gehad hadden. Er kwam een voldaan gevoel in zijn hart op.

Tegen het einde van zijn seva ging deze man naar het station en haalde in een rolstoel een jongen met hersenverlamming op. Er was zoveel verdriet en wanhoop op het gezicht van de jongen, dat de man veel mededogen met hem voelde. Later bracht de man de jongen na zijn darshan terug naar het station en hielp hem uit het busje in zijn rolstoel. Ze keken elkaar in de ogen. Hoewel de jongen niet kon praten, kon de man het verschil in het gezicht van de jongen zien. Het straalde met zoveel vitaliteit en vreugde alsof zijn leven opnieuw begonnen was. Tranen van dankbaarheid rolden over de wangen van de sprakeloze jongen en hij probeerde zijn misvormde armen uit te strekken naar de chauffeur uit waardering voor degene die hem in staat gesteld had deze ontroerende ervaring te hebben. Plotseling voelde de man een overweldigende golf van vreugde vol tranen van diep in zich naar boven komen en hij begon als een klein kind te huilen. Hij omarmde de gehandicapte jongen in zijn rolstoel en ze huilden allebei lange tijd in elkaars armen. De man zei dat hij na deze ervaring dagenlang een diepe, blijvende vrede ervoer.

Het enige wat deze man deed, was onbaatzuchtig dienen met een vaardigheid die hij reeds bezat, maar dankzij Amma's genade kon hij diepe gelukzaligheid ervaren, iets wat gewoonlijk levens van spirituele oefening kost. Nu is hij een volledig veranderde man, die al zijn slechte gewoonten opgegeven heeft in ruil voor de zoete gelukzaligheid van Amma's liefde.

Omdat Amma één is met het Hoogste Wezen, heeft Ze ons niet nodig om potten te wassen of groenten te snijden tijdens Haar programma's. Ze heeft ons niet nodig om te helpen bij de projecten van de ashram om onbaatzuchtig te dienen. Ze heeft ons in feite helemaal niet nodig om anderen te dienen. Ze geeft ons de gelegenheid zulke dingen te doen, omdat Ze weet dat zulke activiteiten, mits ze met liefde, zorg en oprechtheid gedaan worden, ons oneindig veel goeds opleveren, namelijk de verruiming van onze geest. Toen de ashram vele jaren geleden begon met het opzetten van grootschalige projecten voor sociale voorzieningen, merkte Amma op: "Eigenlijk ben ik niet geïnteresseerd in het bouwen van een grote ashram of het hebben van een weeshuis, een technische hogeschool of een ziekenhuis. Ik doe al deze dingen alleen voor de volgelingen die hier zullen komen." Nu geven Amma's instellingen duizenden en nog eens duizenden een kans om te groeien door onbaatzuchtig te dienen.

Amma zegt: "Onbaatzuchtig dienen is van groot belang voor je spirituele ontwikkeling. Door onbaatzuchtig te dienen kan men gezuiverd worden en volledig voorbereid op en geschikt voor Realisatie."

Laten we tot Amma bidden dat Ze ons, ook al weten we misschien niets van spiritualiteit af, in ieder geval de kracht geeft om met een zuiver hart onbaatzuchtig te dienen en daardoor onze geest langzaam te verruimen. Als we op zijn minst oprecht moeite doen overeenkomstig onze eigen vermogens, zal Ze ons zeker met de ervaring van innerlijke gelukzaligheid belonen en ons leiden naar het uiteindelijke doel van het realiseren van de bron van die gelukzaligheid, of God, in ons hart.

Hoofdstuk 7

De buffels achterlaten –
Voorkeur en afkeer loslaten

De geschriften zeggen dat er een van tevoren vastgestelde harmonie in de schepping is. Hoewel dieren andere dieren doden om op te eten, volgen ze alleen de natuurlijke voedselketen die door God of Moeder Natuur ontworpen is. Voor ons is dieren najagen en doden een sport, maar als een dier een mens doodt, wordt hij niet als een geweldige atleet beschouwd. In plaats daarvan zeggen we dat het dier een kwaadaardige menseneter is en doden we het. Toch creëren alleen mensen disharmonie in de schepping. We plunderen en vernielen Moeder Natuur, verontreinigen de atmosfeer en begaan allerlei misdaden, waardoor we chaos in de wereld creëren.

De primaire reden waarom mensen zo handelen is wat de geschriften *raga-dvesha* (voorkeur en afkeer) noemen. Ons hele leven, bijna alles wat we doen, wordt gemotiveerd door onze voorkeur en afkeer. We willen krijgen of bezitten wat we graag mogen en we willen vermijden of afkomen van wat we niet graag mogen. Het kan een voorwerp zijn, een persoon of een situatie. Om deze doelen te bereiken zijn de mensen bereid alles te doen, waarbij ze weinig om morele en spirituele waarden geven. De uitdrukking 'De wereld waarin de een voor de andere een wolf is' wordt over het algemeen beschouwd als een beschrijving van de aard van de menselijke samenleving, niet van het dierenrijk.

Wanneer een dokter een medicijn voorschrijft, is het niet voldoende als hij alleen maar weet dat een bepaald medicijn het vermogen heeft een ziekte te genezen. Hij moet ook weten welke bijwerkingen het medicijn bij de patiënt kan veroorzaken. Op dezelfde manier hebben wij, wanneer we een verlangen willen vervullen, er waarschijnlijk wel een goed idee over hoe we zouden kunnen handelen om dat verlangen te vervullen, maar we staan er niet bij stil hoe de handeling de andere aspecten van ons leven zal beïnvloeden. Daarom is onze ervaring zowel aangenaam als ellendig. Het is het resultaat van onze inspanningen om onze verlangens te vervullen en tevens de onvoorziene gevolgen van die inspanningen.

De meeste mensen doen nooit een stap terug om zich vragen te stellen over hun onophoudelijke pogingen om te krijgen wat ze graag willen en te vermijden wat ze niet leuk vinden. Maar als we onze eigen voorkeur en afkeer onderzoeken, kunnen we zien dat er echt geen logica in zit. De een rookt bijvoorbeeld graag, terwijl een ander de geur van sigaretten niet eens kan verdragen. Sommige mensen drinken graag whisky, maar anderen worden misselijk als ze maar een klein slokje nemen. Slakken zijn voor de halve wereld een delicatesse en een walgelijk gezicht voor de andere helft. De een houdt erg van iets en de andere heeft er een hekel aan. Bovendien kan dezelfde persoon op een bepaald moment in zijn leven een hekel aan iets hebben maar het later erg waarderen. Als geluk de intrinsieke aard van deze objecten was, zouden ze dan niet aan iedereen altijd geluk schenken?

Onlangs las ik een studie die in de Verenigde Staten verricht was en aantoonde dat je met geld in bepaalde mate geluk kunt kopen. Maar de hoeveelheid geld die men heeft, is niet de bepalende factor. De studie liet zien dat je gelukkiger schijnt te zijn naarmate je meer geld hebt in vergelijking met je collega's. Dat wil zeggen dat iemand die $30.000 dollar per jaar verdient, gelukkiger kan zijn dan iemand die $100.000 per jaar verdient, als de collega's van de armere persoon slechts $20.000 per jaar verdienen, terwijl de collega's van de rijkere persoon ongeveer hetzelfde salaris als hij verdienen. Dit betekent dat het geluk dat deze mensen ervaren, niet ontleend wordt aan de hoeveelheid geld die ze verdienen, maar aan het gevoel dat ze meer succes hebben dan de mensen om hen heen. Hoe diep en hoe blijvend kan zulk geluk zijn?

Als er geen logica achter onze voorkeur en afkeer zit, betekent dat dat wij, de intelligentste wezens op aarde, een onlogisch of irrationeel leven leiden. Daarom verwijzen de geschriften naar wereldse kennis als lager en spirituele kennis als hoger. Het enige in de wereld wat ons altijd ten goede komt, is de kennis van ons Ware Zelf. Amma is er om ons te helpen deze hoogste kennis te krijgen, die de enige manier is om te ontsnappen aan de cyclus van geboorte en dood. Wat voor kennis is dit? Het is de kennis dat we één zijn met God, die alwetend, almachtig en alomtegenwoordig is.

Adi Shankaracharya wijst er in de *Viveka Chudamani* of *Het Kroonjuweel van Onderscheiding* op dat dieren zeer regelmatig omkomen doordat ze de slaaf van een van de vijf zintuigen zijn. Een hert komt om het leven omdat hij aangetrokken wordt door een bepaald geluid dat jagers maken. Doordat hij dichter naar het geluid gaat, komt hij binnen het bereik van de wapens van de jagers. De mot wordt tot het licht van de vlam aangetrokken en wordt door de hitte ervan verbrand. De honingbij werkt ijverig om stuifmeel te verzamelen en honing te maken om dan gedood te worden door mensen die het resultaat van zijn werk willen. De olifant wordt gefascineerd door de aanraking van een andere olifant en samen vallen ze in een diepe sloot, waaruit ze niet kunnen ontsnappen. Als dieren om kunnen komen door slechts één zintuig te volgen, wat zal dan het lot van mensen zijn die de slaaf van alle vijf de zintuigen zijn, vraagt Shankaracharya. Amma vertelt het volgende verhaal.

Een man die door een vreemde stad dwaalt en op zoek naar vermaak is, gaat een illegaal pension binnen. Hij staat in de hal en ziet drie deuren voor zich. Achter de linkerdeur is een club waar alcohol en andere drugs geserveerd worden. Achter de middelste deur is de kamer van een prostituee. Achter de rechter deur is het kantoor waar de opbrengst van het pension bewaard wordt. De man die aan zijn vrouw thuis denkt, zegt in zichzelf: "Ik kan beter niet naar de prostituee gaan. En ik moet ook geen illegale drugs nemen.

Maar wat is er verkeerd aan om een paar glaasjes te drinken?" Zo denkend gaat de man de club binnen en drinkt verscheidene glazen. Later in zijn dronkenschap aarzelt hij minder om drugs te nemen. Nadat hij de drugs ingenomen heeft, verlaat hij de club totaal door het dolle heen. Als hij de vertrekken van de prostituee ziet, denkt hij niet langer dat het zo'n slecht idee is om naar binnen te gaan. Op weg naar buiten berooft hij het kantoor. Uiteindelijk wordt de man door de politie opgepakt en in de gevangenis gezet.

In de *Bhagavad Gita* zegt Heer Krishna:

> *In degene die stilstaat bij objecten,*
> *ontstaat gehechtheid aan die objecten.*
> *Uit gehechtheid ontstaat begeerte en uit begeerte woede.*
>
> *Uit woede ontstaat begoocheling en uit begoocheling geheugenverlies.*
> *Door het geheugenverlies wordt de geest incapabel*
> *en wanneer de geest incapabel is, komt die persoon om.*

II, 62-63

Hier legt Krishna uit hoe onze sterke gehechtheid aan de objecten van de wereld tot onze ondergang leidt. Laten we als praktisch voorbeeld iemand nemen die iedere dag naar zijn werk loopt. Onderweg komt hij veel onbekenden tegen. Sommigen ziet hij iedere dag, terwijl hij anderen slechts een keer ziet en nooit meer. Op een dag merkt hij een aantrekkelijke vrouw op die ook op weg naar haar werk is. De volgende dag ziet hij dezelfde vrouw weer en weldra kijkt hij ernaar uit haar te ontmoeten als hij naar zijn werk gaat. Op een dag brengt hij de moed op met haar te praten en een afspraak met haar te maken. Binnen zeer korte tijd wordt hij verliefd op haar en krijgt het gevoel dat hij niet zonder haar kan leven. Voordat de vrouw hem ontmoette, werd haar al door een andere man het hof gemaakt. Dit creëert een enorme rivaliteit tussen de twee mannen. Op een dag breekt er een gevecht tussen hen uit en uiteindelijk worden zij allebei beschuldigd van poging tot moord op de ander. Onnodig te zeggen dat geen van beiden de loyaliteit van de vrouw van hun dromen wint.

We gebruiken ons onderscheidingsvermogen in sommige situaties in het leven, maar we passen het niet voldoende toe op de zintuigen. We brengen het grootste deel van ons leven door met het vervullen van de wensen van de zintuigen en worden vaak een slaaf van hen. Maar als we naar Amma kijken, kunnen we zien dat mensen een veel verhevener leven kunnen leiden. Vanaf Haar jeugd liet Amma nooit toe dat Ze de slaaf van de objecten in de wereld werd. Al Haar energie was gericht op het dienen van de lijdende mensheid. Een gewoon iemand wordt door zijn zintuigen beheerst, terwijl een Gerealiseerde Meester als Amma er beheersing over heeft.

Om het op een andere manier te zeggen: zowel een arrestant als de president van het land worden door veel politieagenten omgeven. Maar terwijl de arrestant onder controle van de politieagenten staat, heeft de president het bevel over hen. Ons doel moet zijn om geleidelijk deze toestand van totale controle over onze geest en zintuigen te bereiken.

Laten we het simpele voorbeeld van voedsel nemen. Er zijn gevallen waar mensen het zelfs op een scheiding aan laten komen alleen omdat hun echtgenote geen smakelijk voedsel kookt. Klinkt dit ongelooflijk? Ik ken een man die de kookkunst van zijn vrouw niet kun verdragen en hij ging iedere avond in een restaurant in de buurt eten. Hij werd iedere avond door dezelfde serveerster bediend en uiteindelijk werden ze verliefd en de man verliet zijn vrouw voor de serveerster. Ze leefden nog lang en gelukkig totdat de serveerster de man verliet voor een andere klant. Ten slotte was de man een vrijgezel die twee keer gescheiden was en zich niet meer in zijn favoriete restaurant op zijn gemak voelde. Al zijn problemen begonnen met het verlangen naar lekker eten!

In Amma's ashram in San Ramon, Californië, is iedere zaterdagavond een satsangbijeenkomst gevolgd door een etentje waarvoor de gasten zelf een gerecht meebrengen. De maaltijd staat erom bekend dat hij verrukkelijk en voor een kleine donatie te krijgen is. Het is ook het beste koopje in de stad. Het is zo goed dat er een man was die alleen voor de maaltijd naar de ashram kwam. Hij woonde de spirituele lezing, meditatie en bhajans niet bij, maar kwam pas om acht uur precies voor het eten. Hij beschouwde zijn vrouw als een zeer slechte kok en de maaltijd in de San Ramon ashram was voor hem het hoogtepunt van de week. De man ging hier maanden mee door en toen kwam de tijd dat Amma twee weken in de ashram door zou brengen, wat Ze de afgelopen achttien jaar steeds in juni gedaan heeft. De man had er geen belangstelling voor Amma te ontmoeten, maar hij wilde zijn favoriete maaltijd van de week niet missen. Een van Amma's programma's was op zaterdag en daarom was hij in de ashram terwijl Amma darshan gaf. Net toen hij zijn maaltijd op had, gaf iemand hem toevallig een darshankaartje waarmee hij meteen in de rij kon gaan staan. Omdat deze man dingen die gratis en gerieflijk waren waardeerde, besloot hij naar de darshan te gaan. Hij dacht erover Amma te vragen zijn vrouw te zegenen zodat ze een betere kok zou worden, of op zijn minst de bewoners van de San Ramon ashram op te dragen hun gemeenschappelijke maaltijd meer dan een keer per week aan te bieden.

Tot zijn grote verbazing werd hij erg geraakt door Amma's darshan; hij vroeg Haar helemaal niets. Vanaf de volgende week begon hij het hele zaterdagavondprogramma bij te wonen en nu helpt hij zelfs bij het serveren van het avondeten. Nu neemt deze man pas een bord voor zichzelf, als iedereen voldoende gegeten heeft.

Terwijl te grote toegeeflijkheid tegenover de zintuigen meestal tot onze ondergang leidt, bracht de zwakte van deze man voor lekker eten hem door Amma's genade tot spiritualiteit. Natuurlijk betekent dat niet dat we ons allemaal moeten concentreren op het eten van ons favoriete voedsel en erop wachten tot God voor ons verschijnt.

God heeft ons intelligentie en onderscheidingsvermogen gegeven om ons te helpen ontsnappen aan hetzelfde lot als de dieren in Shankaracharya's voorbeeld. Als we deze vermogens niet juist gebruiken, zullen de zintuigen een vloek voor ons worden. In de *Dhammapada* zegt Boeddha:

> *De regen zou in goud kunnen veranderen*
> *en je dorst zou toch niet gelest worden.*
> *Verlangen is onblusbaar*
> *of het eindigt in tranen, zelfs in de hemel.*

Bij de meeste mensen voeren hun zintuigen hen vandaag de dag uiteindelijk van God af, wat veel lijden veroorzaakt. Maar we kunnen diezelfde zintuigen tot een zegen maken, als we ze op de juiste manier gebruiken. Zij die zich voor spiritualiteit interesseren, proberen hun intelligentie en onderscheidingsvermogen op de juiste manier te gebruiken met betrekking tot de objecten van de zintuigen, wat hen dichter bij God brengt en hun lijden verwijdert.

Natuurlijk weten we allemaal uit eigen ervaring dat het niet gemakkelijk is om een perfect onderscheidingsvermogen te hebben bij het gebruik van de zintuigen. Dit komt doordat onze ingewortelde neigingen of *vasana's* ons voortdurend proberen wijs te maken dat we zonder bepaalde dingen nooit gelukkig kunnen zijn.

Een man loopt een bar in, bestelt drie afzonderlijke glazen whisky tegelijk en drinkt ze alle drie op. Hij doet dit meerdere dagen achter elkaar. Ten slotte zegt de barkeeper: "Weet u, ik kan alle drie de glazen in een grote beker doen, als u dat wilt."

Maar de man zegt: "Nee, ik heb het liever op deze manier. Weet u, ik heb twee broers. Deze is voor mijn oudere broer, deze is voor mijn jongere broer en de derde is voor mij. Op deze manier kan ik me voorstellen dat we allemaal hier zijn en samen een glas whisky drinken."

De man blijft dag in dag uit komen en de barkeeper serveert de whisky altijd in drie glazen. Dan zegt de man op een dag: "Geef me vandaag slechts twee glazen."

Bezorgd informeert de barkeeper: "Is er iets met een van je broers gebeurd?"

"Nee, nee," antwoordt de man. "Het gaat prima met ze. Maar ik heb besloten op te houden met drinken."

Op deze manier zal onze geest verdraaide logica gebruiken om onze onnodige verlangens te rechtvaardigen. Zelfs verlangens die we bijna allemaal hebben, zoals trouwen en kinderen krijgen, kunnen ons in moeilijkheden brengen als we ons onderscheidingsvermogen niet gebruiken wanneer we ze vervullen. We moeten altijd voorzichtig vooruitgaan zonder te veel te verwachten en boven alles moeten we naar het advies van onze Guru luisteren.

Tijdens een buitenlandse tournee van Amma vertelde een jonge, maar zeer succesvol zakenman aan Amma dat hij onlangs een jonge vrouw ontmoet had, op haar verliefd geworden was en van plan was spoedig met haar te trouwen. Amma adviseerde hem: "Heb geen haast. Denk er een tijdje over, voordat je een beslissing neemt."

Het volgende jaar kwam de jongeman weer voor darshan, deze keer met een vrouw aan zijn zij. Amma vroeg hem: "O, ben je getrouwd?"

De jongeman antwoordde: "Ja Amma, ze was zo onweerstaanbaar voor me, dat ik Uw advies niet op kon volgen. We zijn getrouwd een week nadat ik U voor het laatst gezien had."

De volgende keer dat Amma naar deze stad terugkeerde, kwam dezelfde jongeman naar Amma toe. Het was drie jaar geleden dat Amma hem geadviseerd had over zijn besluit na te denken voordat hij trouwde. Deze keer was de man alleen en hij zag er niet meer zo jong uit. Eigenlijk zag hij er erg wanhopig en uitgeput uit. Hij vertelde Amma dat zijn vrouw hem verlaten had en de helft van zijn vermogen bij de scheidingsprocedure verkregen had. Het grootste deel van de resterende helft had hij aan juridische kosten besteed. Vol berouw vertelde hij Amma dat hij echt wilde dat hij naar Haar advies geluisterd had. Voor deze jongeman werd de vrouw, van wie hij dacht dat ze hem blijvend geluk zou geven, de oorzaak van wat volgens hem zeker blijvend verdriet zou zijn.

Er is een ander verhaal over een echtpaar in India dat na hun huwelijk geen kinderen kon krijgen. Steeds wanneer ze bij Amma kwamen, vertelden ze Haar, dat ze een kind wilden. Amma zei tegen hen: "In jullie geval is het beter geen kind te krijgen. Zelfs als je een kind krijgt, denk ik niet dat het erg lang zal leven." Een Ware Meester zoals Amma ziet het verleden, het heden en de toekomst van ieder van ons. Amma kon zien dat dit echtpaar door hun *prarabdha* (karma) voorbestemd was een kind te krijgen dat jong zou sterven. Door te proberen hen ervan te weerhouden de beslissing te nemen een kind te krijgen probeerde Amma hun deze pijnlijke ervaring te besparen.

Maar dat echtpaar was er zo op gericht een baby te hebben dat ze doof waren voor Amma's wijze woorden. Uiteindelijk stelden ze Haar een ultimatum: "Amma, als U ons geen kind geeft, zullen we zelfmoord plegen. Zonder een eigen kind willen we niet verder leven."

Amma waarschuwde hen opnieuw voor het gevaar dat hen te wachten stond, maar ze waren onvermurwbaar. Uiteindelijk stemde Amma ermee in hen met een kind te zegenen. Twee jaar later schonk de vrouw het leven aan een kindje, maar zoals Amma gezegd had, werd het kind op zesjarige leeftijd ziek en stierf spoedig daarna.

Hoewel Amma het echtpaar herhaaldelijk gewaarschuwd had, was de dood van het kind een vreselijke schok voor hen. Ze verzonken in een depressie en moesten in een psychiatrische inrichting opgenomen worden. Nu zijn ze door Amma's genade bijna hersteld van de schok.

De moderne samenleving vertelt ons dat de vervulling van verlangens het uiteindelijke doel in het leven is en dat we ons succes kunnen afmeten aan de mate waarin we de doelstellingen en ambities in ons leven vervuld hebben. Maar de geschriften vertellen ons dat er meer in het leven is dan dit, dat we op een gegeven moment alles op zullen moeten geven om al onze aandacht op het spirituele pad te richten. Als een Meester als Amma ons duidelijk zegt dat iets wat we verlangen, niet goed voor ons is, moeten we oprecht proberen die gehechtheid of die verlangens op te geven. Mahatma's spreken geen lege woorden. Terwijl wij vinden dat het een grote tragedie is, als we niet krijgen wat we willen, kan het tot een nog grotere tragedie leiden, als we krijgen wat we willen .

Dit wil niet zeggen dat het verlangen om te trouwen of een kind te hebben slecht is. Er is niets verkeerd aan om te trouwen, kinderen te hebben of wereldse doeleinden na te streven. Deze dingen zijn op geen enkele manier verboden. De geschriften keuren het goed te trouwen en kinderen te krijgen als een essentieel onderdeel in het leven van bijna iedereen. Wanneer het gezinsleven op de juiste manier benaderd wordt, is het een gelegenheid om onze verlangens en vasana's uit te putten, maar we moeten niet vergeten dat de verlangens niet helemaal uitgeput kunnen worden, als we ons onderscheidingsvermogen niet gebruiken. We mogen dat wat zonneklaar is, nooit over het hoofd zien: niets van wat we nu van ons noemen, zal voor altijd bij ons blijven.

In de *Bhagavad Gita* zegt Heer Krishna:

> *Ieder verlangen dat niet in strijd met dharma is,*
> *ik ben dat verlangen.*

VII, 11

De geschriften vragen ons nooit onze verlangens en vasana's te onderdrukken, maar ze liever met ons intellect te overwinnen door logisch te redeneren. Als we afstand nemen en analyseren wat we verlangen, kunnen we zien dat er beperkingen zijn aan de hoeveelheid geluk die we kunnen krijgen van alles wat tijdelijk is. Wanneer dit onze vaste overtuiging wordt, zullen de verlangens langzaam vanzelf verdwijnen. Als we onze verlangens onderdrukken en ons aan een onrealistisch rigide discipline onderwerpen, kunnen we misschien een paar jaar in een ashram doorbrengen, maar dan zullen we de ashram verlaten en willen trouwen. Voordat we naar een ashram gaan en een leven van *brahmacharya* (celibaat en beheersing van de zintuigen in het algemeen) beginnen, moeten we ons er intellectueel van overtuigen dat we de genoegens van de wereld niet willen omdat we inzien dat ze ons nooit permanent geluk kunnen geven. Wanneer we dit soort onderscheid maken, hoeven we niets te onderdrukken. We kiezen gewoon een andere weg.

Twee jagers gingen op een expeditie in de afgelegen wildernis die alleen met een vliegtuig te bereiken was. Ze charterden een vliegtuig vol levensmiddelen naar het geïsoleerde gebied en vroegen de piloot na twee weken terug te komen. Toen de piloot terugkwam, stonden de jagers tot zijn verbazing te wachten met drie enorme buffels die ze in zakken gedaan hadden.

"Okay, we zijn klaar om te vertrekken," zeiden ze tegen de piloot. De piloot antwoordde: "Wat denken jullie met die buffels te gaan doen?"

"Die nemen we natuurlijk mee. Denk je dat we die hier achterlaten?"

De piloot lachte en zei: "Het is absoluut onmogelijk dat die drie buffels in ons kleine vliegtuigje passen. Je zult je tot één moeten beperken."

"Kom op!" zeurden de jagers. "Afgelopen jaar liet de piloot er ons drie meenemen."

De piloot was verbaasd. "Echt waar?" Vroeg hij. "Wel, ik denk dat als je het het afgelopen jaar deed, we het dit jaar weer kunnen doen. Laten we het proberen."

Dus met moeite propten ze twee buffels in het vliegtuig en bonden de derde op de staart van het vliegtuig. Toen waren ze klaar om te vertrekken. Met veel moeite speelde de piloot het klaar op te stijgen en hij worstelde om hoger te komen. Maar toen er een hoge bergkam kwam, konden ze daar niet overheen en het vliegtuig botste tegen de zijkant van de berg. Gelukkig vielen er geen doden. Toen de piloot uit het wrak stapte, zei hij: "Goeie genade, waar zijn we nu?"

De jagers keken zorgvuldig om zich heen, keken op een kompas, keken naar bepaalde oriëntatiepunten en vergeleken die met hun landkaart.

"Ja, ik geloof dat ik weet waar we zijn," zei een van de jagers vol vertrouwen tegen de piloot en keek op van zijn kaart. "Het moet ongeveer drie kilometer zijn van waar we het afgelopen jaar neerstortten."

De buffels zijn onze gehechtheden en het vliegtuig is de realiteit van het leven. Zoals de jagers gaan we steeds maar door, terwijl we gehecht zijn aan de objecten van de wereld en dezelfde fouten herhalen. Dan storten we neer en 'verbranden', wanneer we ontdekken dat de kracht van onze gehechtheid aan een voorwerp niet in verhouding staat tot de mogelijkheid van dat voorwerp om ons gelukkig te maken.

Aangaande het onderwerp 'buffels en verlangens' vertelde een volgeling uit de Verenigde Staten me over een vriend die van kippenvleugeltjes houdt. Steeds wanneer hij de gelegenheid krijgt, eet hij er zo veel mogelijk. Maar de volgende dag heeft hij zonder uitzondering vreselijk veel last van zijn maag, zelfs zo erg dat hij over de grond rolt van de pijn. Hoewel hij weet dat dit zal gebeuren, kan hij het niet laten zich iedere keer vol te stoppen met kippenvleugeltjes.

Alleen mensen gedragen zich op zo'n onlogische manier. Toen ik dit verhaal hoorde, deed me dat denken aan het gedrag van een bepaald soort geit in India. De geit zwerft overal rond op zoek naar planten om te eten. Sommige bladeren zijn heel kleverig. Als de geit deze bladeren eet, blijven ze in zijn keel vastzitten en de geit kan stikken en zelfs sterven. Maar als één geit zo'n blad eet en alle andere geiten zijn conditie zien, zullen ze dit blad vermijden, niet alleen op die dag, maar van dan af aan.

Als innerlijke rust in uiterlijke objecten gevonden kon worden, zouden de rijksten en meest succesvollen onder ons het dan niet reeds lang geleden gevonden hebben? In Haar toespraak tot het Parlement van Wereldreligies in Barcelona in 2004 zei Amma dat het enige verschil tussen mensen in rijke landen en mensen in arme landen is dat de arme mensen huilen op de moddervloer van hun hut, terwijl de rijken huilen in kamers met airconditioning in schitterende villa's. Al onze prestaties of bezittingen schijnen ons niet te geven wat we echt willen. Zoals de Griekse filosoof Plato zei: "Armoede is niet de afwezigheid van goederen, maar veeleer een overvloed van verlangens." We zoeken allemaal naar vrede en geluk in voorwerpen en situaties die ons dat niet kunnen geven. Zich overgeven aan zintuiglijk genot kan vergeleken worden met een trap die naar beneden leidt. De eerste tree is onze gehechtheid aan een persoon of object. De volgende stap naar beneden is het verlangen dat voorwerp te bezitten. De kwaadheid die we ervaren wanneer ons verlangen niet vervuld wordt, is de volgende stap. En wanneer we door kwaadheid overmand worden, verliezen we ons onderscheidingsvermogen en kunnen gemakkelijk de overige treden afrollen naar waanideeën en wanhoop. We moeten echter niet denken dat er voor ons geen hoop is. Er staat een andere trap voor ons en deze leidt naar boven, weg van gehechtheid en lijden en naar Bevrijding en eeuwige gelukzaligheid. De eerste tree op deze trap die naar boven leidt is omgang met een Echte Meester als Amma. Hoe meer tijd we in gezelschap van een Meester doorbrengen, hoe meer we gehecht raken aan de gelukzalige aanwezigheid van de Meester. Meer gehechtheid aan een Meester verzwakt automatisch onze gehechtheid aan andere mensen en de dingen in de wereld.

In de aanwezigheid van de Meester leren we dat we vrede, tevredenheid en vervulling kunnen ervaren zonder de hulp van uiterlijke voorwerpen. Daardoor wordt onze neiging die voorwerpen na te jagen verzwakt. Dit betrekkelijke gebrek aan verlangens maakt onze geest minder opgewonden en rustiger. Deze rust wordt geleidelijk dieper in ons totdat we de bovenkant van de trap die naar boven, naar Bevrijding leidt bereiken. In een wereld waarin de meeste mensen zich in een neerwaartse spiraal bevinden, leidt onze gehechtheid aan de Meester ons naar boven, stap voor stap, naar vrijheid van iedere gehechtheid en het ermee gepaard gaande lijden.

Hoofdstuk 8

Het juweel van het onderscheidingsvermogen

En journalist vroeg eens aan Amma: "Wat is vanuit Amma's standpunt het belangrijkste wat de gewone mensen in de wereld in het dagelijks leven in gedachten moeten houden?"

Amma antwoordde: "Het belangrijkste wat we voor ogen moeten houden is dat we, als we in de wereld werken, altijd een intellect moeten hebben dat onderscheid maakt, niet een gewoon intellect. Weten wat Waarheid is en wat onwaarheid, wat goed is en wat slecht, probeer je taken in de wereld met die houding te vervullen."

Wanneer Amma onderscheid of discriminatie zegt, bedoelt Ze niet discriminatie als in rassendiscriminatie en ook niet de kieskeurigheid van het verfijnde waarnemingsvermogen van een fijnproever. In de *Viveka Chudamani* definieert Shankaracharya *viveka* of onderscheidingsvermogen als "de vaste overtuiging dat alleen Brahman eeuwig is en al het andere vergankelijk. Deze overtuiging is het onderscheid tussen het Eeuwige en het tijdelijke."

Dus als Amma 'Waarheid en onwaarheid' zegt, heeft ze het niet over het begrip dat iemand een leugen vertelt. Met Waarheid verwijst Ze naar dat wat onveranderlijk bestaat in de drie perioden van de tijd: het verleden, het heden en de toekomst. Dat wat is, was en altijd zal zijn is alleen het Zelf of de Atman. Met onwaarheid bedoelt Amma alles wat veranderlijk of vergankelijk is, kortom alles wat we in de wereld om ons heen zien. Wanneer Amma 'goed en slecht' zegt, betekent goed iedere gedachte, woord of daad die ons dichter bij ons doel van het realiseren van onze eenheid met God brengt, en slecht betekent iedere gedachte, woord of daad die ons verder van dit doel wegvoert. Het is in deze betekenis dat onderscheidingsvermogen ons onderscheidt van de lagere vormen van leven. Hoe we dit onderscheid gebruiken bepaalt hoe gezegend ons leven is.

We kunnen over de rijkste mensen in de wereld lezen en ernaar streven daarbij te horen, maar we vergeten dat onze ingeboren vermogen onderscheid te maken meer waard is dan al het geld in de wereld. Door ons onderscheidingsvermogen en besef van dharma te gebruiken kunnen we één worden met de oneindige Atman.

Als we ons onderscheidingsvermogen niet op de juiste manier gebruiken, verspelen we de kans die we in dit menselijk leven gekregen hebben. De sleutel van het onderscheid hebben wij in handen. Niemand verbergt die voor ons. Of we de deur naar ons volle potentieel opendoen of niet is helemaal onze zaak. Deze beslissing ligt hierin hoe we iedere situatie in het leven benaderen en hoe we gebruik maken van de tijd die we gekregen hebben. Amma zegt dat we zelfs als we een miljoen dollars verliezen, die terug kunnen krijgen, maar als we slechts één seconde verspillen, is die voor altijd verloren.

Er is een bekend vedantisch verhaal dat laat zien hoe we ons onderscheidingsvermogen niet op de juiste manier gebruiken. Een man zwierf door een bos, toen hij verscheidene tijgerwelpen tegenkwam. Toen de moedertijger hem daar zag staan, stormde ze op hem af. De man vluchtte zo snel hij kon. In zijn haast viel hij in een diepe put. Toen hij viel, kon hij een wortel vastgrijpen die uit de muur van de put groeide en zijn val brak. Helaas zag hij dat een aantal muizen de wortel aan het doorknagen waren en dat hij spoedig van de muur van de put af zou breken. Wat nog erger was, was dat puin dat van de zijkant van de put gevallen was, een grote, bedreigende python had verontrust, die op de bodem van de put opgerold lag en nu geduldig wachtte totdat de man in zijn gapende muil tuimelde. Hij dacht dat hij misschien naar de bovenkant van de put terug had kunnen klimmen, maar toen hij naar boven keek, zag hij de kwade tijger die erop wachtte hem te verslinden zodra hij binnen zijn bereik was.

Toen de man zijn omgeving verder bekeek, zag hij dat hij in zijn val een deel van een bijenkorf had afgebroken, waardoor er nu verse honing net boven zijn hoofd druppelde. Toen hij dat zag, vergat hij alle gevaren om zich heen helemaal en stak zijn tong uit om te proberen een paar druppels honing op te vangen.

We schudden misschien ons hoofd over zijn dwaasheid, maar onze situatie is niet zo verschillend. In plaats van moeite te doen om zich te redden verloor de man die aan alle kanten door gevaar omgeven was, zich in het voorbijgaande genoegen van de honing. Op dezelfde manier zijn wij aan alle kanten omgeven door gevaren als verdriet, ziekte, ouderdom en de dood en toch spannen we ons niet in om onze beperkingen te transcenderen en los te breken uit de cyclus van geboorte en dood. Dit laat zien dat we ons onderscheidingsvermogen niet juist gebruiken.

Amma zegt dat de meesten van ons op het ogenblik in een halfslapende toestand rondlopen. Ze geeft het voorbeeld van een dronkaard die na een lange nacht naar huis terugkeert. Als hij in de spiegel kijkt, ziet hij dat zijn gezicht vol schrammen en wonden zit. Voordat hij naar bed gaat, wast en verbindt hij iedere schram zorgvuldig. 's Morgens ziet zijn vrouw dat de spiegel bedekt is met verband.

Hoewel we fysiek wakker zijn, is ons niveau van wakkerheid of bewustzijn gewoonlijk erg laag. Hoe vaak concentreren we ons werkelijk op wat we doen? Terwijl we ontbijten, lezen we de krant. Terwijl we door de telefoon praten, doen we de afwas. Terwijl we een verhaal aan onze kinderen voorlezen, denken we aan onze problemen op het werk. En wanneer we naar het werk gaan, piekeren we over hoe onze kinderen het op school doen. Door de komst van nieuwe technieken is onze concentratie nog meer verstrooid. Zelfs wanneer mensen een tempel bezoeken, aarzelen ze niet een gesprek met hun mobiele telefoon aan te nemen.

Dit lage niveau van bewustzijn is de reden dat we dag in dag uit dezelfde fouten herhalen. Iedere avond hebben we er misschien spijt van dat we kwaad geworden zijn en besluiten we het nooit meer te doen. Maar zodra we vinden dat iemand ons tegenwerkt, barsten we weer in woede uit. Als we echt alert en bewust waren, zouden we ons het besluit om geduldig te zijn herinneren en ons eraan houden. Op dezelfde manier zijn er zoveel verschillende diëten en de meeste mensen beweren dat ze een of ander dieet volgen, maar de statistieken tonen aan dat erg weinig mensen zich echt aan hun dieet houden. Zodra we verboden voedsel onder ogen krijgen, vergeten we alle doelstellingen van ons dieet.

Amma wijst erop dat veel mensen een levensverzekering afsluiten om wat financiële zekerheid aan hun familie te geven. Door de verzekering af te sluiten geven ze duidelijk te kennen dat ze weten dat hun leven tijdelijk is, maar toch leeft iedereen alsof de dood heel ver weg is en iets is wat alleen anderen overkomt. In het grote Indiase epos de *Mahabharata* verliezen vier van de vijf Pandava's tijdens hun verbanning in het bos tijdelijk hun leven doordat ze water drinken uit een meer dat in handen is van een *yaksha* (hemels wezen) die Yudhishthira wilde testen. Om het leven van zijn vijf broers terug te krijgen moet Yudhishthira een aantal raadsels oplossen die de yaksha hem voorlegt. Op een gegeven moment vraagt de yaksha aan Yudhishthira: "Wat is het grootste wonder ter wereld?"

Yudhishthira beantwoordt het raadsel tot tevredenheid van de demon: "Dag in dag uit gaan ontelbare levens de Tempel van de Dood binnen. Degenen die achterblijven en naar dit schouwspel kijken, geloven dat ze zelf eeuwig en onsterfelijk zijn. Is er een groter wonder?"

Natuurlijk hebben velen van ons nooit iemand zien sterven. Sommigen van ons hebben misschien zelfs geen lijk gezien, maar we horen allemaal iedere dag van mensen die sterven in verschillende delen van de wereld. Op die manier is de dood heel duidelijk een deel van ons dagelijks leven.

Er is een verhaal over een journalist die een man op zijn 99ste verjaardag interviewde. Aan het einde van het interview nam de journalist de hand van de oude man en zei ernstig: "Ik hoop echt dat ik volgend jaar kan terugkomen om u op uw honderdste verjaardag te zien."

Hierop antwoordde de oude man: "Ik zie niet waarom niet. U ziet er gezond genoeg uit."

Net zoals bij de oude man in het verhaal komt het zelden of nooit in ons op dat ook wij op een dag zullen sterven. Daarom hebben we geen haast om het doel van het leven te bereiken.

Tijdens een buitenlandse tournee van Amma zaten Amma en een klein gevolg in een vliegtuig dat met zware turbulentie te maken kreeg. We merkten geamuseerd op dat de meeste passagiers tijdens de vlucht in de film verdiept waren, maar toen het vliegtuig plotseling begon te schudden en vallen, werd iedereen erg vroom, sloot zijn ogen en bad met veel concentratie en devotie. Maar zodra de turbulentie afnam, kwamen alle passagiers een voor een als het ware weer bij hun positieven en richtten hun aandacht weer op de film. Een passagier vroeg de steward zelfs of de film teruggedraaid kon worden tot waar hij onderbroken was.

We kunnen gemakkelijk om deze reizigers lachen, maar leiden we ons leven allemaal niet op deze manier? Alleen wanneer er een dreiging is of ons een ramp overkomt, krijgen we wat onthechting tegenover de dingen in de wereld.

Er waren twee jeugdvrienden die samen opgroeiden en honkbal speelden. Ze speelden allebei hun hele leven in amateurcompetities totdat ze te oud waren om zelfs maar een slaghout op te pakken. Ze volgden de professionele teams van deze sport met religieuze toewijding. Ze waren buren in het verzorgingstehuis en toen ze bezweken aan hoge leeftijd en ziekten, kwamen ze zelfs overeen dat degene die het eerst zou sterven, zou proberen terug te komen om de ander te vertellen of er honkbal in de hemel was.

Op een zomeravond overleed een van hen in zijn slaap nadat hij eerder die avond zijn favoriete team een onverwachte overwinning had zien behalen. Een paar nachten later werd de man die nog leefde, wakker van het geluid van de stem van zijn oude vriend uit het hiernamaals.

"Ben jij dat?" vroeg hij aan de ijle lucht, waaruit de stem van zijn vriend leek te komen.

"Natuurlijk ben ik het," antwoordde de stem van zijn dode vriend.

"Dit is ongelooflijk," riep de levende man blij uit. "Vertel me, is er honkbal in de hemel?"

"Wel, ik heb goed nieuws en slecht nieuws," zei zijn dode vriend hem. "Wat wil je het eerst horen?"

"Vertel me het goede nieuws eerst maar."

"Wel, het goede nieuws is dat er inderdaad honkbal in de hemel is."

"O, dat is te gek! Wat zou het slechte nieuws kunnen zijn?"

"Jij staat op het rooster om morgenavond pitcher te zijn."

De waarheid is dat de dood op een dag zal komen en we de film niet af zullen kunnen kijken, laat staan terugspoelen. We zullen het achter moeten laten. Het enige wat na de dood met ons mee zal gaan is het resultaat van onze handelingen, zowel van de goede als de slechte. Als we dit inzien moeten we niet boos worden op God, maar ons liever nog steviger aan Hem vasthouden.

Amma zegt vaak dat het gemakkelijk is iemand wakker te maken die slaapt, maar moeilijk iemand wakker te maken die doet alsof hij slaapt. De suggestie is dat we allemaal doen alsof we slapen. Als we kijken naar hoe we leven, zullen we zien dat het zo is.

Steeds wanneer we moeten kiezen tussen dat waarvan we weten dat het spiritueel goed voor ons is en dat wat aangenaam of gemakkelijk is, kiezen we meestal dat wat aangenaam is. Ook psychologen zeggen dat hun patiënten over het algemeen liever opluchting willen dan een echte oplossing voor hun problemen. Om hun problemen echt op te lossen moeten ze hun manier van handelen en reageren op de wereld veranderen.

Sommige mensen beweren dat er niet zoiets als goed of slecht bestaat, omdat alles in de wereld door God geschapen is, en dat we ons vrij moeten voelen om te doen wat we graag doen. Als we dit argument goed onderzoeken, kunnen we gemakkelijk de fouten ervan inzien. Veel dieren kunnen bijvoorbeeld alleen overleven door op andere dieren te jagen. Bedwelmende middelen worden in het planten- en dierenrijk gevonden. Betekent dat dan dat het gewoon natuurlijk is om drugs te nemen en te moorden?

Op dezelfde manier heeft God zowel gezonde als giftige vruchten geschapen. Zullen we giftige bessen even snel eten als aardbeien met de woorden dat ze gewoon natuurlijk zijn? Maar wanneer we een niet zo nobele beslissing nemen, rechtvaardigen we ons gedrag vaak door te zeggen: "Het is gewoon natuurlijk."

Dat mag waar zijn, maar spiritualiteit bestaat niet uit natuurlijk handelen. Het bestaat uit het transcenderen van onze lagere, dierlijke natuur. Men heeft gezegd dat we geen mensen zijn die spirituele ervaringen hebben, maar spirituele wezens die de ervaring hebben mens te zijn.

In de begintijd van de ashram stond Amma erop dat alle ashrambewoners om vier uur opstonden, ongeacht hoe laat ze naar bed gingen. Daarom waren gewoonlijk alle lichten in de ashram om elf uur uit. Op een zo'n avond riep Amma me om halfelf naar Haar kamer. Toen ik daar kwam, was Ze met een gezin aan het praten en dus wachtte ik buiten. Maar om elf uur was het gezin nog niet vertrokken. Hoewel ik wist dat het juiste om te doen het opvolgen van Amma's instructies was, wist ik ook dat ik om vier uur op moest staan, hoe laat ik ook op was door te wachten om Amma te ontmoeten. Dus een paar minuten over elf ging ik terug naar mijn hut om te slapen. Toen ik mijn ogen opendeed, was het niet vier uur 's morgens, maar zeven uur.

Later kwam ik erachter dat Amma rond middernacht iemand gevraagd had te kijken of ik daar nog stond te wachten, maar toen men Haar vertelde dat ik weggegaan was, vroeg Ze niet opnieuw naar me maar zei: "Laat hem slapen." Door dat te negeren waarvan ik wist dat het juist was, miste ik zowel de gelegenheid om bij Amma te zijn als de ochtendgebeden van de volgende dag.

Dit verhaal illustreert een belangrijk punt: wanneer we doen alsof we slapen, is er een groot gevaar dat we in slaap vallen. Wanneer we ons aan iets te goed doen, kunnen we er weldra volledig in opgaan en God en het ware doel van het leven vergeten, ook al herinneren we ons aanvankelijk dat waar geluk niet van het voorwerp komt.

We moeten moedig zijn. Laten we niet dieper wegkruipen in de slaapzak van onwetendheid. Laten we liever de realiteit accepteren dat we nooit echte tevredenheid door de wereld zullen krijgen en dat spiritualiteit de enige oplossing is. Laten we opstaan en het hoogste dharma omhelzen en voortgaan met onderscheidingsvermogen.

Hoofdstuk 9

Het geheim van succes

Amma zegt: "We krijgen allemaal onderwijs voor ons levensonderhoud, maar geen onderwijs voor het leven." Spiritualiteit is dit onderwijs voor het leven en het is de echte basis van het leven. Als we deze basis op jonge leeftijd bouwen door spirituele principes te begrijpen, zullen we niet struikelen en vallen wanneer we geconfronteerd worden met de beproevingen van het leven. Een van de hoekstenen van spiritueel leven is zelfdiscipline. Niemand wil over zelfdiscipline horen, maar zij die het niet hebben, ontdekken uiteindelijk hoe belangrijk het is. Zelfs degenen die erin slagen hoog te klimmen op de ladder van naam, faam, macht en rijkdom, gaan ten slotte ten onder wanneer er triviale genoegens en verleidingen ontstaan, wat smaad en pijn tot gevolg heeft. Misschien is dit wat de overleden Amerikaanse actrice Katherine Hepburn deed schimpen: "Zonder discipline is er helemaal geen leven."

Om echte spirituele vooruitgang te maken is zelfdiscipline essentieel. Zelfdiscipline heeft niets met straf te maken en ook niet met een levensstijl vol beperkingen. Het is de bekwaamheid van het individu om zich te houden aan handelingen, gedachten en gedrag die resulteren in persoonlijke verbetering in plaats van onmiddellijke bevrediging. Gebrek aan zelfdiscipline is de belangrijkste reden voor de mislukkingen die we zowel in ons persoonlijke leven als ons beroepsleven ervaren.

Een vrouw liep op een tengere, gerimpelde man met vlassig, grijs haar af, die in een stoel op zijn veranda heen en weer wiegde.

"Neemt u me niet kwalijk, meneer," zei ze, "maar ik kan duidelijk zien hoe gelukkig u eruit ziet. Wat is uw geheim voor een lang, gelukkig leven?"

"Wel mijn kind," antwoordde de man met een tandeloze grijns, "ik rook drie pakjes sigaretten per dag, drink een doos whisky per week, eet vet voedsel, luister naar hardrockmuziek en doe nooit oefeningen."

"Dat is verbazingwekkend," zei ze, "Ik heb nooit van zo'n geheim voor een lang leven gehoord. Hoe oud bent u?"

"Zesentwintig," zei hij.

Zelfdiscipline lijkt erg op het besturingssysteem dat we voor onze computers gebruiken. Een computer zonder besturingssysteem lijkt erg op iemand zonder zelfdiscipline. Ze hebben allebei een geweldig vermogen en kracht, maar hebben geen manier om goed te functioneren. In tegenstelling tot een computer zijn wij gezegend met de gave van de vrije wil, maar zonder zelfdiscipline zijn we vatbaar voor het virus van onmiddellijke bevrediging, excuses en slechte gewoonten.

De Griekse filosoof Aristoteles zei: "Ik beschouw hem die zijn verlangens overwint als dapperder dan degene die zijn vijanden onderwerpt, want de moeilijkste overwinning is die over jezelf." Het is niet altijd gemakkelijk om de voordelen van een gedisciplineerd leven te begrijpen, omdat het zo vaak plezieriger, voordeliger en handiger lijkt om het anders te doen.

Vanaf de allereerste dagen van de ashram was het een deel van onze discipline om om vier uur op te staan, een bad te nemen en samen te komen om de duizend namen van de Goddelijke Moeder te reciteren. Op een dag, kort nadat ik in de ashram was gaan wonen, werd ik om vier uur wakker en vond dat het erg koud was, omdat het de vorige dag aanhoudend geregend had. Omdat er alleen koud water was, besloot ik het bad over te slaan en meteen naar de ochtendarchana te gaan. Ik meende dat ik kon wachten totdat de lucht wat warmer geworden was, voordat ik mijn bad nam. De regen hield die dag en nog een aantal dagen aan en ik ging door met mijn nieuwe gewoonte om naar de archana te gaan zonder eerst te baden. Toen ik een paar dagen later naar buiten kwam om voor de archana naar de *kalari*[1] te gaan, vond ik een grote emmer dampend heet water naast de deur van mijn hut. Ik was verrast, maar ik wilde de gelegenheid niet verspelen. Ik nam hem meteen mee naar de badkamer en douchte. Later vroeg ik de andere brahmachari's uit te vinden wie de goede Samaritaan was die het water voor me opgewarmd had. Niemand wist er iets van. Toen ik Amma die middag zag, vroeg Ze me terloops: "Heb je vanochtend een lekker bad gehad?" Toen had ik geen twijfel meer wie daar het hete water voor me had neergezet. De gedachte dat Amma gezwoegd had om water boven een rokend houtvuur te verhitten, zodat ik bereid zou zijn de ashramroutine van het nemen van een bad voor de aanbidding te volgen, deed me pijn. Ik besefte toen dat de Guru alles zal doen om de leerlingen te corrigeren, en daarna miste ik mijn ochtendbad nooit meer, hoe koud het ook mocht zijn.

Natuurlijk kunnen we geen gebruik van Amma's nederigheid en geduld maken om ons eigen leven gemakkelijker te maken. Als ik eenvoudig iedere ochtend gewacht had totdat Amma me een emmer heet water bracht, zou Ze Haar tactiek zeker snel veranderd hebben. Toen een paar jaar later veel meer brahmachari's zich bij de ashram hadden aangesloten, waren er een paar die de gewoonte ontwikkelden om tijdens de archana te slapen ondanks Amma's herhaalde aanmaningen. Uiteindelijk moest Amma Haar toevlucht tot drastische maatregelen nemen. Op een ochtend kwam Ze de zaal binnen waar ze sliepen en spetterde koud water over hen allemaal. Hierover zei Amma later: "Jullie zijn hier allemaal gekomen met de intentie God te realiseren. Daarom is het Amma's plicht geworden om jullie bewust te maken van jullie fouten en jullie te helpen die te

---

[1] In Sanatana Dharma betekent kalari iedere plaats van aanbidding waar geen godheid is geïnstalleerd. Dit is de naam die gegeven werd aan de oorspronkelijke tempel van de ashram, die niet veel groter was dan een manshoge kast. Het was de omgebouwde koeienstal van Amma's familie. Wanneer we terugkijken is het verbazingwekkend dat Amma, die nu vaak programma's in amfitheaters en stadions geeft, ooit in zo'n kleine plaats darshan heeft kunnen geven.

overwinnen. Als jullie zelfs in kleine dingen lui zijn, hoe kun jullie dan Bevrijding bereiken?"

Door de jaren heen is het aantal mensen dat in Amritapuri (en over de hele wereld) naar Amma komt, blijven toenemen en Ze beeindigt de darshan steeds later. Ten slotte begon de 'ochtenddarshan' ongeveer twee jaar geleden door te gaan tot na halfzeven 's avonds, wat de tijd is waarop Amma gewoonlijk voor de avondbhajans kwam. Als Amma tot zeven of acht uur 's avonds darshan moest geven, kon Ze natuurlijk niet voor de bhajans komen. Toch kwamen de swami's zingen, en alle brahmachari's en ashrambewoners, behalve degenen die direct betrokken waren bij het helpen in de darshanrij, werden verondersteld hierbij aanwezig te zijn. Maar op de dagen dat Amma darshan gaf tijdens de avondbhajans, waren sommige brahmachari's niet aanwezig en deden ander werk of zaten alleen te mediteren. Op een avond was Amma net voor zeven uur klaar met darshan geven. Omdat het al laat was, dachten veel mensen dat Amma niet voor de bhajans zou komen en gingen ze hun eigen weg. Maar toen Amma de wenteltrap bij de darshanzaal afkwam, sloeg Ze niet rechtsaf om naar Haar eigen kamer te gaan, wat iedereen verwacht had, maar ging direct naar de bhajanhal. Ze nam zelfs niet de tijd om andere kleren aan te trekken of Haar gezicht te wassen. Omdat veel brahmachari's niet verwachtten dat Amma voor de bhajans zou komen, waren ze niet aanwezig. Pas toen ze Amma's stem door de luidsprekers hoorden, beseften ze dat Ze er was en kwamen ze allemaal aanrennen. Amma op het podium te zien zitten met Haar haar in de war en Haar sari onder de vlekken van de tranen en make-up van de duizenden volgelingen die Ze die dag omhelsd had, was voor iedereen een hartbrekend gezicht en ze leerden snel de les die Amma hun probeerde te leren. Als Zij zelfs na zo'n inspannende darshan de ashramdiscipline kon volgen, wie kon zich daarvan dan vrijstellen? Als Amma nu tot laat in de avond darshan moet geven, gaan alle brahmachari's naar de avondbhajans. En toch doet Amma alles wat Ze kan om zelf bij de bhajans te zijn. Ze is zelfs begonnen een uur eerder te verschijnen voor de ochtenddarshan en steeds wanneer Ze klaar is, gaat Ze direct naar de bhajanhal.

Succes in het leven komt wanneer we niet zwichten voor wat we graag doen, maar opstaan om te doen wat er gedaan moet worden. De meesten van ons willen alleen doen wat we leuk vinden. Om spiritueel vooruit te gaan, moeten we leren leuk te vinden wat we moeten doen. Om dit te bereiken kunnen we beginnen met de belofte dat we doen wat er gedaan moet worden, of we het leuk vinden of niet. Als we onszelf op deze manier discipline bijbrengen, zullen we vanzelf leuk gaan vinden wat er in iedere situatie nodig is – niet doen wat we graag doen, maar leuk vinden wat we verzocht worden te doen.

We kunnen ons leven niet alleen met emoties leiden. Om een doel te bereiken moeten we discipline toevoegen. Zoals uiterlijke discipline de dingen in de buitenwereld glad laat verlopen, helpt innerlijke discipline orde in onze geest te scheppen, wat dan op het uiteindelijke doel van Zelfrealisatie gericht kan worden.

Hoofdstuk 10

Activiteit, ervaring en wat daar voorbij ligt

A mma zegt dat ons dagelijks leven uit twee primaire elementen bestaat: activiteit en ervaring. Als we weten hoe we op de juiste manier moeten handelen en hoe we onze ervaringen moeten benaderen, kan ons leven betrekkelijk vredig zijn.

Op de juiste manier handelen betekent handelen zonder aan het resultaat gehecht te zijn. In de *Bhagavad Gita* verklaart Heer Krishna: *yogah karmasu kausalam,* wat betekent 'Bekwaamheid in handelen is yoga.' Hiermee bedoelt Krishna niet alleen dat we goed moeten zijn in het verrichten van een bepaalde taak. In dat geval zou iedere bekwame handelaar een yogi zijn. Wat Krishna werkelijk met bekwaamheid in handelen bedoelt, is gelijkmoedigheid van geest handhaven, ongeacht het resultaat van de handelingen die we verrichten. Dit betekent natuurlijk niet dat we geen talent of bekwaamheid nodig hebben. Er zijn bijvoorbeeld mensen die niet goed studeren voor een examen en er helemaal niet door gehinderd worden wanneer ze zakken. Dit kan geen yoga genoemd worden. Ons best doen zonder te piekeren of angstig te zijn over de resultaten wordt yoga genoemd. Oprecht werken zonder onze geest toe te staan van het huidige moment af te dwalen is bekwaamheid in handelen. Dit wordt bedoeld met 'handelen ter wille van de handeling.'

Als we een examen moeten doen, hopen en verwachten we natuurlijk allemaal dat we slagen en we gaan niet naar een sollicitatiegesprek als we verwachten dat we niet aangenomen worden. Als we helemaal geen verwachtingen hadden, zouden we zelfs onze motivatie om goede handelingen te verrichten kunnen verliezen. Dus in plaats van geen resultaat te verwachten kunnen we beter alle resultaten verwachten. Dat wil zeggen we kunnen verwachten dat we aangenomen worden, maar we moeten ook verwachten dat we niet aangenomen worden.

We kunnen denken dat het gemakkelijker is helemaal van activiteit af te zien. Maar de waarheid is dat we als mensen altijd actief zijn, vanaf onze geboorte tot onze dood. Een volgeling van Amma schepte vaak op over zijn gewoonte dat hij iedere nacht twaalf uur of meer sliep. Hij beschouwde dat als dienstverlening aan de mensheid. "In die tijd doe ik in ieder geval niemand kwaad," zei hij mij. Maar de waarheid is dat we activiteit onmogelijk kunnen vermijden, het hoort bij de aard van het leven. Zelfs wanneer we slapen, verricht ons lichaam onwillekeurige activiteit op fysiologisch niveau: ons hart klopt, onze longen nemen lucht in en ons bloed laat zuurstof en voedingsstoffen door ons lichaam circuleren.

In de *Bhagavad Gita* zegt Heer Krishna:

na hi kaścitkṣaṇam api jātu tiṣṭhatyakarmakṛt
kāryate hyavaśaḥ karma sarvaḥ prakṛtijair guṇaiḥ

Niemand kan ooit zelfs maar een moment inactief blijven,
want iedereen wordt hulpeloos tot activiteit aangezet
door de eigenschappen van zijn ingeboren natuur.

(III, 5)

Naast fysieke activiteiten en fysiologische activiteiten verrichten we ook handelingen op het mentale niveau; zelfs denken is een soort activiteit. Hoewel we soms erin slagen stil te zitten, rent onze geest van het verleden naar de toekomst en weer terug. Zolang we geïdentificeerd zijn met het lichaam, de geest en het intellect, zijn we gebonden aan de wetten van de natuur en worden we hulpeloos tot activiteit gedwongen. Als we dit feit accepteren, is het de moeite waard te begrijpen hoe we op de juiste manier moeten handelen.

Sommige mensen kopen bijvoorbeeld een keer per week een lot

in de loterij. Zelfs als ze de loterij niet winnen, worden ze niet kwaad. Ze blijven proberen. Ik bedoel natuurlijk niet dat we loterijloten moeten kopen. Het is gewoon een voorbeeld om te laten zien dat we niet gefrustreerd en gedeprimeerd moeten worden, ook als we niet slagen in onze pogingen om een bepaald resultaat te bereiken. Zolang er een goede kans op succes is, moeten we blijven proberen. Als we oprecht moeite doen en na herhaalde pogingen toch niet slagen, moeten we dat in een positief licht accepteren.

Dit leidt ons naar het andere primaire element bij het leiden van een vredig leven: onze ervaringen op de juiste manier benaderen, zodat iedere ervaring ons helpt spiritueel te groeien en onze gelijkmoedigheid niet verstoort. Amma zegt dat er verschillende manieren zijn waarop we dit kunnen doen.

Een toegewijd iemand zal proberen te zien dat alle ervaringen, zowel de positieve als de negatieve, van God komen of van de Guru komen. Als we dat doen, liegen we niet tegen onszelf. Hoewel dit het resultaat van ons karma is, functioneert de wet van karma alleen door God. Zelfs zij die geen vertrouwen in God of spirituele wetten hebben, geloven dat we uiteindelijk een goed resultaat zullen krijgen als we iets goeds doen, en een slecht resultaat als we iets slechts doen. Iedereen is het ermee eens dat het resultaat niet onmiddellijk hoeft te komen. Het enige verschil tussen dit van gezond verstand getuigende begrip en het spirituele perspectief is dat volgens de wet van karma het resultaat niet in dit leven hoeft te komen. Daarom kunnen we sommige mensen erg zien lijden, terwijl ze hun hele leven niets verkeerd gedaan lijken te hebben, terwijl er ook mensen zijn die alleen schadelijke handelingen verrichten en die het goed lijkt te gaan. In dit geval is de enige verklaring dat iedereen het resultaat van de handelingen ervaart die hij in een vorig leven verricht heeft. Later, in dit leven of een volgend leven, zal die persoon de gevolgen moeten ervaren van de handelingen die hij nu verricht, goed of slecht.

Een man gaat zitten om de krant te lezen wanneer er op zijn deur geklopt wordt. Als hij de deur opendoet, ziet hij een slak op zijn stoep. "Goede avond," zegt de slak. "Ik zamel geld in voor het

Slakken Liefdadigheidsfonds. Zou u een donatie willen geven?"
De slak krijgt antwoord doordat de man hem in de struiken trapt.
Twee weken later wordt er weer op de deur geklopt. Opnieuw
ziet de man een slak op zijn stoep. "Dat was niet erg aardig!" roept
de slak uit.

Alles wat ons overkomt, is ons eigen *prarabdha* oftewel de gevolgen van onze eigen handelingen die we in dit leven moeten ervaren.
We kennen allemaal de uitdrukking 'Dood de boodschapper niet.'
Deze uitdrukking vindt zijn oorsprong in de oorlogsvoering, wanneer de ene partij een ongewapende man naar de vijand zond om
een boodschap af te geven. Iedereen begreep dat de boodschapper
niet gestraft diende te worden, zelfs niet als hij ongunstig nieuws
bracht. De boodschapper doet alleen zijn plicht. We kunnen eenzelfde houding aannemen tegenover degenen die ons mishandelen
en iemand die ons bekritiseert of uitscheldt als niet meer dan een
boodschapper zien die ons de gevolgen van onze eigen handelingen
uit het verleden aflevert. Het is een wet van het universum, dat ons
geen tegenspoed zal overkomen, als we niets gedaan hebben om
tegenspoed te verdienen in dit leven of een vorig. Daarom heeft het
geen zin om kwaad te worden op iemand die ons mishandelt. We
kunnen hem zelfs dankbaar zijn dat hij ons helpt ons overgebleven
prarabdha uit te putten.

Tegelijkertijd moeten we niet vergeten dat we van iedere pijnlijke
of onplezierige situatie iets kunnen leren. Zelfs als we ten onrechte
de schuld van iets krijgen, kunnen we van onze reactie leren. We
kunnen de situatie gebruiken als een mogelijkheid om meer vriendelijkheid, geduld en liefde te ontwikkelen.

Vele jaren geleden stond ik op enige afstand van waar Amma
darshan aan het geven was en kreeg ik ruzie met een volgeling. Ik
kan me het onderwerp van de onenigheid niet meer herinneren,
maar ik herinner me dat Amma me plotseling onderbrak en naar
zich toe riep. Toen ik naar Amma toe ging, zei Ze tegen me: "Je
gezicht ziet er uit als een *ondu* (een soort tuinhagedis uit Kerala, die
erom bekend is dat hij uitzonderlijk lelijk is)."

Toen Amma dit zei, was ik erg van streek. "Per slot van rekening hebben veel mensen me verteld dat ik knap ben," dacht ik. "Waarom zegt Amma het tegenovergestelde?" De volgende dagen riep Amma me nog verscheidene malen en zei met hetzelfde. Hoewel ik geschokt was, reageerde ik uiterlijk niet, maar accepteerde Amma's woorden. De derde keer dat Ze het me zei, kwam mij plotseling een incident uit het verleden voor ogen. Het was vele jaren geleden gebeurd, voordat ik Amma ontmoet had, toen ik nog op de universiteit zat. In die tijd had ik een vriend die een ietwat merkwaardig gezicht had. Op een dag zei ik zomaar tegen hem: "Je gezicht lijkt op een rat." Ik zei het terloops zonder erover te denken, maar mijn vriend vatte het erg serieus op. Daarna sprak hij meerdere dagen niet meer met me en als ik hem soms zag, kon ik zien dat hij gehuild had.

Uiteindelijk kwam hij naar me toe en zei: "Ramakrishna, wat je zei heeft me echt pijn gedaan. Ik heb me nooit in mijn leven zo rot gevoeld als toen je dat zei." Ik zei hem dat het me speet, maar het was nooit meer helemaal hetzelfde tussen ons en het was duidelijk dat hij erg pijnlijk getroffen was door wat ik tegen hem had gezegd.

Men zegt dat een onschuldig iemand laten huilen een van de beste manieren is om Gods genade tegen te houden. Toen ik me dat voorval herinnerde, begreep ik dat dit Amma's manier was om negatief karma te verwijderen dat ik me lang geleden op de hals gehaald had door die woorden te spreken. Daarna kon ik Amma's woorden zonder zelfs maar een spoortje negativiteit in mijn hart accepteren.

Zij die vertrouwen in God hebben, denken altijd dat God ons de gevolgen van onze handelingen laat ervaren. Voor een echte zoeker of een volmaakte toegewijde bestaat er niet zo iets als pijn of genot. Alles is een geschenk van God of een zegen van de Guru.

Er is een verhaal over Zushia, een befaamde rabbi die ongeveer tweehonderd jaar geleden leefde. Rabbi Zushia werd alom gerespecteerd omdat hij een vroom, eenvoudig en toegewijd leven leidde. In een stad vlak bij waar Rabbi Zushia woonde was een rabbijnse hogeschool. De studenten bestudeerden de *talmud* en kwamen bij de passage die zegt: "We moeten God zowel voor het goede als het slechte bedanken." Dit bracht de studenten in verwarring. God voor het goede bedanken is begrijpelijk en redelijk, maar God voor het slechte bedanken? Dat sloeg nergens op.

Ze brachten deze vraag onder de aandacht van de decaan van de hogeschool. Hij streek over zijn baard en peinsde over de vraag. "Dit is een vraag die alleen Rabbi Zushia kan beantwoorden. Ga naar zijn huis en vraag het hem."

Rabbi Zushia woonde in een afgezonderd gebied buiten de stad. De studenten liepen de stad uit het bos in. Ze volgden een nauw pad en kwamen weldra bij een vervallen schuurtje dat de verblijf-plaats van de rabbi was. De ramen waren gebroken, het dak moest gerepareerd worden en er zaten grote barsten in de muren. Toen de rabbi hen begroette en hen binnenliet, zagen ze de diepe armoede waarin hij leefde. Er waren weinig stoelen en die waren wankel. De andere meubelen waren prutswerk en in een slechte toestand.

De rabbi excuseerde zich dat hij hun niets te eten aan kon bie-den en vroeg hun of een glas heet water misschien voldoende was.

De studenten legden uit dat ze gekomen waren om hem deze vraag te stellen: "Waarom staat er in de *Talmud* dat we God zowel voor het goede als het slechte moeten bedanken?"

"Waarom zijn jullie naar mij gekomen om die vraag te stellen?" reageerde Rabbi Zushia. "Ik begrijp het ook niet. Er is me nooit iets slechts overkomen. Is het mogelijk dat God iets slechts doet?"

Een toegewijde heeft altijd het vertrouwen dat God precies weet wat hij nodig heeft en hem dat altijd zal geven. Zelfs bittere ervaringen worden geaccepteerd als voor eigen bestwil op dezelfde manier dat men gewillig een bitter medicijn drinkt wanneer men weet dat het een ziekte geneest.

Vanaf het standpunt van Vedanta, de hoogste spirituele filosofe van Sanatana Dharma, is er een andere toestand voorbij handelen en ervaren die *saakshi bhava* of de toestand van getuige zijn genoemd wordt. In de toestand van getuige zijn identificeren we ons niet al-leen niet met de resultaten van onze handelingen, we identificeren ons ook niet met de handelingen zelf. Alles wat we doen is een spontane reactie op de omstandigheden die zich aan ons voordoen. We zullen alles doen wat in een gegeven situatie nodig is, maar in die staat blijven we als een getuige zowel van onze handelingen als onze ervaringen. We zijn alleen met de Atman geïdentificeerd, het Zuiver Bewustzijn dat al het leven verlicht.

In deze tijd kunnen we dat natuurlijk niet doen. Als we honger hebben of als we eten of pijn hebben, zijn we geïdentificeerd met het lichaam. Wanneer we boos of bedroefd zijn, zijn we geïdentificeerd met de geest. En steeds wanneer we een beslissing nemen, zijn we geïdentificeerd met het intellect.

De deur naar de toestand van getuige zijn bevindt zich recht voor ons. Hij is verborgen achter deze alledaagse activiteiten die zoveel van onze energie en aandacht absorberen.

Wanneer we honger hebben, weten we 'ik heb honger.' Wanneer we boos zijn, weten we 'ik ben boos.' En wanneer we in de war zijn, weten we 'ik ben verward.' Dat betekent dat het lichaam, de geest en het intellect alledrie voorwerp van onze waarneming zijn. Voor ieder voorwerp dat we waarnemen, moet er een subject zijn dat zich van het voorwerp bewust is. Dit bewustzijn, het eeuwige subject, is onze *Atman*, ons ware Zelf. Ons met die toestand identificeren is de echte saakshi bhava.

We beschouwen het bewustzijn in ons als een bewustzijn dat gescheiden is van het bewustzijn van de persoon naast ons. Maar de oude wijzen keken diep naar binnen en vonden dat dit subjectieve bewustzijn niet tot een bepaald iemand behoort. Het is hetzelfde in alle wezens.

Amma wijst erop dat we deze grote waarheid zelfs in ons dagelijks leven tegenkomen. Wanneer we ons voorstellen, zeggen we "Ik ben Jan" of "Ik ben Lakshmi." En we kunnen iemand ook vertellen "Ik ben christen" of "Ik ben jood," "Ik ben advocaat," "Ik ben monnik" enzovoorts. We kunnen zien dat bij al deze schijnbare verschillen 'ik ben' gemeenschappelijk is. Dat 'ik' is niet verschillend in verschillende mensen, maar is hetzelfde Zelf dat als bewustzijn in alle wezens aanwezig is. Amma geeft het voorbeeld van een begrafenisstoet die voorbijkomt. Toen de persoon nog in leven was, zouden we gezegd hebben "Daar gaat Peter," maar nu hij dood is, zeggen we dat niet. In plaats daarvan zeggen we "Daar gaat Peters lichaam." Dit betekent dat Peter niet het lichaam is, maar iets daaraan voorbij. Zelfs wanneer iemand in leven is, praten we op eenzelfde manier. We kunnen zeggen: "Zijn lichaam is erg sterk" of "Zijn geest is zwak." Ook: "Zij heeft een zeer scherp intellect." Maar we staan nooit stil om na te denken wie die 'hij' is waarnaar we verwijzen.

Of we het weten of niet, we erkennen dat er steeds iets is voorbij het lichaam, de geest en het intellect, maar we zijn niet in staat dit feit in onze directe ervaring te integreren.

In dit opzicht vertelt Amma het volgende verhaal: Een vrouw verliest haar zoon bij een auto-ongeluk en ze is begrijpelijkerwijze radeloos. Haar buurvrouw troost haar door te verwijzen naar de geschriften en het onderricht van de Gerealiseerde Meesters en zegt: "Jij bent niet het lichaam, je bent de Atman. De Atman is alomtegenwoordig, wordt nooit geboren en sterft nooit. Waarheen kon je zoon daarom gaan?"

De verdrietige moeder krijgt veel kracht door het advies van haar buurvrouw. Een maand later komt de man van de buurvrouw op het werk door een ongeluk om het leven. Dan probeert de vrouw die haar zoon de vorige maand verloren heeft, haar buurvrouw te troosten met dezelfde spirituele wijsheid die de buurvrouw haar een maand geleden gegeven had. Maar nu is de buurvrouw niet te troosten. De vrouw zegt: "Afgelopen maand heb je me al deze spirituele waarheden verteld. Waarom luister je er nu niet naar?"

"Dat was toen *jouw* zoon stierf," legde de vrouw uit. "Maar nu hebben we het over *mijn* man!"

Zo is het ook gemakkelijk getuige te zijn van de ervaring van anderen, maar wanneer het onze eigen ervaring is, dan is het een heel ander verhaal.

Een pundit gaf lessen over Vedanta in een ashram in het bos. De pundit vertelde de studenten steeds opnieuw: "Alleen de Atman, het Zelf, is eeuwig. Al het overige is *maya* (illusie). Loop niet in de val van maya."

Plotseling kwam er een enorme mannetjesolifant met lange scherpe slagtanden wild uit het bos op de ashram afstormen. Omdat de pundit op een platform zat dat op het bos uitkeek, was hij de eerste die de olifant aan zag komen. Hij was ook de eerste die begon te rennen. Toen de studenten de pundit zagen rennen, stonden zij ook allemaal op en renden hem achterna. Een leerling zei, nadat hij zich in veiligheid gesteld had: "Punditji, ik heb nooit geweten dat u zo snel kon rennen! Tussen haakjes, u zei dat alles maya is, maar wanneer alles maya is, waarom rende u dan toen u de olifant zag?"

De pundit die zijn kalmte al weer herwonnen had, zei bedaard: "Het is waar dat de olifant maya is, maar dan was mijn wegrennen ook maya." De pundit kon vanuit zijn intellect lesgeven, maar onder de druk van de omstandigheden miste hij de mentale kracht om dit onderricht ook te leven.

In dezelfde trant heb ik een waar gebeurd verhaal gelezen over het maken van een recente film over de laatste uren van Christus' leven. Tijdens de opnamen van de film deed de acteur die Jezus uitbeeldde, alsof hij gegeseld werd door stuntmannen die echte leren zwepen hadden, en hij de mishandeling met bovenaards geduld en vergeving onderging. Een van de stuntmannen sloeg hem per ongeluk met de zweep. Zoals ieder van ons in een dergelijke situatie zou doen, schreeuwde de acteur het onmiddellijk uit van de pijn en vervloekte kwaad de stuntman.

Het is gemakkelijk te doen alsof we erg geduldig en vergevend zijn, maar onder moeilijke omstandigheden glijden we gewoonlijk terug naar onze negatieve eigenschappen als kwaadheid en ongeduld, of duiken we er halsoverkop in. Iedereen kan de geschriften aanhalen en zeggen "Ik ben het Hoogste Bewustzijn," maar wie onder ons kan dit in praktijk brengen en onder alle omstandigheden in het leven blijk geven van echte goddelijke eigenschappen?

Iemand met een volkomen zuivere geest kan zijn ware aard realiseren door alleen maar naar de woorden van de Meester te luisteren. Voor de grote meerderheid van ons is het echter niet genoeg als de Meester ons zegt: "Jij bent het Hoogste Wezen." Dit komt doordat onze ware aard schuilgaat achter lagen van onwetendheid die bestaan uit verlangens, gehechtheid en een sterke identificatie met ons beperkte ego. Amma vertelt het volgende verhaal.

Een Guru zond eens twee leerlingen naar de markt om inkopen voor de ashram te doen. Toen ze terugkwamen, was een leerling duidelijk afgetuigd en de ander was rood van woede.

De Guru vroeg de leerlingen wat er gebeurd was.

De eerste leerling zei: "Hij heeft me bont en blauw geslagen!"

De tweede leerling zei: "Omdat hij me een aap noemde!"

De Guru berispte de tweede leerling en zei: "Hoewel ik je de afgelopen jaren honderden keren gezegd heb 'Je bent niet het lichaam, de geest of het intellect, je bent het Hoogste Bewustzijn,' geloofde je me nooit. Maar als je broer je maar één keer een aap noemt, geloof je hem."

Hoewel de leerling naar de woorden van de Guru en de uitspraken uit de geschriften geluisterd had, was het niet diep tot zijn hart doorgedrongen.

Amma heeft vele malen laten zien dat een volledig zuivere geest spontaan reageert op uitspraken over God en meteen goddelijkheid ervaart. Toen Ze pas 16 jaar oud was, kwam Ze toevallig langs een voorlezing van de *Srimad Bhagavatam* in een huis in de omgeving. Toen de voorlezer het verhaal van het leven van Heer Krishna begon te reciteren, werd Amma spontaan helemaal geïdentificeerd met de Heer. Iedereen in het huis werd onweerstaanbaar aangetrokken tot Haar prachtige glimlach en betoverende stemming. Dit was het begin van Amma's Krishna Bhava darshan.

In het grote Indiase epos de *Ramayana* moet Hanuman snel naar Lanka reizen om een boodschap over te brengen aan Sita, die de geliefde van zijn Heer Rama is en door de demonenkoning Ravana gevangen gehouden wordt. Hanuman is een God en heeft geweldige vermogens, maar in zijn jeugd treiterde hij de *rishi's* (zieners) met allerlei streken en poetsen. Daarom vervloekten ze hem dat hij zijn vermogens vergat. Later zegenden ze hem en zeiden dat hij zich zijn vermogens weer zou herinneren en kunnen gebruiken, als iemand hem daaraan herinnerde. Dus toen Hanuman wanhopig op het strand in de richting van Lanka stond te kijken, werd hij omringd door het apenleger van Heer Rama, dat wist dat alleen Hanuman naar Lanka kon springen. Toen ze zijn lof begonnen te zingen en hem aan zijn verborgen vermogens herinnerden, herinnerde hij zich onmiddellijk zijn goddelijke natuur en kon de situatie aan door de zee over te steken en Lanka in één reusachtige sprong te bereiken.

Net als Hanuman zijn wij onze goddelijke aard vergeten. De vele uitspraken uit de geschriften, zoals 'Gij zijt dat,' zingen de lof van ons eigen ware Zelf om ons eraan te herinneren wie we werkelijk zijn.

De geschriften vertellen ons dat we om één te worden met het Allerhoogste een proces van drie stappen moeten volgen: luisteren, nadenken en contemplatie. De eerste stap wordt *sravanam* (luisteren) genoemd, wat het luisteren naar of lezen van het onderricht van de geschriften en van de Grote Meesters betekent. We lezen in de geschriften en horen van de Meesters dat we niet het lichaam, de geest of het intellect zijn, maar de Atman die deze drie tot leven brengt.

Maar omdat onze geest niet zuiver is, ontstaat er twijfel wanneer het onderwijs van de Meester in strijd is met onze dagelijkse ervaring. De Meester zegt: "Je bent oneindig Bestaan, Bewustzijn en Gelukzaligheid," maar onze ervaring is dat we beperkt, vol verdriet en onderworpen aan de ondergang zijn. Daarom is de volgende stap na sravanam *manamam* (nadenken), wat diep nadenken over het onderwijs van de meester is. Wanneer de Meester tegen de golf in de oceaan zegt: "Je bent onbegrensd," moet de golf eerst begrijpen dat hij beperkt is zolang hij zich met een golf identificeert, maar wanneer hij zijn ware aard als de uitgestrekte oceaan realiseert, hij onbegrensd wordt.

Heer Rama vroeg Hanuman eens: "Wie ben je?"

Hanumans antwoord laat heel mooi de verschillende perspectieven zien waarmee we het Allerhoogste kunnen benaderen: "Heer, wanneer ik denk dat ik dit lichaam ben, ben ik Uw dienaar. Wanneer ik me als een *jiva* (individuele ziel) zie, ben ik een deel van U. Wanneer ik me als de Atman zie, ben ik U. Dit is mijn overtuiging. Hanuman wist dat zijn relatie met de Heer afhing van hoe breed het perspectief was dat hij kon innemen.

Door nadenken gaan we inzien dat we niet het beperkte lichaam, geest en intellect zijn, maar het onbegrensde Bewustzijn. Wanneer we er intellectueel zonder de minste twijfel van overtuigd zijn, dat dit de Waarheid is, moeten we deze lering zo diep in ons opnemen dat we onze foutieve identificatie met het lichaam, de geest en het intellect transcenderen en volledig geïdentificeerd worden met Bewustzijn. Dit proces wordt *nidhidhyasanam* of contemplatie genoemd.

Bij contemplatie maakt de leerling er een gewoonte van constant te denken, bij iedere handeling en iedere ervaring: "Ik ben niet het lichaam of de geest, ik ben het zuivere Bewustzijn zonder begin of einde." Ons antwoord op iedere situatie, als er een gewenst is, moet door die Waarheid geleid worden. Door voortdurend gedachten aan het onderricht van de Meester te handhaven en oprecht de instructies van de Meester op te volgen wordt de leerling zuiver genoeg om de Waarheid te realiseren. De gerealiseerde Meester is als een lucifer-doosje, terwijl de volledig ontwikkelde leerling als een droge lucifer is: een beetje wrijving met het lucifersdoosje en het vat vlam. Maar alleen de genade en de leiding van de Meester kan de leerling naar die volledig ontwikkelde staat leiden.

We kunnen slaap niet dwingen te komen. We kunnen in een comfortabel bed gaan liggen, ervoor zorgen dat het in de kamer donker en rustig is en dat we het warm genoeg hebben, maar wanneer het erop aankomt in slaap te komen, kunnen we alleen maar geduldig wachten. Zoals de behoefte aan slaap iedere andere gedachte verdrijft en iemand naar de slaapkamer sleurt, zo verdrijft de voortdurende contemplatie over de Vedantische waarheid van non-dualiteit iedere andere gedachte in de geest van de leerling. De leerling wordt echter alleen door de genade van de Guru tot die hogere staat opgetild.

De weg van de Vedanta, oftewel het realiseren van de Waarheid door directe studie en nadenken over de Waarheid, die geen naam en vorm heeft, is uiterst moeilijk. Voor de meeste mensen is deze weg niet geschikt. Zelfs Adi Sankaracharya die opnieuw de suprematie van de Advaita-filosofie van non-dualiteit vestigde, schreef veel lofhymnen op de Goddelijke Moeder, omdat hij wist dat de weg van Advaita voor de meeste mensen erg moeilijk te volgen is. Buddha stond een non-dualistische weg voor en droeg zijn volgelingen op hem noch enige vorm te aanbidden. En toch is nu het grootste religieuze beeld ter wereld dat van Buddha. Dit toont dat voor de overgrote meerderheid van de mensen aanbidding van een vormloze God moeilijk of onmogelijk is.

In de *Bhagavad Gita* zegt Heer Krishna:

> *Groter is de moeilijkheid voor hen die hun geest op het onmanifeste gericht hebben,*
> *want het doel van het onmanifeste is erg moeilijk te bereiken voor iemand met een lichaam.*

12.5

Voor de meesten van ons is het voldoende als we eraan denken op de juiste manier te handelen en te ervaren. Als we kunnen handelen met het begrip dat we slechts een instrument in Gods handen zijn of eraan blijven denken dat we het recht hebben om te handelen, maar niet om het resultaat van het handelen te bepalen, kunnen we een toestand van gelijkmoedigheid tegenover onze ervaringen bereiken, die heel veel op getuige zijn lijkt. Op de devotionele weg bereiken we ook een punt waar we niet meer door goed of slecht, succes of mislukking, geluk of verdriet geraakt worden. Als we ons overgeven aan Gods wil of de wil van de Guru, doen we nog steeds moeite en doen ons best om onze doelen te bereiken, maar als we niet slagen of met tegenspoed te kampen krijgen, accepteren we het met een gelijkmoedige geest en een rustig hart. Als onze inspanningen succes hebben, accepteren we dat ook als de genade van onze Meester.

Als we een tempel bezoeken, aanbidden we de godheid daar en

bieden de tempelpriesters ons wat prasad aan. Het kan payasam, fruit of noten zijn. Wat het ook is, we accepteren het als een kostbaar geschenk van de Heer. Op de devotionele weg breiden we deze dynamiek uit en passen het toe op ieder aspect van ons leven. We zien al onze handelingen als aanbidding van de Guru en we zien de resultaten van onze handelingen en ook alle andere ervaringen die we ondergaan, als prasad van de Guru. Zo zijn we niet in de wolken bij succes en niet depressief bij mislukking. We zijn veeleer altijd tevreden. Dit gevoel van gelijkmoedigheid komt hieruit voort dat we ons best doen ons over te geven aan God of de Guru. Door overgave laten we ons ego los, ons besef van 'ik' en 'mijn,' en zien alles alleen als God of de Guru.

Op de ene weg zien we alles als God en op de andere zien we alles als het Zelf. Amma zegt dat het aanbidden van God met vorm ons naar een punt brengt vanwaar het heel gemakkelijk is het Hoogste Zelf te realiseren en dat God zelf een echte toegewijde die de toestand van hoogste devotie heeft bereikt, naar de realisatie van de niet-duale toestand zal leiden.

Hoofdstuk 11

Het paard vóór de wagen spannen: het belang van aanbidding begrijpen

In de wereld van vandaag twijfelen veel mensen aan de waarde van de aanbidding van God of een levende Meester. Soms vragen de mensen Amma: "Omdat vorm uiteindelijk een illusie is, is Vedanta daarom niet tegen aanbidding van iedere vorm?" of "Als de Hoogste Waarheid geen naam en vorm heeft, waarom moeten we dan mediteren op een God met eigenschappen als Ganesha, Shiva of Kali? Waarom moeten we op een Guru mediteren?"

Iedereen die een gevorderde tekst als de Upanishaden oppakt, kan dergelijke schijnbaar intelligente vragen formuleren, omdat de Upanishaden contemplatie op het vormloze Brahman als de hoogste vorm van spirituele beoefening prijzen. Degenen die meer op het intellect gericht zijn, kunnen door zulke teksten geïnspireerd worden en kunnen zelfs voor meditatie op Brahman kiezen als hun belangrijkste spirituele oefening. Maar als ze dat zonder de juiste leiding doen, maken ze zelden spirituele vooruitgang.

Natuurlijk is studie van de geschriften essentieel voor iedere spirituele zoeker, maar als we de geschriften benaderen, moeten we voorzichtig zijn waar we beginnen. Tegenwoordig zijn veel geschriften gemakkelijk verkrijgbaar. Ze zijn in veel talen vertaald en uitgegeven en zijn zelfs op het internet te lezen. Maar veel Engelse vertalingen zijn geschreven zonder begrip van de diepere betekenis van wat er in de geschriften gezegd wordt. Het Sanskriet woord *pashu* bijvoorbeeld kan met 'koe' vertaald worden, maar het kan ook met 'ego' vertaald worden. Daarom zeggen enkele zeer populaire vertalingen dat de geschriften het slachten van koeien voorstaan, terwijl een juistere vertaling van precies hetzelfde vers zal zeggen dat de geschriften ons vertellen dat we ons beperkt ego moeten transcenderen en onze eenheid met het Universele Zelf, de Atman, moeten ervaren.

Op een keer waren de *deva's* (hemelse wezens), de *asura's* (demonen) en de mensen allemaal *tapas* (ascese) aan het doen. Plotseling hoorden ze de klank 'da' door de lucht weergalmen. Ze vatten het allemaal als een boodschap van God op, maar ieder interpreteerde de boodschap op een andere manier. De mensen dachten dat 'da' *danam* of liefdadigheid betekende. Ze dachten dat God hun zei dat ze vrijgeviger moesten zijn. Ondertussen dachten de asura's dat het *daya* of mededogen betekende. En de deva's dachten dat de klank hun zei meer *damam* of beteugeling van de zintuigen te beoefenen. Het is niet verbazingwekkend dat de grootste tekortkoming van de mensen hun egoïsme was, de asura's wreed en hardvochtig waren en de deva's zich steeds overgaven aan de genoegens van het hemelrijk. Ieder stelde zich voor dat God hun zei een deugd te ontwikkelen die overeenkwam met zijn zwakte.

Op dezelfde manier interpreteert iemand de geschriften volgens zijn niveau van begrip.

De geschriften zijn pas onlangs opgeschreven. In de dagen van weleer werden de geschriften mondeling in een *gurukula* (traditionele school) onderwezen. De Guru reciteerde de geschriften en de studenten konden alles onthouden. Zij onderwezen dan hun leerlingen uit hun geheugen. Daarom is een ander woord voor de geschriften in het Sanskriet *shruti*, 'dat wat overgedragen werd door te luisteren'. Omdat de studenten het direct uit de mond van de Guru konden horen, was er geen misverstand. Nu is het allemaal gedrukt en iedereen kan het lezen en in verwarring raken. In feite verkeren we al in verwarring en door gevorderde geschriften te lezen worden we nog meer verward. Het beetje duidelijkheid dat we hadden, zal verdwijnen als we deze geschriften lezen zonder de leiding van een Gerealiseerde Meester.

Het is goed met de *Bhagavad Gita* te beginnen, maar Amma beveelt altijd aan dat we de eigenschappen van onschuld, devotie en overgave aan God ontwikkelen, zelfs voordat we deze beroemde tekst beginnen te lezen. Daarvoor moeten we de boeken van grote toegewijden van God lezen, toegewijden van de Heer die deze kwaliteiten in overvloed bezaten. Het is zeer belangrijk dat we deze eigenschappen ontwikkelen voordat we de geschriften gaan bestuderen, omdat de geschriften ons vertellen dat we het Hoogste Zelf zijn en al het andere een illusie is. Als we de geschriften bestuderen zonder eerst de noodzakelijke eigenschappen te ontwikkelen, zullen we gaan denken: "Waarom zou ik spirituele oefeningen doen, waarom zou ik naar een Meester gaan? Ik ben de Waarheid en daarom kan ik doen wat ik wil."

Om de onjuistheid van deze houding te illustreren geeft Amma het voorbeeld van het zaadje en de boom. Natuurlijk kan een enorme, bloeiende boom schaduw, vruchten en bloemen geven aan iedereen die voorbijkomt. Maar kan het zaadje er prat op gaan dat het de wereld zulke geschenken kan geven? Hoewel de boom in het zaadje vervat is, moet het eerst onder de grond gaan, openbreken, wortel schieten, een klein boompje worden en langzaam een grote boom worden. Wat heeft dat het dan voor zin dat gewone mensen lopen te verkondigen: "Ik ben Brahman"? Het moet onze eigen ervaring worden.

We kunnen de Waarheid niet blijvend ervaren door alleen maar gevorderde teksten te lezen, maar tegelijkertijd kunnen we alleen door kennis Zelfrealisatie bereiken. Alle meditatie, seva en andere spirituele oefeningen die we doen, zijn alleen om onze geest te zuiveren. Ze kunnen ons niet direct naar Bevrijding leiden. Dat komt doordat het Zelf niet iets is wat nieuw geschapen wordt. Het Zelf is er al. Het is overal aanwezig en heeft altijd bestaan. Als we Bevrijding bereiken, verkrijgen we in feite niets, maar realiseren de waarheid van wat er al is. Daarom wordt het Realisatie genoemd. Als we bijvoorbeeld onze bril verliezen, zullen we er overal naar zoeken. Maar wat gebeurt er als iemand ons zegt dat we onze bril al ophebben? Krijgen we dan iets wat we verloren hadden? Onze bril was de hele tijd op onze neus, we moesten ons er alleen bewust van worden.

Daarom zegt men dat we het Zelf niet kunnen realiseren door iets specifieks te doen zoals het herhalen van een vastgesteld aantal mantra's of een vastgestelde tijd mediteren. Zoals de zon die schuilgaat achter de wolken, tevoorschijn komt als de wolken wegdrijven, zo zal ook echte *jnana* (de kennis dat we het Zelf zijn) natuurlijk en moeiteloos in ons dagen, wanneer onze innerlijke onzuiverheden, vasana's en andere psychische storingen langzaam verwijderd worden door onze spirituele oefeningen en de genade van de Guru. Wanneer we ons bewust worden: "Ik ben Brahman," met dezelfde mate van onwankelbare zekerheid waarmee we nu zeggen: "Ik ben een mens," dan kunnen we spreken van Zelfrealisatie.

Toen ik meer dan 27 jaar geleden naar de ashram kwam, was het eerste boek dat Amma mij en de andere brahmachari's te lezen gaf, het leven en het onderricht van Sri Ramakrishna Paramahamsa. Als we boeken lezen over Grote Meesters die zoveel devotie, nederigheid en onschuld hadden, zuivert dat ons hart. Als iemand egoïstisch en trots is, zijn we niet onder de indruk. Maar als we iemand vinden die echt nederig is, die echt onschuldig is, maakt die manier van zijn indruk op ons. Amma zegt dat een onschuldig, simpel hart de sleutel tot vooruitgang in spiritualiteit is: "Iemand die echt op zoek naar de Waarheid is, zal nederig en eenvoudig zijn. De genade van de Guru zal alleen naar zo iemand stromen. Om echt spiritueel te leven en echte spirituele ervaring te verkrijgen moet men de eigenschappen liefde, nederigheid en onschuld ontwikkelen."

Als we de geschriften lezen, kunnen we daarin beschrijvingen van verschillende spirituele oefeningen vinden, maar deze oefeningen zijn niet voor iedereen. Zonder de leiding van een Echte Meester zal het heel moeilijk voor ons zijn om te weten op welke manier we moeten oefenen. Amma geeft het voorbeeld van een zeer krachtig tonicum om de gezondheid, energie en vitaliteit te verbeteren. Het middel is goed voor ons, maar als we de hele fles opdrinken, omdat we denken dat dit beter voor ons is, zal het onze gezondheid bederven. Als we het volgens de voorgeschreven dosis innemen, zal het heel weldadig voor ons zijn.

Tijdens Amma's eerste wereldtournee in 1987 las een brahmachari de ingrediënten op een fles met pruimensap en zag dat het heel rijk aan vitamine C was. Omdat een dokter hem onlangs had aangeraden meer vitamine C te nemen, besloot hij de hele fles op te drinken. In die tijd waren we nooit buiten India geweest en hadden nooit eerder sap in flessen gezien. De brahmachari was heel voldaan over zijn beslissing de hele fles op te drinken en vertelde ons hoeveel vitamine C hij genomen had. Maar binnen een paar uur kreeg hij zo'n vreselijke diarree, die drie dagen duurde, dat hij zelfs niet naar Amma's programma's kon komen. Als iemand die iets van pruimensap af wist, hem gewaarschuwd had om niet te veel te nemen, had hij baat kunnen vinden bij het drinken van de aanbevolen hoeveelheid.

Zo ook worden velen van ons die met spiritualiteit in aanraking komen, aangetrokken door de mystieke verzen en beloften van eeuwige gelukzaligheid, die we in de geschriften en spirituele boeken aantreffen. Het probleem ontstaat wanneer we proberen de spirituele principes in de praktijk te brengen. We hebben het advies van een Meester nodig om te weten welke spirituele oefeningen goed voor ons zijn en hoeveel we iedere dag moeten beoefenen.

Het twaalfde hoofdstuk van de *Bhagavad Gita* beschrijft de weg van devotie als een groei van *saguna* (met vorm) naar *nirguna* (vormloos). Dit elementaire begrip van de weg is natuurlijk essentieel, maar we kunnen het alleen onder de leiding van een levende Satguru in praktijk brengen. De Echte Meester is het hoogtepunt van alle onderricht dat we in de geschriften tegenkomen. Hij belichaamt niet alleen het onderricht, maar hij geeft ook het persoonlijke contact dat we nodig hebben om door te gaan op de weg. Er is misschien één

Buddha of Ramana Maharshi[115] op miljoenen mensen, maar voor alle andere mensen is het alleen mogelijk de geest te transcenderen en het oneindige te bereiken, wanneer ze onder leiding staan van een Gerealiseerde Ziel die die toestand al bereikt heeft.

Het kost niet veel moeite ons te herinneren hoe we waren voordat we Amma ontmoetten. We hebben misschien wat spirituele boeken gelezen en misschien zelfs meditatie uitgeprobeerd, maar al onze pogingen zullen erg middelmatig geweest zijn vergeleken met wat we in Amma's aanwezigheid kunnen doen. Als we Amma niet ontmoet hadden, zouden we nu waarschijnlijk nog in bijna dezelfde conditie zijn. Totdat we de Guru ontmoeten, blijft al het onderricht dat we tegenkomen, objectieve begrippen, die we niet volledig in ons op kunnen nemen en in de praktijk kunnen brengen. Zelfs als we een tijd oefenen, valt alles in duigen als er zich moeilijke omstandigheden in ons leven voordoen, en zijn we weer terug bij af.

Zelfs degenen die het vormloze aanbidden hebben een Guru om hen te leiden. Nisargdatta Maharaj had een Guru die hem op die weg instrueerde en door eenvoudig sterk vertrouwen te hebben in het onderricht van zijn Guru kon hij het doel binnen korte tijd bereiken. Ook toen hij stevig in de non-duale toestand gevestigd was, aanbad hij de afbeelding van zijn Guru tot zijn laatste adem. Amma zegt: "Een echte leerling kan zeggen: 'Ik ben één met God,' maar hij zal nooit zeggen: 'Ik ben één met de Guru,' zelfs nadat hij zijn eenheid met het hele universum gerealiseerd heeft. De leerling weet dat het alleen de genade van de Guru was die hem in staat

---

[1] Sri Ramana Maharshi, de heilige van Arunachala, realiseerde het Zelf toen hij achttien was, nadat hij op de vloer was gaan liggen en zich voorstelde hoe het zou zijn te sterven. Er zijn andere gevallen van mensen die Bevrijding hebben bereikt zonder de leiding van een Guru, maar zij zijn uiterst zeldzaam. Deze individuen hadden zeker een Guru in hun vorige leven en moeten op de rand van Zelfrealisatie gestaan hebben toen ze stierven. Ze hadden alleen nog een klein duwtje nodig — of moesten alleen een klein beetje overgebleven prarabdha uitputten — om het doel te bereiken.

stelde Realisatie te bereiken, en daarom zal hij altijd een gevoel van hoogste eerbied en devotie tegenover de Guru hebben." Natuurlijk is voor de meesten van ons de spirituele weg een lang proces dat veel geduld en hard werk vereist, of we nu God met vorm aanbidden of op het vormloze Brahman mediteren. We kunnen het vereiste niveau van inspanning niet handhaven zonder de voortdurende inspiratie en leiding die we door de vorm van de Guru krijgen. Amma biedt onze deze inspiratie en leiding aan en Ze geeft het altijd precies op het juiste moment. We kunnen helemaal wanhopig zijn en op het punt staan alle hoop op te geven, maar slechts één omhelzing of een blik van Amma verandert onze stemming totaal en kan ons maanden door laten gaan.

Eén reden dat veel mensen tegenwoordig de voorkeur geven aan meditatie op het vormloze Absolute, is dat het een kortere weg lijkt. Omdat de Waarheid, naar men zegt, voorbij naam en vorm is, kan het sneller en verstandiger lijken meteen met vormloze meditatie te beginnen, waarbij men het hele proces van het aanbidden van een vorm om mentale zuiverheid te krijgen overslaat. Maar zonder de juiste leiding bij dit soort spirituele oefeningen kunnen we gemakkelijk ten prooi vallen aan onze eigen geest, wanneer we alleen volgens onze persoonlijke voorkeur en afkeer handelen. Tegenwoordig vinden de meesten van ons het niet leuk als we beperkt worden of als ons gezegd wordt wat we moeten doen. We kunnen het gevoel hebben dat we reeds te veel bazen in ons leven hebben. Onze ouders en leraren zijn onze bazen totdat we volwassen zijn, onze echtgenoot is onze baas als we getrouwd zijn, we hebben een baas op het werk, enz. Zo wordt God of de Guru als weer een andere baas beschouwd, de spirituele baas. We zeggen misschien: "Ik wil innerlijke rust. Ik wil niet beven voor een ontzagwekkende autoriteit in de kerk of de tempel. Contemplatie op het vormloze is het beste voor me."

Deze houding komt echter voort uit een verkeerd begrip wat God of de Guru is. Wanneer men een levende Guru heeft, verandert het perspectief volledig. We weten uit eigen ervaring dat we Amma niet als een ontzagwekkende autoriteit zien. Het handhaven van de discipline is een deel van Haar bestaan, maar Ze speelt ook alle andere hoofdrollen in ons bestaan: moeder, vader, geliefde, zus, broer, zelfs zoon en dochter. De leerling weet dat alles wat de Guru zegt, voor zijn eigen bestwil is en hoe meer de leerling de Guru gehoorzaamt, des te meer laat de Guru zijn genade stromen in de vorm van verdere instructies en leiding.

Het mediteren op dat wat geen kenmerken heeft, heeft talloze nadelen. Op de eerste plaats kunnen we niet aan eigenschappen of kenmerken denken die niet met een vorm verbonden zijn. We kunnen de deugden die in de geschriften uitgelegd worden, pas volledig begrijpen, wanneer we die waarnemen door het fysieke medium dat Amma ons geeft. Probeer je de liefalligheid van Amma's glimlach eens voor te stellen zonder Haar lippen en tanden, of Haar meedogende glimlach zonder Haar ogen. Hetzelfde gebeurt wanneer we proberen te mediteren op een vormloze, onveranderlijke God zonder eigenschappen. Omdat onze geest niet subtiel genoeg is om juist te mediteren, hebben we een object nodig dat de eigenschap heeft die wij proberen te ontwikkelen.

Amma zegt: "Als er slechts één gerecht in een restaurant geserveerd wordt of slechts één maat schoenen in een warenhuis verkocht wordt, hoeveel mensen hebben er dan iets aan? Om te voldoen aan de smaak en behoeften van allerlei mensen, moeten we allerlei gerechten en schoenen in een groot aantal maten aanbieden. Zo ook wisten de rishi's dat de mensen allemaal een verschillend karakter hebben. Met dit voor ogen werden de verschillende godheden, die zich onderscheidden in eigenschappen en uiterlijk, aangeboden als object van aanbidding. Het is goed één godheid te kiezen op wie we onze aandacht richten, maar we moeten dat doen met het inzicht dat iedere godheid een andere manifestatie van hetzelfde goddelijke principe is, zoals elektriciteit kracht geeft aan een koelkast, de airconditioning, de verwarming en een gloeilamp."

Er is een verhaal over een brahmachari die naar Amma's ashram kwam als iemand die op het vormloze Absolute mediteerde. Op een dag nam Amma plotseling een afbeelding van de godin Kali van de muur, gaf die aan hem en zei hem dat hij hierop moest mediteren in plaats van zijn huidige oefening. Ze wist dat hij vroeger op Kali mediteerde en dat hij alleen op het advies van een geleerde aan zijn vormloze meditatie was begonnen. Amma zei: "Je bent niet gevorderd genoeg om op het vormloze te mediteren. Mediteer daarom op deze vorm van de Moeder. Zonder liefde kun je niets bereiken. Je geest is erg hard geworden. Sprenkel er het water van de liefde over en maak hem zacht." De afbeelding die Amma hem gaf, was Kali in precies dezelfde houding waar hij vroeger op mediteerde. Alleen omdat hij een Guru als Amma had, kon hij de grote hindernis vermijden die op zijn weg verschenen zou zijn.

Amma zegt: "Tempels ontstonden in latere perioden toen de mensen te grof werden om innerlijke zuivering alleen te doen. De rishi's wisten dat de mensen van de komende generaties deze subtiele waarheden niet zouden kunnen bevatten als ze niet op een andere manier verwoord werden." Aanbidding van de vorm begint als verering van een bepaald persoon en rijpt later als de vereerder de principes en idealen begrijpt die achter de oppervlakkige attributen van de godheid functioneren. Het is een groei van het persoonlijke naar het onpersoonlijke. In het begin is gehechtheid aan de vorm erg belangrijk omdat dat de enige manier is waarop we de achterliggende essentie in ons op kunnen nemen en die essentie in ons leven kunnen assimileren. Zonder gehechtheid aan Amma's vorm kunnen we niet volledig vertrouwd raken met het wijde spectrum van Haar *bhava's* (stemmingen) en *lila's* (goddelijke spel), die het middel zijn waardoor Ze ons laat zien welke deugden we moeten ontwikkelen.

Over de gevorderde meditatie op een vorm zegt Amma: "In een bepaald stadium van spirituele oefening zullen alle vormen oplossen en verdwijnen en zal men de Vormloze Toestand bereiken. Hoogste devotie is zuivere Vedanta. Een echte toegewijde ziet dat alles van God doordrongen is. Hij ziet overal alleen maar God. Waar een toegewijde zegt: 'Alles is doordrongen van God', zegt de vedantin: 'Alles is doordrongen van Brahman.'"

Amma vergelijkt de sprong naar het vormloze zonder eerst de

juiste mentale eigenschappen te ontwikkelen met proberen een boom in één sprong te beklimmen. Niet alleen zal het ons niet lukken, maar we kunnen ook vallen en ons verwonden. Het kan ook omschreven worden met de vertrouwde uitdrukking 'het paard achter de wagen spannen', we komen nergens. Om vooruit te gaan op het spirituele pad moeten we het paard vóór de wagen spannen, dat wil zeggen het belang van aanbidding van een vorm begrijpen en het als een essentiële fase in onze spirituele oefeningen accepteren. Een geleerde kan het idee van vooruitgang van vorm naar vormloos begrijpen, maar iedereen heeft een Guru nodig om dit objectieve begrip in zijn leven in de praktijk te brengen. Als de leerling de gevorderde stadia van spirituele oefening bereikt, ontvangt hij door de vorm van de Guru instructies voor het vormloze mediteren.

We moeten onze relatie met Amma niet als vanzelfsprekend beschouwen. Daarin ligt alles wat we nodig hebben; alle spiritualiteit is daarin vervat. De relatie met de Guru leidt ons van het begin tot het einde over de spirituele weg, geeft ons alle inspiratie die we nodig hebben en verwijdert de hindernissen die we onderweg tegenkomen. Voortdurende omgang met de Guru is ook de meest effectieve manier om het ego te verwijderen, steeds wanneer het de kop opsteekt. De Guru zal de leerling naar de vormloze meditatie leiden wanneer hij er klaar voor is. Zo leidt de Guru de leerling voorbij de beperkingen van de geest om de Hoogste Staat te bereiken.

Hoofdstuk 12

Het goede zien is God zien

Eens vroeg iemand aan Amma: "Wat is de beste manier om God in iedereen te zien?"

Amma antwoordde dat de beste manier om God overal te zien is om overal het goede te zien. Door dat te doen houden we ons niet voor de gek. Amma wijst erop dat zelfs een moordenaar gevoelens van liefde en zorg voor zijn eigen kind heeft. Er is dus goedheid in iedereen. Amma zegt dat deze goedheid God is.

Terwijl Amma alleen het goede in iedereen ziet, kunnen de meesten van ons op dit moment alleen de fouten in anderen zien. Vele jaren geleden kwam er een volgeling naar Amma, omdat hij serieuze financiële problemen met zijn onderneming had. Hoewel hij wist dat de ashram er in die tijd financieel slecht voor stond, hoopte hij dat Amma hem op de een of andere manier zou helpen. Hij beloofde dat hij het geld terug zou geven, wanneer zijn onderneming weer winst begon te maken. Toen Amma zijn ellendige toestand zag, hielp Ze hem, hoewel het meer ontbering voor de ashram betekende.

Sommigen van ons vonden het niet leuk dat Amma geld gaf, terwijl we zo weinig hadden. Ik was in die tijd hoofdkassier bij een bank en was erg bezorgd over de financiële toestand van de ashram. Toen de man het geld niet teruggaf, ook niet toen zijn zaak weer goed draaide, werden sommige brahmachari's in de ashram geïrriteerd en wilden hem dwingen het geld terug te geven. Zonder iets tegen Amma te zeggen gingen enkelen van ons naar zijn huis en oefenden druk op hem uit om het geld terug te geven. Met krachtige woorden stonden we erop dat hij het geld onmiddellijk teruggaf of anders de gevolgen onder ogen moest zien. Onze inspanningen hadden geen resultaat.

Voordat we een nog drastischere stap ondernamen, ging ik naar Amma om te vragen wat we moesten doen. Amma antwoordde kalm: "En wat als hij het geld niet terugbrengt? Hij is ook mijn zoon, net als jij, is het niet?"

Ik dacht dat ik blijk gegeven had van mijn oprechtheid en interesse om de ashram te helpen door met deze zaak door te gaan. Toen ik Amma's antwoord hoorde, voelde ik me als een doorgeprikte ballon. Terwijl ik alleen het geld zag en de man erop beoordeelde dat hij het niet teruggaf, zag Amma ons allemaal als gelijk. Amma zegt altijd dat het de negatieve handelingen van iemand zijn die veroordeeld moeten worden, niet de persoon zelf. Dit is omdat iedereen in essentie dezelfde Atman is.

Wanneer we gewend zijn ons alleen te richten op wat we niet mogen in iemand of in een situatie, kunnen we zelfs een punt bereiken dat we niet meer kunnen waarderen wat echt voor ons van waarde is.

Een gehuwde man werkte op een kantoor en bekeek met zijn secretaresse wat bouwplannen. Toen hij dicht naast haar zat, merkte hij niet op dat een lange donkere haar van haar op zijn witte hemd bleef zitten. Toen hij thuiskwam, zag zijn vrouw de haar van de secretaresse op zijn overhemd en begon te huilen.

"O, nu kan ik het bewijs zien dat je een affaire met je secretaresse gehad hebt!"

De man die de haar voor het eerst zag, probeerde het uit te leggen, maar zonder resultaat. Voordat hij de volgende dag naar huis terugging, zorgde hij ervoor dat er geen haar op zijn kleren zat. Net voordat hij thuiskwam, zag hij iemand die een grote hond met een lange, goudkleurige vacht uitliet. De hond mocht hem en hij kon niet nalaten de hond te aaien. De hond wreef zich tegen het been van de man en probeerde hem te likken. Op dat moment bleven er een paar lange plukken goudkleurig haar aan zijn broek zitten, maar hij zag het niet.

Hij kwam thuis met een bos rozen en zei: "Lieverd, ik ben thuis!" Zijn vrouw keek niet op. Ze inspecteerde iedere centimeter van zijn kleren op losse haren. Toen ze de hondenharen zag, barstte ze onmiddellijk in huilen uit.

"Wat is er aan de hand, lieverd?"

Ik zie de blonde haren op je broek! Ik kan zien dat je nu niet alleen een affaire hebt met je secretaresse, maar ook met mijn beste vriendin!"

De man was ten einde raad. De volgende dag zorgde hij ervoor dat er nergens ook maar een vlekje vuil op zijn kleren zat. Hij stak voor alle zekerheid ook steeds de straat over, wanneer hij iemand met een hond zag. Toen hij wist dat hij alle mogelijke voorzorgsmaatregelen genomen had, ging hij vol vertrouwen zijn huis binnen en riep: "Dag lieverd, ik ben thuis!" met een doos bonbons in de ene hand en kaartjes voor een vakantie op Hawaï in de andere.

Maar zijn vrouw inspecteerde hem opnieuw van top tot teen. Nadat ze iedere centimeter van zijn lichaam onderzocht had en niets gevonden had, barstte ze in huilen uit, nog luider dan de dag ervoor.

"Wat is er aan de hand, lieverd? Er kleven nu geen haren aan me, nietwaar?"

"Ja, ik kan dat zien," zei de vrouw tussen twee snikken in. Dat je een affaire met je secretaresse had, was slecht, met mijn beste vriendin erger, maar ik had nooit gedacht dat je een kale vrouw zou ontmoeten."

Zelfs als anderen proberen ons hun liefde te tonen, zullen we het soms niet kunnen accepteren, wanneer ons hart gesloten is. Het volgende verhaal uit de joodse traditie toont de waarde van het goede zien in iedere situatie die het leven brengt.

Rabbi Moshe ging op weg naar een onbekend land. Hij nam een ezel, een haan en een lamp mee. Op een avond werd hem bij ieder huis in een bepaald dorp gastvrijheid geweigerd. Omdat hij geen andere keus had, besloot hij in het bos te slapen.

Hij deed zijn lamp aan om de heilige boeken te bestuderen voordat hij ging slapen, maar er stak een sterke wind op die de lamp omgooide en brak. De rabbi besloot te gaan slapen en zei: "Alles wat God doet, doet Hij goed." 's Nachts kwamen er wat wilde dieren langs die de haan wegjoegen, en dieven stalen zijn ezel. Ook toen de rabbi wakker werd en het verlies zag dat hij geleden had, prees hij ongedwongen: "Alles wat God doet, doet Hij goed."

De rabbi ging toen terug naar het dorp waar hem onderdak geweigerd was en vernam dat vijandelijke soldaten het 's nachts binnengedrongen waren en alle bewoners gedood hadden. Hij vernam ook dat deze soldaten door hetzelfde deel van het bos gereisd hadden, waar hij had liggen slapen. Als zijn lamp niet kapotgegaan was, dan zou hij ontdekt zijn. Als de haan niet weggejaagd was, dan zou hij gekraaid hebben en hem verraden hebben. Als zijn ezel niet gestolen zou zijn, dan zou zijn balken hem verraden hebben. Nogmaals verklaarde rabbi Moshe: "Alles wat God doet, doet Hij goed."

Deze strategie werkt naar twee kanten: als wij God overal kunnen zien, zullen we in iedereen het goede zien en ons herinneren dat iedere persoon en ieder object een waardevol onderdeel van Gods schepping is.

Op een keer kwam de wijze Adi Shankaracharya iemand van een lage kaste tegen, die traditioneel als onaanraakbaar beschouwd wordt. Shankaracharya vroeg hem opzij te gaan, zodat hij verder kon gaan op zijn weg. Zonder zich te bewegen vroeg de onaanraakbare de wijze: "Wat wil je dat er uit de weg gaat? Dit lichaam of het erin verblijvende Zelf?" Hij ging verder: "Grote asceet, u heeft vastgesteld dat het Absolute overal is, in u en in mij. Is het dit lichaam, dat uit de vijf elementen bestaat, dat u op afstand wilt houden van dat lichaam dat ook uit de vijf elementen bestaat? Of wilt u het zuivere Bewustzijn dat hier aanwezig is scheiden van hetzelfde Bewustzijn dat daar aanwezig is?"

Shankaracharya zag onmiddellijk zijn fout in. Hij boog diep voor hem en schreef ter plekke vijf verzen, waarin hij zei dat iedereen die zo'n onpartijdige visie had, zijn Guru was, ook al was hij een onaanraakbare. Toen de wijze de verzen voltooid had, verdween de onaanraakbare en in zijn plaats stond Heer Shiva, de eerste Guru.

Veel mensen argumenteren: "Als er een God is, waarom is er dan zoveel lijden in de wereld?" Amma zegt dat er in Gods schepping geen lijden is. Op het niveau van de mensen is er zowel verdriet als geluk, plezier als pijn. Maar op Gods niveau is er noch verdriet noch geluk, alleen gelukzaligheid. Daarom verwijzen de geschriften naar het Hoogste Wezen als *anandaswarupam*, 'de vorm van gelukzaligheid'. Alleen de mensen hebben het lijden geschapen. Het volgende verhaal illustreert dit punt.

Iemand klaagde eens tegen de zon: "Waarom laat je altijd de helft van de wereld in het duister? Als je werkelijk van de wereld zou houden, zou er dan niet overal licht zijn?"

Toen de zon dit hoorde, was hij erg in verwarring en bezorgd. Hij vroeg die persoon: "Echt waar? Is er een deel van de wereld dat in duisternis verkeert? Kun je me dat laten zien?"

De persoon stemde ermee in en leidde de zon rond de wereld om de duisternis aan de andere kant te laten zien. Maar overal waar de zon kwam, was er alleen maar licht. Ten slotte was de zon de hele wereld rondgegaan en had nergens duisternis gezien.

God vragen waarom er zoveel lijden in de wereld is, is als aan de zon vragen waarom er duisternis is. Waar de zon is, is geen duisternis. Op dezelfde manier is er voor iemand die het Zelf gerealiseerd heeft, geen lijden.

We hebben allemaal zoveel problemen en klachten. In de dagen en weken voordat we Amma gaan zien, kunnen we in gedachten een lijst met grieven opstellen die we met Haar willen delen, wanneer we Haar darshan ontvangen. Maar wat gebeurt er? Vaker wel dan niet kunnen we helemaal niet aan problemen denken, zodra we Amma's schoot bereiken. Al ons lijden lijkt te verdampen. De Meester is als een spiegel die ons ware Zelf weerspiegelt. In Amma's aanwezigheid krijgen we een voorproefje van dat wat voorbij lijden en voorbij geluk is, dat wil zeggen de gelukzaligheid van het Zelf.

Als we iedere situatie met een positieve instelling benaderen in plaats van met een negatieve blik naar onze problemen te kijken, kan er veel gewonnen worden. Jacques Lusseyran, een Franse professor, die op achtjarige leeftijd blind werd en tien jaar later de vreselijkste verschrikkingen in een nazi-concentratiekamp onderging, schreef later: "Vreugde komt niet van buiten, want alles wat er met ons gebeurt, is in ons." Als Lusseyran zelfs onder de meest afschuwelijke omstandigheden innerlijke rust kon vinden, hebben wij zeker de capaciteit moeilijkheden van welke vorm dan ook in ons leven te overwinnen en gelukzaligheid in ons te ervaren, wat onze uiterlijke omstandigheden ook mogen zijn.

Verscheidene jaren geleden kwam er een reiziger naar Amma's ashram in India, min of meer bij toeval, en bleef een tijdje. Ik zag hem de eerste dagen niet bij de vaste programma's, en omdat ik me een beetje zorgen maakte, vroeg ik hem of hij van zijn verblijf genoot.

Hij zei: "Het is heel vredig hier, maar er zijn een paar dingen die me op de zenuwen werken."

"Heus?" vroeg ik hem. "Wat is dat dan?"

"Wel," legde ze bezoeker uit, "Ik sta 's morgens heel vroeg op om te mediteren, maar dan begint deze vreselijke herrie in de tempel." Hij bedoelde de archana. "Dan is alles leuk en rustig tot een uur of elf. Dan rennen er weer zoveel mensen rond in de tempel, die zingen en lawaai maken." Hiermee verwees hij naar Amma's darshan. "Dan is het weer een tijdje fijn en rustig totdat ze 's avonds die luidruchtige liederen beginnen te zingen." Deze opmerking verwees naar Amma's bhajans. "Maar over het algemeen voel ik me heel rustig hier, en daarom kan ik er niet toe komen te vertrekken."

De reiziger besefte niet dat alles wat hij in de ashram niet leuk vond, archana, Amma's darshan en de bhajans, juist de dingen waren die de vredige, heilige atmosfeer schiepen waarvan hij zo genoot.

Nadat ik met deze reiziger gesproken had, werd ik herinnerd aan het verhaal dat een brahmachari van Amma me vertelde over zijn ervaring van zijn bezoek aan een klooster in Japan. Toen hij het complex binnenging, werd hij onmiddellijk getroffen door de idyllische locatie en de zeer vredige omgeving. Later vertelde de brahmachari me dat hij even een beetje jaloezie voelde, toen hij het kloosterterrein betrad. Hij dacht bij zichzelf: "Hoe fortuinlijk zijn deze mensen hier, dat ze zo'n vredige, meditatieve atmosfeer hebben waarin ze hun spirituele oefeningen kunnen doen. Kijk dan naar mij, ik verblijf nooit lang in één plaats, en wanneer ik dat wel doe, is het in Tokio. Als we in Amritapuri zijn, is het zo druk, en als we bij Amma zijn, is alles zo hectisch. Dit is zo'n fijne plaats."

Maar toen de brahmachari met de hoofdmonnik van het klooster kon spreken, werden er veel interessante feiten over hun situatie onthuld. De hoofdmonnik zei dat ze met allerlei problemen op talloze niveaus geconfronteerd werden. Er waren natuurlijk de intermenselijke twisten en conflicten die overal ontstaan waar ego-gebonden zielen samenkomen in aantallen van twee of meer. Daarnaast hadden ze ook juridische problemen en financiële moeilijkheden.

De hoofdmonnik legde verder uit: "Eigenlijk zijn al deze problemen onbelangrijk, vergeleken met ons meest serieuze probleem."

De brahmachari vroeg hem: "Wat is dat?"

De hoofdmonnik antwoordde: "Het is een probleem dat tegenwoordig zwaar drukt op veel monniken in Japan. De hele traditie hier ondergaat een ernstige crisis, omdat er bijna geen Gerealiseerde Meesters in leven meer zijn."

Toen de brahmachari naar de hoofdmonnik luisterde, besefte hij dat er geen rust was in de geest van de mensen die hier verbleven, hoe sereen de omgeving ook leek te zijn. Terwijl Amma's ashram (die Amma zelfs met een jungle heeft vergeleken) vaak chaotisch lijkt, worden de ashrambewoners getraind om innerlijk rustig te zijn, wat de uiterlijke omstandigheden ook mogen zijn. Het belangrijkste verschil tussen het klooster in Japan en Amma's ashram was niet het aantal decibels, maar de aanwezigheid van een gerealiseerde Meester. Zonder meester is het moeilijk een authentiek spiritueel leven te leiden, zelfs in de meest vreedzame omgeving.

Als we vooruitgaan op het spirituele pad, neigen we ertoe op en neer te gaan tussen overmoed en wanhoop. We denken ofwel dat we al perfect zijn of dat er geen hoop is. In het ideale geval herkennen we onze huidige onvolledige toestand, maar hebben we het volle vertrouwen dat Amma ons naar het doel zal leiden. We hebben zowel geduld als enthousiasme nodig.

Toen Beethoven nog een jongeman was, bijna onbekend in de wereld, begon hij zijn gehoor te verliezen en worstelde hij met zijn muzikale studies. Rond dezelfde tijd overleed zijn vader. Hij werd heel gedeprimeerd en overwoog zelfs zelfmoord. Laten we ons nu voorstellen dat je terug kunt gaan in de tijd en onze gedeprimeerde Beethoven op dit kritieke ogenblik kon ontmoeten. Hij voelt zich vreselijk ellendig en heeft geen vertrouwen, maar jij kent zijn verborgen talent. Wat zou je tegen hem zeggen? "Hé, Ludwig, je hebt gelijk, het is hopeloos. Je verspilt je tijd aan al dit oefenen en dergelijke. Geef het op." Natuurlijk zou niemand zoiets zeggen, omdat hij zou weten wat een ongelofelijk verlies dat voor de wereld zou betekenen. Ongetwijfeld zouden we alles in onze mogelijkheden doen om hem aan te moedigen gestaag te oefenen.

Net als Beethoven zijn we ons niet bewust van de latente kracht en grootheid in ons. Ieder van ons heeft de symfonie van eeuwige vreugde en vrede in zich. We hebben de neiging alleen aan onze beperkingen te denken, maar Amma ziet altijd alleen het oneindige potentieel dat daar voorbij ligt, en probeert het naar de oppervlakte te brengen.

Veel brahmachari's die in Amma's Amrita Kutiram project (gratis huizen voor arme daklozen) werken, hadden geen ervaring met bouwen. Sommigen van hen waren echt verbaasd toen Amma hun vroeg om te beginnen met bouwen en toezicht houden op de bouw van huizen. Maar met Amma's genade konden ze erg snel leren en nu leiden ze bekwaam grootschalige ontwikkelingsprojecten zoals sloppensanering en de wederopbouw van hele gemeenschappen die door natuurrampen verwoest zijn.

Toen het duidelijk werd dat Amma's hooggespecialiseerde ziekenhuis in Cochin een digitaal ziekenhuis-informatiesysteem nodig had, kwamen de bestuurders van het ziekenhuis naar Amma met de prijzen van bestaande systemen die door multinationale ondernemingen ontworpen waren. Zulke systemen zijn niet goedkoop. Toen Amma de offertes zag, zei Ze: "We zullen ons eigen ziekenhuis-informatiesysteem ontwikkelen," en stelde een brahmachari aan als verantwoordelijke ontwikkelaar. De bestuurders van het ziekenhuis konden hun oren niet geloven. De brahmachari die Amma uitgekozen had om het systeem te ontwikkelen, had de juiste formele kwalificaties, maar niet veel praktijkervaring en voor de ontwikkeling van zulke systemen zijn gewoonlijk jaren nodig en hele teams van softwarespecialisten. De bestuurders waren ervan overtuigd dat Amma een grote fout maakte, maar ze moesten zich wel bij Haar beslissing neerleggen. Binnen een jaar was het systeem klaar en werkte het en de bestuurders moesten toegeven dat het even goed of beter was dan de systemen die ze voor een enorm bedrag hadden willen kopen.

Het is voor een timmerman heel gemakkelijk glimmende, nieuwe spijkers te gebruiken, maar stel je de taak van een timmerman voor die alleen roestige, kromme spijkers heeft om mee te werken. Door Haar oneindige mededogen kiest Amma ons, roestige, kromme spijkers, en werkt er met enorm veel geduld aan ons te poetsen en recht te maken.

Er is een vers van Adi Shankaracharya in de *Shiva Aparadha Kshamapana Stotram* dat onze werkelijke toestand uiteenzet: "Ik ben niet in staat de plicht te vervullen die bestaat uit rituelen die in de geschriften voorgeschreven worden, want die bevatten bij ieder stap veel ingewikkelde ceremonies. Nog veel minder is mijn capaciteit om de plicht te vervullen die voorgeschreven wordt door de vedische geboden die leiden naar het essentiële pad van de realisatie van Brahman. Ik heb geen verlangen om dharma te kennen en uit te voeren. Noch heb ik enig begrip wat luisteren naar de strekking van de Veda's door de Guru betekent of het nadenken daarover. Wat blijft er voor mij over om op te mediteren wat naar Zelfrealisatie leidt? O, mijn Heer, vergeef me alstublieft al deze fouten en accepteer me met Uw oneindige mededogen."

Amma gaf eens advies aan mensen uit het Westen die leden bij het worstelen om een spiritueel leven te leiden te midden van alle problemen en uitdagingen in hun dagelijks leven. Ze zei: "In dit proces kan men heel vaak falen. Laat die mislukkingen plaatsvinden. Per slot van rekening vinden mislukkingen alleen plaats bij iemand die naar succes streeft. Maar verlies je enthousiasme en belangstelling niet. Probeer het telkens opnieuw. Verklaar je geest openlijk de oorlog. De geest kan je in dezelfde oude gewoonten trekken en duwen. Begrijp dat dit alleen een foefje is van de grootste bedriegster, de geest, om je van het pad af te leiden. Geef het niet op. Er zal een moment komen dat de vasana's al hun kracht verliezen en plaats maken om de Heer binnen te laten en te laten regeren. Tot dan toe moet je proberen en blijven proberen. Laat alle mislukkingen je niet ervan weerhouden door te gaan met je oefening."

Omdat Amma ons innerlijk vermogen veel beter begrijpt dan wij, geeft Ze Haar pogingen om Haar kinderen te leiden en te vormen nooit op. Wij kunnen het opgeven, maar Zij geeft ons nooit op. Laten we, in de wetenschap dat Amma ons nooit op zal geven, bidden dat we voldoende vertrouwen in de goddelijke aanwezigheid in ons hebben om met geduld en enthousiasme door te gaan totdat we het doel bereikt hebben.

Amma weet dat we in essentie allemaal goed in zuiver zijn. Hoeveel gebreken we ook hebben, Ze weet dat wij ook op weg zijn naar Realisatie. Als Amma zegt dat Ze overal God ziet, had ze even goed kunnen zeggen dat Ze overal het goede ziet. Omdat Amma voortdurend het goede in ons voedt, wordt dit goede sterker en helderder. Zoals een beeldhouwer een prachtig beeld creëert uit een vormloos stuk steen, haalt Amma langzaam onze negatieve eigenschappen en neigingen weg, waardoor onze innerlijke goddelijkheid en schoonheid naar buiten kan stralen.

Hoofdstuk 13

Waar en hoe liefde delen

Als we denken aan alles wat Amma ons gegeven heeft, willen we natuurlijk ons best doen iets terug te geven. Dan komt de vraag op: hoe kunnen we Amma ooit terugbetalen voor alles wat Ze ons gegeven heeft? De waarheid is dat het een onmogelijke taak is. We kunnen Haar nooit terugbetalen. Amma geeft ons oneindige, onvoorwaardelijke liefde en mededogen. Om een oneindige gift te beantwoorden moeten we met gelijke munt terugbetalen. Zolang ons bewustzijn beperkt blijft tot het eindige, beperkte ego, zullen we nooit een oneindige gift kunnen schenken. Steeds wanneer iemand Amma vraagt wat Ze graag wil, antwoordt Ze dat Ze niets nodig heeft, maar als we echt van Haar houden, zullen we liefde en compassie voor alle schepsels uitdrukken.

We kunnen het gevoel hebben dat we overbelast zijn met te veel verantwoordelijkheden en problemen en dat we niet de tijd en de energie hebben om goed te doen voor anderen. Het volgende verhaal laat zien dat we altijd manieren kunnen vinden om anderen te helpen, wat onze omstandigheden ook mogen zijn.

Een oude weduwnaar wilde zijn tuin omspitten, maar hij was niet sterk genoeg meer voor zoveel fysieke inspanning. Zijn enige kind, dat hem anders geholpen zou hebben, zat in de gevangenis omdat hij als juwelendief veroordeeld was. De oude man schreef de volgende brief aan zijn zoon:

Beste zoon,

Ik voel me tamelijk rot, omdat het ernaar uitziet dat ik mijn tuin dit jaar niet kan beplanten. Ik heb er een hekel aan dat ik de tuin niet kan doen, omdat je moeder altijd van het beplanten hield. Ik word gewoon te oud om de tuin om te spitten. Als jij hier zou zijn, zouden al mijn problemen over zijn. Ik weet dat je het perceel voor me om zou spitten, als je niet in de gevangenis zat.

Met liefde,

Je pa.

Een paar dagen later, ontving de oude man het volgende briefje van zijn zoon:

In Gods naam, pa, spit de tuin niet om. Daar heb ik de juwelen begraven!

De volgende ochtend om vier uur verscheen er een dozijn politieagenten. Ze spitten de hele tuin om, maar vonden geen juwelen. Verward stuurde de oude man een tweede briefje naar zijn zoon waarin hij hem schreef wat er gebeurd was en vroeg wat hij nu moest doen.

Zijn zoon antwoordde:

Ga je gang en poot je aardappelen, pa. Dit was het beste wat ik van hieruit kon doen.

Amma zegt dat we iedere dag ten minste één persoon gelukkig moeten maken, hetzij door hem fysieke of financiële steun te geven, naar zijn verdriet te luisteren of onze talenten met hem te delen. Als we het gevoel hebben dat we anderen niets kunnen aanbieden, kunnen we op zijn minst een glimlach schenken aan allen die onze weg kruisen. Amma vertelt het volgende verhaal over de waarde van een glimlach.

Een zeer depressief persoon was op weg van zijn kantoor naar huis. Hij had een zeer zware dag op zijn werk gehad. Toen hij bij de bushalte wachtte, voelde hij zich echt in de put. Bij de bushalte wachtte ook een vriendelijke, aardige vrouw die sympathiek glimlachte naar onze gedeprimeerde beambte.

Zo'n glimlach had hij nog nooit in zijn leven ervaren. Als de zon die door de donkere wolken heen breekt, was deze glimlach een lichtstraal die de depressie en wanhoop die om hem heen hing, verdreef. Toen hij in het licht van de meedogende blik van de vreemdeling stond, voelde hij zich plotseling erg gelukkig. Dit geluk bleef toen hij de bus in ging en zijn reis naar huis begon.

Toen hij uit de bus gestapt was, zag hij een bedelaar op straat in elkaar gedoken. Omdat hij zich nog steeds erg gelukkig voelde door de glimlach die hij van de vreemdeling had ontvangen, gaf hij de bedelaar alles wat hij in zijn zakken had. De bedelaar nam het geld aan en nadat hij goed gegeten had en een kop koffie gedronken had, besloot hij een loterijbriefje te kopen. Toen de bedelaar over het briefje krabde, zag hij dat hij een bescheiden prijs gewonnen had. Het was niet veel, maar het was meer dan de bedelaar gewoonlijk had en hij wist dat hij zich de komende dagen geen zorgen hoefde te maken over wat hij kon eten. Dit gaf hem een gevoel van opluchting en geluk toen hij naar zijn dorp begon terug te lopen.

Op weg zag hij een ziek, uitgemergeld hondje, dat bijna dood leek te gaan. Toen de bedelaar de hopeloze toestand van de hond zag, werd hij zeer verdrietig. Gewoonlijk kon zoiets hem niets schelen, maar omdat hij zich zo gelukkig en gezegend met voorspoed voelde, was hij vol medelijden toen hij deze hond zag lijden. Hij pakte de hond op en droeg hem in zijn armen toen hij naar huis liep. Onderweg kocht hij wat voedsel voor de hond. Het was voor het eerst in vele dagen dat de hond te eten kreeg. Na het eten werd hij wat sterker en alerter. Toen het nacht werd, had de bedelaar zijn dorp nog niet bereikt. Daarom ging hij langs bij het huis van een gezin dat hem soms onderdak gaf. De bedelaar en de hond gingen naar de garage van het huis om te slapen.

's Nachts vloog het huis plotseling in brand. Iedereen was diep in slaap en zou gestorven zijn, als de hond niet wakker geworden was en was gaan blaffen. Het blaffen van de hond alarmeerde alle gezinsleden en iedereen kwam er ongedeerd vanaf. Dit gezin had twee kinderen, van wie er een later een Mahatma werd en zijn zegen uitstortte over duizenden spirituele zoekers en mensen die troost zochten. Als de vriendelijke vrouw bij de bushalte niet geglimlacht had naar de depressieve ambtenaar, zou deze Mahatma in zijn slaap omgekomen zijn en zou de wereld zijn goddelijke zegeningen gemist hebben. Dit is de kracht van een enkele glimlach. Zoals Amma eens zei: "Zelfs van dingen die over 20.000 jaar moeten gebeuren, zelfs van een kleine gebeurtenis, daarvan is nu het zaadje al aanwezig." Als we bedenken hoe sterk zelfs de kleinste handeling van ons de wereld kan beïnvloeden, hoe kunnen we dan de liefde en vriendelijkheid in ons voor ons houden?

Zelfs als we een kleine gift geven, kan het een zeer positieve invloed op iemands leven hebben, als we het met liefde geven. Soms brengen kleine kinderen hun tekeningen naar Amma. Als je het papier bekijkt, staan er maar twee of drie lijnen op, alleen wat gekrabbel, maar ze bieden het Amma met zoveel liefde aan. Amma accepteert deze tekeningen vaak door ze naar Haar voorhoofd te brengen. In India is dit een manier om je waardering en respect te tonen voor iets heiligs en te voelen dat de genade en goedheid door je hele lichaam gaat. De gift kan natuurlijk onbelangrijk zijn. Wat moet Amma met al deze tekeningen? Maar Amma beschouwt zelfs deze kinderkrabbels als heilig, omdat ze met liefde getekend en aan Haar gegeven werden.

Een onbelangrijk geschenk dat we met liefde geven, kan geweldig worden, maar dure en ingewikkelde cadeaus die we zonder liefde geven, zullen niet gewaardeerd worden en zullen niet veel effect op de ander hebben. Een onderneming bijvoorbeeld geeft zijn klanten veel geschenken, maar die worden niet met liefde gegeven, alleen met de intentie dat de klanten bij de onderneming blijven kopen. De klanten weten heel goed dat ze winst voor de onderneming betekenen en verwachten zelfs dat de onderneming hun ieder jaar cadeaus geeft. Dit soort geschenken kan niet eens een geschenk genoemd worden. Het is eerder een vorm van ruilhandel.

Amma zegt dat als je echte liefde kunt geven, die liefde de gever tot een heilige maakt. Deze liefde is zowel de oorzaak als het gevolg van spirituele groei. Wanneer we liefde met anderen kunnen delen, groeien we spiritueel. Hoe meer we spiritueel groeien, des te meer kunnen we liefde delen.

Hoe kunnen we beginnen te oefenen de gift van liefde te geven? Ik zou zeggen dat de beste plaats om te beginnen is waar je nu bent. Denk niet dat je een *sannyasin* (monnik) moet worden om spiritueel te zijn. Als je een gezin hebt, is de beste plaats om deze gift te oefenen je eigen huis. Je kinderen zijn er, je echtgenoot is er. Oefen om liefdevoller met hen te zijn.

Amma zegt dat liefdevol zijn niet per se betekent iedereen omhelzen. Liefde geven betekent onze tijd geven, onze aandacht geven, anderen laten zien dat we om hen geven, dat we bezorgd zijn om hun welzijn, hun geluk en hun ongeluk. Zo oefenen creëert een prachtige sfeer in een gezin. Als je alleen woont, probeer dan je zorg, tijd en aandacht met je collega's en vrienden te delen. Waar je ook bent, verwacht niet dat anderen even liefdevol zijn als jij. Als de een niet de verwachte reactie van de ander krijgt, vermindert de liefde gewoonlijk meteen. We moeten niet vergeten dat onze relatie op dit moment tussen twee onwetende mensen is. Iedereen verwacht onvoorwaardelijke liefde en aandacht van de ander, terwijl geen van beiden onbaatzuchtige liefde kan geven. In plaats van erover te piekeren dat je partner je niet het soort liefde kan geven dat je zoekt en je schuldig te voelen dat je zelf geen zuivere liefde kunt geven, kun je beter troost putten uit de gedachte dat je het zo goed mogelijk doet.

Vaak bezoek ik Amma's volgelingen thuis. Er zijn vaak klachten van de man, klachten van de vrouw en klachten van de kinderen. De vrouw geeft haar man de schuld, de man geeft zijn vrouw de schuld, de kinderen geven hun ouders de schuld. Dit komt allemaal doordat de gezinsleden niet genoeg tijd en aandacht aan elkaar geven. Soms praat de vrouw en de man zit naar de tv te kijken. Hij zegt tegen haar: "Ga verder. Ik luister naar je," maar zelfs als hij dat zegt, blijven zijn ogen op de tv gericht. Hoe kan zijn vrouw zich vervuld voelen dat er naar haar geluisterd wordt?

De rechter in het dorp van mullah Nasruddin was op vakantie gegaan. In overeenstemming met de plaatselijke regels werd de mullah gevraagd een dag rechter te zijn. De mullah zat op het podium van de rechter met de rechtershamer in zijn hand en keek streng naar beneden naar het publiek. Uiteindelijk beval hij dat het eerste geval binnengebracht werd om te verhoren.

"U hebt gelijk," zei de mullah nadat hij één kant van de twist gehoord had.

"U hebt gelijk," zei hij toen hij de tegenpartij gehoord had.

"Maar beide partijen kunnen niet gelijk hebben," protesteerde iemand uit het gehoor.

"U hebt gelijk," zei de mullah.

Zo denken wij ook allemaal dat wij gelijk hebben en dat de ander de oorzaak van het probleem is. De man denkt dat zijn vrouw ongelijk heeft en de vrouw denkt dat haar man ongelijk heeft. Het echte probleem is de afwezigheid van oprechte liefde, zorg en aandacht voor elkaar. Als er een liefdevolle sfeer in ons gezin is, zullen we ons erg opgelucht voelen als we thuiskomen, zelfs als er een probleem in ons leven is. Maar nu is de situatie het tegenovergestelde. We hebben zoveel problemen in ons leven buitenshuis en als we thuis komen, hebben we nog meer problemen. Daarom komen veel mensen na hun werk niet thuis. Ze hangen ergens rond en komen pas 's avonds laat thuis, wanneer iedereen vast in slaap is.

Probeer te denken dat God je een gezin gegeven heeft. Bedenk dat er zoveel mensen zijn die een gezin willen hebben, maar niet kunnen trouwen. Zelfs als ze getrouwd zijn, verlaat de vrouw haar man misschien na twee jaar of de man verlaat zijn vrouw. Zelfs als ze samenblijven, kunnen ze misschien geen kinderen krijgen. Om een gezin te hebben heb je Gods genade nodig. Dus als je een gezin hebt, is dát de beste plaats om te beginnen de gift van de liefde te delen. Amma zegt altijd dat Ze wil dat wij allemaal ons best doen om deze liefde te delen, dat we onze tijd en aandacht vooral aan onze gezinsleden geven. Als we dit eenmaal binnen ons gezin kunnen doen, kunnen we onze liefde langzaam uitbreiden naar onze vrienden, de samenleving als geheel en ten slotte naar de hele schep-ping. Uiteindelijk kunnen we een belichaming van Amma's liefde worden, zodat iedereen die bij ons komt, ook Haar liefde kan voelen.

Hoofdstuk 14

Het heilige werk

Veel mensen vertellen me dat ze het erg pijnlijk vinden dat ze niet meer in Amma's fysieke aanwezigheid zijn, nadat ze een paar dagen bij Amma zijn geweest. Vergeleken met bij Amma zijn lijken alle wereldse activiteiten duf en saai. Maar feit is dat de meesten van ons veel verantwoordelijkheden hebben die we niet kunnen ontlopen. We hebben misschien kinderen, een echtgenoot of bejaarde ouders die van ons afhankelijk zijn. Als we al onze kracht en enthousiasme verliezen door te denken dat alles wat we doen een verspilling van tijd is, kunnen onze geliefden hieronder lijden.

In vroeger tijden was er een Indiase koning die Shivaji heette. Koning Shivaji had zijn eigen koninkrijk opgebouwd door gebieden terug te winnen van de Mughals die India binnengedrongen waren en hun eigen rijk opgericht hadden. Maar om zijn koninkrijk in stand te houden moest hij voortdurend tegen de Mughal-indringers vechten. Door de jaren heen werd hij de oorlog en het bloedvergieten moe, hoe nobel zijn ideaal ook was. Toen Shivaji's Guru op een dag naar hem toe kwam en om *bhiksha* (aalmoes) vroeg, schreef Shivaji iets op een stukje papier en gaf het aan zijn Guru.

Zijn Guru berispte hem en zei: "Ik ben een *sannyasin*, ik heb alleen eten nodig. Ik kan geen papier eten."

Shivaji zei: "Op dit papier heb ik van mijn hele koninkrijk en al zijn rijkdom afstand gedaan ten gunste van u. U bent voor een aalmoes gekomen, en dit is wat ik gegeven heb. Ik heb genoeg van deze wereld en zijn kostbare rijkdom, faam en macht."

De Guru zei: "Je hebt me dit koninkrijk aangeboden en ik accepteer het. Nu behoort het koninkrijk mij toe."

Met een geweldige zucht van verlichting boog Shivaji aan de voeten van zijn Guru. Hij voelde dat het gewicht van de wereld letterlijk van zijn schouders was genomen. Hij vroeg zijn Guru toen wat hij de rest van zijn leven moest doen.

"Ik wil dat je voor het koninkrijk zorgt, dat je de beheerder bent. Je zult dit koninkrijk als mijn vertegenwoordiger regeren," droeg de Guru aan Shivaji op.

Zo bleef Shivaji de regeerder over het koninkrijk, maar hij deed het in naam van zijn Guru. Hoewel hij precies dezelfde taken uitvoerde als tevoren, was zijn houding volledig veranderd. In plaats van te voelen: "Ik ben de heer over het land," zei hij tegen zichzelf: "Dit is mijn koninkrijk niet meer. Ik ben enkel een toezichthouder die zijn Guru dient." Op deze manier werd alle spanning die hij had ervaren, weggenomen en was er ook veel meer liefde en aandacht in zijn handelingen. Zelfs nu nog is Shivaji bekend als een van de grootste koningen in de menselijke geschiedenis.

Zo hoeven wij het werk dat we nu doen, ook niet op te geven. Alles wat nodig is om ons leven te veranderen is een verandering in onze houding. Als we kunnen denken dat Amma ons dit werk gegeven heeft en we het als dienst aan Haar doen, zullen we onze verantwoordelijkheden liefdevol en oprecht kunnen vervullen. Dat op zichzelf is een leven toegewijd aan Amma.

Voordat Amma Ron Gottsegen vroeg om de administratieve directeur van AIMS, Haar hooggespecialiseerde ziekenhuis in Cochin, te worden, las hij alleen maar de geschriften en de commentaren daarop. Maar toen hij deze verantwoordelijkheid op zich genomen had, moest hij veel technische boeken over geneeskunde, medische technologie en ziekenhuisbestuur lezen. Na twee of drie jaar begon hij het jammer te vinden dat hij helemaal geen tijd meer had om de geschriften te bestuderen. In plaats van de Atman de bestuderen, bestudeerde hij Magnetic Resonance Imaging. Op een dag vertelde hij Amma dat hij bang was dat hij zijn tijd verspilde door al deze technische boeken te lezen, nadat hij jaren de *Upanishaden*, de *Bhagavad Gita* en andere waardevolle geschriften gelezen had.

Amma's prachtige antwoord kan voor ons allemaal van nut zijn. Ze zij hem: "Dit is het werk dat ik je voorlopig gegeven heb. Pieker er niet over of het je zal helpen bij je spirituele zoektocht of niet. Als je je werk oprecht doet, is dat het dienen van de Guru. Het zal je spiritueel zeker ten goede komen."

Alles wat een Mahatma als Amma doet, is alleen om de verloren harmonie in de samenleving en de schepping als geheel te herstellen. Steeds wanneer Amma een nieuw instituut opricht, of het nu een ziekenhuis, economische faculteit, weeshuis of medische faculteit is, doet Ze dat om meer orde en harmonie in de samenleving te creëren. Bijvoorbeeld, voordat Amma het weeshuis in Paripally, Kerala, overnam, dat nu door Haar ashram wordt geleid, waren de kinderen daar in diepe wanhoop en redden ze het net in onleefbare omstandigheden. Toen Amma dit weeshuis overnam, hervormde Ze het volledig en bouwde de infrastructuur en de verzorging opnieuw op. Zo bracht Ze harmonie in een plaats die het toppunt van disharmonie en verdriet was geweest. Toen Ze het AIMS-ziekenhuis in Cochin bouwde, was dat een reactie op het harde feit dat er in Kerala (en vele andere delen van India) geen hoop om te overleven was voor iemand die een gespecialiseerde operatie nodig had en daarvoor het geld niet had. Nu nemen niet alleen arme patiënten in tijden van nood hun toevlucht tot AIMS, maar veel ziekenhuizen in Kerala werden gedwongen hun prijzen te verlagen om concurrerend te blijven. Ook hier creëerde Amma dharma uit adharma, harmonie uit disharmonie. In Amma's instituten werken bij elkaar duizenden werknemers en nog eens vele duizenden vrijwilligers. Door in een van deze instellingen of projecten te werken dragen je activiteiten bij aan het herstel van de harmonie in de samenleving en de wereld. Deze instituten zijn niet alleen van grote dienst voor de samenleving, maar iedere afzonderlijke vrijwilliger en werknemer profiteert er spiritueel van. De geschriften zeggen: "Ieder die bijdraagt aan de universele harmonie, aanbidt God. Ieder die de harmonie verstoort, gaat tegen God in."

Dit is natuurlijk niet alleen van toepassing op mensen die in Amma's instellingen werken. Ieder van ons kan deze houding tegenover zijn werk aannemen, wat we ook doen. Amma gaf me ook een dergelijk advies toen ik bij een bank werkte die helemaal geen relatie met de ashram had. Omdat ik kon denken dat Amma me in die positie geplaatst had, dat Amma me dat werk gegeven had en dat iedere klant die naar me toe kwam, persoonlijk door Amma gezonden was, kon ik de klanten met veel meer geduld, begrip en affectie behandelen. Dat op zich is het dienen van de Guru. Amma zegt dat echt van Haar houden betekent van alle levende wezens houden en hen dienen. Dus waar we ook zijn en wat voor werk we ook doen, als we onze collega's en andere mensen vriendelijk en liefdevol behandelen, waarbij we ons voorstellen dat Amma ons in die situatie geplaatst heeft om precies dat te doen, leiden we echt een spiritueel leven.

Het is alleen een kwestie van onze houding veranderen. Zolang we ons werk met liefde en oprechtheid kunnen doen, dienen we de Guru. Zonder dat wordt spiritualiteit alleen het terrein van sannyasins. Maar spiritualiteit is niet voor een beperkt aantal mensen. Het is voor iedereen. In feite is het de meest praktische wetenschap. De geschriften en de Spirituele Meesters weten dat de meeste mensen het druk hebben met het vervullen van hun verantwoordelijkheden tegenover anderen en dat zij zich niet in een ashram of eenzame plaats kunnen terugtrekken om hun tijd te vullen met spirituele oefeningen. Hoe kunnen zij spiritualiteit dan in hun dagelijks leven integreren?

Voor het antwoord hoeven we niet verder dan Amma te kijken. Hoewel Ze geen biologische kinderen heeft, kan men zeggen dat Amma het grootste gezin ter wereld heeft: miljoenen toegewijden beschouwen Amma als hun Moeder en Zij ziet alle wezens in de schepping als Haar kinderen. Daarom kunnen we zeggen dat Amma meer wereldse verantwoordelijkheden heeft dan wie ook op deze planeet. Maar Amma denkt nooit: "Laat ik mijn werk voor vandaag afmaken en dan wat spirituele oefeningen doen." Hoewel Amma altijd actief is, ziet Ze nooit iets als gescheiden van Haar spirituele oefening. In iedereen die naar Haar toe komt, ziet Ze God. In het oor van iedereen herhaalt Ze de naam van de Goddelijke Moeder. Amma is het levende bewijs dat het mogelijk is een spiritueel leven in de wereld te leiden, ook al hebben we nog zoveel verantwoordelijkheden en verplichtingen.

Amma zegt dat Ze, hoewel Ze van iedereen evenveel houdt, eerder een speciale affectie voelt voor degenen die voor anderen werken dan voor hen die voor zichzelf werken. In Haar toespraak tot het Parlement van Wereldreligies in Barcelona in 2004 zei Amma dat we, als we ook maar een beetje compassie in ons hart hebben, iedere dag een half uur extra zullen werken om geld voor de armen en hulpbehoevenden te verdienen. Amma zei dat op deze manier een oplossing voor alle verdriet en armoe in de wereld getoond zal worden. Zelfs als we vinden dat ons werk helemaal niets te maken heeft met Amma's organisatie en het werk dat Ze doet, het werk dat we doen zal karma yoga worden als we de verplichting aangaan om iedere dag een half uur te werken enkel voor degenen die in nood verkeren. Door gewoon deze ene simpele instructie van Amma te volgen wordt ons hele arbeidsleven een offer aan God: het wereldse wordt heilig.

Eens dienden de bewoners van de hel een klacht bij God in. "We hebben zoveel eeuwen in de hel geleden," legden ze aan God uit. "En steeds wanneer we naar boven kijken, kunnen we de hemelbewoners van alle hemelse genoegens zien genieten en zich kostelijk amuseren."

God luisterde geduldig. "Ik zal kijken wat ik kan doen," zei hij. Toen ging Hij naar de hemelbewoners en vertelde hun van de klacht van de helbewoners. Zonder dat het hun ook maar gevraagd werd boden de hemelbewoners edelmoedig aan met hen van plaats te ruilen.

Natuurlijk namen de helbewoners hun aanbod aan. En zo gebeurde het dat iedereen die tot nu toe de geneugten van de hemel genoten had, naar de hel afdaalde en al degenen die in de hel geleden hadden, opstegen naar het hemelrijk.

Twee weken later ging God naar de hemel om te zien hoe de nieuwe bewoners het maakten. Maar toen Hij daar kwam, herkende Hij de plaats niet. De nieuwe bewoners zorgden er helemaal niet voor. Ze waren opgehouden met het schoonmaken van de straten en huizen en het leek erop dat ze geen bad genomen hadden sinds ze in de hemel aangekomen waren. Men zou kunnen zeggen dat het misdaadcijfer omhoogging, maar eigenlijk was het de eerste keer dat er misdaad in de hemel was. De mensen glimlachten niet naar elkaar als ze elkaar op straat tegenkwamen. Er heerste overal een sterk gevoel van vrees, twijfel, haat en wanhoop. De hemel begon na slechts twee weken erg op de hel te lijken.

Toen daalde God naar de hel af om de vroegere hemelbewoners te vragen wat ze dachten dat er gedaan moest worden aan de stand van zaken in de hemel. Per slot van rekening was er niets dat hen ervan kon weerhouden de plaats weer in te nemen, omdat ze die vrijwillig hadden afgestaan.

Zoals Hij de hemel niet herkend had, nadat de vroegere helbewoners die twee weken bewoond hadden, kon men hetzelfde zeggen van hun vroegere verblijfplaats. De vroegere hemelbewoners hadden hard gewerkt: schoonmaken, vernieuwen en alles opnieuw verven. Ze hielpen elkaar allemaal en niemand had het gevoel dat ze troep die ze zelf niet gemaakt hadden, niet op wilden ruimen. Daarom was de hele plaats doordrongen van gevoelens van gemeenschapszin, wederzijdse hulp, optimisme en blijheid. God peinsde dat de hel erg op de hemel begon te lijken.

De helbewoners dachten dat al hun problemen opgelost zouden worden, als ze maar van plaats konden wisselen met hun hemelse collega's. Maar uiteindelijk werd het duidelijk dat de eigenschappen van hemel en hel niet bepaald werden door de plaats, maar door de houding en activiteiten van hun bewoners. In slechts twee weken veranderden de hemelbewoners de hel in een plaats die erg op de hemel leek, terwijl de helbewoners de hemel in een soort hel veranderd hadden.

Ongeacht of we in Amma's ashram wonen of in de wereld werken, onze houding is de belangrijkste factor die onze ervaring bepaalt. Vrede, liefde, geduld, mededogen, als we deze eigenschappen in ons ontwikkelen, zullen we in de hemel zijn, zelfs als we uiterlijk in de hel gestopt worden. Maar als we negatieve eigenschappen als jaloezie, kwaadheid, ongeduld en haat in ons laten etteren, zullen we ontdekken dat we in de hel zijn, hoe aangenaam, comfortabel of spiritueel onze uiterlijke omstandigheden ook lijken te zijn.

Deel 3

Een Golf van Genade

Genade valt altijd als regen. We hoeven alleen maar open te worden om het te ontvangen.

– Amma

Hoofdstuk 15

Amma's alwetendheid

W e leerden al vroeg dat het onmogelijk is iets voor Amma te verbergen. Eerst was dit een verrassing voor ons. We hadden geen voorkennis over Mahatma's of de kenmerken van een Gerealiseerde Meester. Dus in het begin begrepen we niet dat Amma alwetend was. En hoewel Ze ons nooit direct informeerde dat Ze dat was, gaf Ze ons veel ervaringen die Haar alwetende aard toonden.

Vanaf de eerste dagen van de ashram stond Amma er altijd op dat alle toegewijden die de ashram bezochten te eten kregen vóór de brahmachari's. De laatste die voedsel nam was altijd Amma. Daarom was er op veel dagen niet voldoende eten over als alle volgelingen hadden gegeten. Op sommige dagen was er rijst maar geen groenten, op andere dagen groenten maar geen rijst. Als er alleen maar rijst was maar niets om erbij te eten, deden we soms kerriepoeder op de rijst om het wat smaak te geven. Bij een zo'n gelegenheid, ongeveer 25 jaar geleden, waren er twee brahmachari's in de keuken, terwijl Amma darshan gaf. Zij kwamen erachter dat er een pot rijst over was, maar geen groenten. Ze namen ieder een bord rijst en strooiden er kerriepoeder op. Misschien door hun honger, misschien uit onzorgvuldigheid strooiden ze veel te veel kerriepoeder op de rijst. Op dat moment hoorden ze Amma naar de keuken komen. Ze wisten dat Amma kwaad zou zijn als Ze zag hoeveel kerriepoeder ze verspild hadden[1]. Om hun fout te verbergen schepten ze snel meer rijst boven

---

[1] In die tijd moest Amma soms naar de huizen in de buurt gaan om rijst te vragen om iets te eten te hebben voor de brahmachari's. Daarom was zelfs een handvol currypoeder kostbaar. Ook nu nog, nu de ashram meer dan 3.000

op de rijst die al bedekt was met kerriepoeder en verborgen de twee borden in een hoek van de kamer achter een deur.

Toen Amma de kamer binnenkwam, had een brahmachari zijn armen over elkaar geslagen en neuriede een liedje zo nonchalant mogelijk, alsof er niets gebeurd was. De ander was niet zo succesvol in het verbergen van zijn schuld. Hij vermeed zorgvuldig Amma's ogen en deed alsof hij iets zocht in een hoek van de kamer tegenover waar de borden verborgen waren.

Maar Amma was geen moment voor de gek te houden. Ze ging regelrecht naar de hoek waar de borden bewaard werden, veegde de 'misleidende' rijst opzij en onthulde de enorme hoop kerriepoeder.

In het begin met zijn relatie met Amma had Swami Purnamritananda (toen een jongeman die Shrikumar heette) een ervaring die iedere twijfel over Amma's alwetendheid bij hem wegnam.

Als jonge jongen ging Swami Purnamritananda naar een fluitconcert. Het raakte zijn hart en hij wilde leren fluitspelen. Maar zijn vader stond hem dit niet toe. Hij wilde niet dat Swami Purnamritananda's aandacht van zijn studie werd afgeleid. Swami Purnamritananda werd erg verdrietig. Op een dag was er een festival in een tempel vlakbij. Hij zag daar hoe een man de fluit prachtig bespeelde en er waren veel fluiten te koop. Swami Purnamritananda kocht er een en probeerde hem te bespelen, maar het was uiterst moeilijk. Hij vertelde zijn grootmoeder dat hij wilde dat iemand hem fluit leerde spelen. Zij adviseerde hem tot de goddelijke fluitspeler, Heer Krishna, te bidden om hem te leren spelen.

De jonge Swami Purnamritananda geloofde haar. Hij ging naar een Krishnatempel en bad tot Krishna dat Hij zijn fluitleraar zou worden. Alsof de Heer zijn gebed gehoord had, kon hij plotseling eenvoudige liedjes spelen.

---

bewoners heeft en dagelijks tienduizenden mensen te eten geeft, brengt Amma de ashrambewoners zorgvuldig een houding van respect en eerbied bij voor voedsel en voor alle benodigdheden waar de ashram gebruik van maakt. Hierdoor produceert de ashram een ongelofelijk kleine hoeveelheid afval voor een instelling van zijn omvang.

Vele jaren later, kort nadat hij Amma ontmoet had, besloot Swami Purnamritananda Haar te testen. Tijdens een Krishna Bhava wikkelde hij zijn fluit in krantenpapier en bracht hem naar de oude tempel waar Amma altijd darshan gaf. Hij liet het Amma zien en vroeg Haar of Ze kon vaststellen wat erin zat.

Ze glimlachte en zei tegen hem: "Vertel jij het me maar, mijn zoon."

"Ik weet al wat er in zit," antwoordde hij. "Ik wil het van u horen."

Amma stond erop dat hij het Haar zou vertellen. Uiteindelijk moest hij Haar zeggen dat het zijn bamboefluit was. Hij was teleurgesteld dat Amma die niet kon herkennen.

Zonder een spier te vertrekken sprak Amma hem vriendelijk tegen. "Het is geen fluit, mijn kind, maar een pakje wierookstokjes."

Swami Purnamritananda wist zeker dat hij gelijk had. "Nee, het is mijn fluit. Ik heb hem zelf ingepakt."

Amma vroeg hem de verpakking te verwijderen. Alle toegewijden keken met grote nieuwsgierigheid toe toen hij de krant verwijderde. Hij was geschokt toen hij in plaats van zijn fluit een splinternieuw, cilindervormig metalen omhulsel vol wierookstokjes zag.

Swami Purnamritananda kon zijn ogen niet geloven. Hoe kon zoiets gebeuren? Hij vroeg Amma in gedachten: "Bent u een tovenaar? Waarom hebt u mijn fluit in een pakje wierookstokjes veranderd?" Hij wilde Amma niet meer testen, maar wilde zijn fluit terug. Hij zei nederig tegen Amma: "Vertel me alstublieft waar mijn fluit is."

Met een ondeugende glimlach zei Amma: "Hij is in de pujakamer in je huis, achter de foto van Krishna." Swami Purnamritananda ging onmiddellijk naar huis terug, ging de pujakamer in en zocht naar zijn fluit. Hij vond hem precies waar Amma gezegd had. "Hoe is het mogelijk?" vroeg hij zich af en haalde zich zorgvuldig de gebeurtenissen van die dag voor de geest. Toen hij die dag zijn fluit ingepakt had en op het punt stond weg te gaan, riep zijn moeder hem naar de keuken. Ze stond erop dat hij ontbijtte voordat hij vertrok. Swami Purnamritananda was gehoorzaam naar de keuken gegaan nadat hij zijn fluit op de tafel in de woonkamer had gelegd. Precies op dat moment kwam zijn vader terug van de winkel waar hij een cilindervormige doos met wierookstokjes had gekocht, die ook in krantenpapier gewikkeld was. Hij had die op de tafel in de woonkamer naast de fluit van Swami Purnamritananda neergelegd en was naar de badkamer gegaan om zijn voeten te wassen voordat hij de pujakamer binnenging.

Toen hij uit de badkamer kwam, pakte hij de fluit die op dezelfde manier verpakt was, en legde die achter de foto van Krishna, wat de gebruikelijke plaats was waar hij de wierook bewaarde.

Toen Swami Purnamritananda uit de keuken kwam, pakte hij het pakje wierook op, denkend dat het de fluit was waarmee hij Amma zou gaan testen.

Zo was het gebeurd, maar het was volslagen onmogelijk dat Amma deze loop der gebeurtenissen kon weten. Swami Purnamritananda was er zeker van dat Amma, die zich bewust was van zijn verlangen Haar te testen, de gebeurtenissen van die dag gearrangeerd had om hem een ondeugende poets te bakken. Poets of geen poets, hij had geen twijfel meer over Amma's alwetendheid en hij besloot op te houden met Amma te testen.

In het epos de *Mahabharata* wordt een voorval beschreven dat plaatsvond toen de Pandavabroers in ballingschap in een bos ver van huis woonden. Op een dag kwam Heer Krishna hen daar allemaal opzoeken. Arjuna en Krishna voerden een gesprek. Krishna wees naar een boom en vroeg Arjuna: "Arjuna, zie je die kraai daar zitten?"

Arjuna zei: "Ja, mijn Heer."

Krishna zei: "Arjuna, ik denk dat het geen kraai is maar een koekoek."

Arjuna antwoordde: "Ja, mijn Heer, het is een koekoek."

Toen leek Krishna zich te corrigeren en zei: "Eigenlijk is het geen koekoek, maar een jonge pauw, Arjuna."

"O ja, ik kan nu zien dat het een prachtige jonge pauw is," zei Arjuna.

Uiteindelijke besloot Krishna: "Arjuna, het is geen kraai, en ook geen koekoek, noch een jonge pauw. Het is een adelaar. Waarom viel je me bij toen ik al die andere dingen zei, terwijl je duidelijk met je eigen ogen kon zien wat voor vogel het was?"

Arjuna antwoordde: "Mijn Heer, U bent God zelf. Dus U kunt gemakkelijk een kraai in een koekoek veranderen, een koekoek in een jonge pauw en een jonge pauw in een adelaar. Ik weet dat Uw visie altijd juister is dan de mijne."

Toen ik vele jaren geleden voor Amma vertaalde tijdens een programma in Tamil Nadu, onderbrak Amma me en zei dat ik een fout in de vertaling had gemaakt. Zelfverzekerd informeerde ik Amma dat ik 14 jaar op school Tamil had gestudeerd en dat ik het ongetwijfeld juist deed. Plotseling vroeg Amma me van het podium op te staan en zei: "Je hoeft de vertaling niet voor me te doen." Ze riep een toegewijde die in het gehoor luisterde en vroeg hem het te doen. Verdrietig stond ik van mijn plaats op, maar bleef binnen gehoorsafstand van Amma.

Voordat de toegewijde verderging met de vertaling, vroeg Amma hem wat ik gezegd had. Hij herhaalde mijn woorden en toen ik hem hoorde, begreep ik dat ik een fout had gemaakt. Ik had iets anders gezegd dan Amma gezegd had. Hoewel ik zowel Malayalam als Tamil goed spreek, had ik niet goed overgebracht wat Amma bedoelde. Ik voelde me zo ellendig. Ik dacht dat ik nooit meer een kans zou krijgen om voor Amma te vertalen. Ik beloofde mezelf dat ik, als ik ooit weer de kans kreeg, nooit meer zou proberen te bewijzen dat ik gelijk had en Amma ongelijk. Misschien omdat Amma mijn innerlijk besluit waarnam, riep Ze me in de volgende stad op die tournee vol mededogen en vroeg me te vertalen.

Als men dit verhaal hoort, zou men kunnen aanvoeren dat Amma veel Tamil volgelingen heeft en iets van de Tamil taal begrijpt en dat het geen wonder is dat Amma mijn vertaling kon verbeteren.

Maar Amma kan hetzelfde doen, en heeft het vele malen gedaan, met talen die Haar volkomen vreemd zijn.

De eerste keer dat Amma naar Frankrijk ging en Haar lezing in het Frans werd vertaald, onderbrak Ze de vertaler, herhaalde een bepaald punt en vroeg hem dat opnieuw te vertalen. Toen Ze dit deed, besefte hij dat hij helemaal vergeten had dat punt te noemen. Hoewel hij in het Frans sprak, wist Amma dat hij een bepaald punt gemist had. Later vroeg hij Amma: "U spreekt helemaal geen Frans. Hoe wist u dat ik dat punt niet vertaald had?"

Amma antwoordde: "Het is waar dat Amma de taal niet kent, maar Amma kan je geest zien. Voordat de woorden uit je mond komen, zijn ze in de vorm van gedachten, nietwaar? De subtiele vorm van taal is gedachte. Amma nam je gedachten waar en Ze kon zien dat je dit punt overgeslagen had."

Een brahmachari die voor Amma's Amrita Kutiramproject werkte, keerde naar de ashram terug van een bouwplaats in Bangalore en vroeg Amma of hij op een bouwplek dichter bij de Amritapuri-ashram kon werken. Amma stemde hiermee in. Nadat hij een week op een plek dicht bij de ashram gewerkt had, riep Amma hem op een dag tijdens de ochtenddarshan en zei hem dat hij onmiddellijk moest vertrekken naar een andere bouwplaats, in Ernakulam, ongeveer drie uur van de ashram. Hij was erg van streek en vroeg Amma of het goed was dat hij een paar weken later vertrok, omdat hij pas uit Bangalore teruggekomen was. Amma stond erop dat hij onmiddellijk naar Ernakulam vertrok. Hij kwam huilend naar me toe en zei me dat hij niet wilde gaan. Ik probeerde hem ervan te overtuigen dat een leerling de instructies van de Guru zo nauwkeurig mogelijk op moet volgen. Door een aantal van mijn eigen ervaringen te noemen kon ik hem uiteindelijk overhalen te vertrekken. Hij vertrok 's avonds vroeg en ging naar de bouwplaats in Ernakulam, waar hij afspraken maakte om de bouw van een andere brahmachari over te nemen. Slechts één uur later kreeg hij een ondraaglijke buikpijn en werd onmiddellijk opgenomen in AIMS, Amma's ziekenhuis dat op korte afstand van de bouwplaats lag. Omdat zijn aandoening erger werd, namen de dokters een echoscopie en ontdekten dat de blindedarm van de brahmachari ieder moment kon barsten. Hij werd snel naar een operatiekamer gebracht waar zijn blindedarm net op tijd werd verwijderd. Nadat de brahmachari uit het ziekenhuis ontslagen was, stond Amma hem toe naar de ashram terug te keren en in een bouwplaats in de buurt te werken.

Toen de brahmachari huilend naar me toe gekomen was, vroeg ik me af waarom Amma er zo op gebrand was hem weer zo snel weg te sturen, ook al deed ik mijn best hem over te halen Amma's instructies zo exact mogelijk op te volgen. Ik vond het vreemd dat Ze hem niet toestond ook maar één dag langer in de ashram te blijven. Nadat ik van de operatie van de brahmachari gehoord had, werd het motief achter Amma's dringende opdracht volkomen duidelijk. Ze had geweten dat hij die dag in de buurt van het ziekenhuis moest zijn. Als zijn blindedarm die avond in de ashram opgezet was, dan zou het onmogelijk geweest zijn om hem op tijd in het ziekenhuis te krijgen om die te verwijderen, en zou zijn aandoening zelfs dodelijk hebben kunnen zijn.

We kunnen ons afvragen waarom Amma, als Ze alles weet, de jongen niet eenvoudig verteld had dat hij die avond een operatie nodig had, en hem naar het ziekenhuis gestuurd had. Door de jongen naar de bouwplaats te sturen voorkwam Amma dat hij de hele dag over de komende operatie piekerde, en kon hij ook een waardevolle les leren over het belang van het opvolgen van de instructies van de Guru. Tegelijkertijd zorgde Amma ervoor dat hij dicht bij het ziekenhuis was toen hij daar moest zijn. Ook zal Amma uit nederigheid nooit direct Haar alwetende aard tonen, als dat niet absoluut noodzakelijk is.

Soms tonen Amma's mysterieuze handelingen of woorden bijna onmiddellijk Haar alwetendheid, zoals in bovengenoemd geval. In andere gevallen heeft het jaren, soms zelfs decennia geduurd eer zulke lessen ons duidelijk werden.

In de eerste jaren van de ashram was er slechts een handvol brahmachari's rondom Amma. In die tijd waren we zo aan Amma's fysieke vorm gehecht, dat we Haar overal volgden, zelfs als Ze niet gevolgd wilde worden. Soms probeerde Ze de ashram uit te sluipen zonder dat wij het wisten, maar op de een of andere manier kwamen we er altijd achter waar Ze heen gegaan was. Op een keer ging Amma een bepaald gezin opzoeken op enige afstand van de ashram. Amma zat in een hut te wachten totdat het gezin kwam, toen de brahmachari's de een na de ander binnen begonnen te druppelen en zo dicht mogelijk bij Amma gingen zitten. Toen het gezin kwam, vroeg Amma ons aan de andere kant van de hut te gaan zitten. We volgden Haar instructies op, maar waren er niet blij mee. Toen ze vertrokken waren, zei Swami Paramatmananda (toen Brahmachari Nealu) tegen Amma: "Amma, we waren heel verdrietig toen u ons vroeg verder van u vandaan te gaan zitten. We wilden ons niet mengen in uw gesprek met het gezin. We wilden alleen maar dicht bij u zijn."

Hierop antwoordde Amma koeltjes: "Nu ben je bedroefd als je slechts twee meter van me vandaan moet zitten. Op een dag zul je een verrekijker nodig hebben om me te zien." In die tijd konden we niet begrijpen hoe Amma's woorden uit zouden komen. We dachten dat Ze een stijlfiguur gebruikte. Maar meer dan twintig jaar later tijdens *Amritavarsham, het Omhelzen van de Wereld voor Vrede en Harmonie* (de viering van Amma's 50ste verjaardag, gehouden als een internationaal evenement om voor vrede te bidden in een stadion in Cochin), toen Swami Paramatmananda naar het podium probeerde te gaan, werd hij door veiligheidsagenten van het stadion tegengehouden. Ze herkenden hem niet als een oudere leerling van Amma. Om het avondprogramma te zien was hij gedwongen een plaats in de stadiontribunes te nemen, vanwaar Amma slechts een nietig, glinsterend wit vlekje was. Toen realiseerde hij zich dat Amma's profetische woorden van meer dan twintig jaar geleden letterlijk uitgekomen waren.

Wat wij uit de geschriften leerden, maakte Amma's taak soms moeilijker. Ik herinner me dat we leerden dat een Echte Meester nooit werkelijk kwaad kan zijn op een leerling en dat de kwaadheid die een Meester uitdrukt, alleen een masker is om de leerling verder te helpen.

Hoeveel kwaadheid Amma ons ook toonde, toen we dit begrepen hadden, namen we het niet erg serieus. In die tijd waren we zo aan Amma gehecht, dat we Haar zelfs geen minuut alleen lieten. Amma wilde niet dat we zo aan Haar fysieke vorm gehecht waren, en daarom probeerde Ze verschillende methoden om ons op een afstand te houden: kwaadheid tonen, doen alsof Ze geen liefde voor ons had. Maar niets kon ons ervan afbrengen in Haar aanwezigheid te blijven en Haar aandacht op te eisen.

Soms sloot Amma zich in de kamer op en deed de deur niet open, zelfs niet als we herhaaldelijk klopten. Eens begon een brahmachari buiten voor de deur luid te roepen: "Ammaa! Ammaa!" Dan wachtte hij even en informeerde Amma door de deur: "Amma, ik heb u tien keer geroepen." Als Ze niet antwoordde, begon hij Haar naam weer te roepen. Dan stopte hij en zei: "Amma, nu heb ik u twintig keer geroepen." Dan ging hij verder met Amma te roepen en ten slotte zei hij: "Amma, ik heb nu de 108 namen afgemaakt. U moet de deur opendoen." Nog steeds deed Amma de deur niet open. Toen maakte deze brahmachari een geluid alsof hij huilde. Door Haar buitengewoon meedogende aard stond Amma machteloos tegenover deze tactiek. Maar toen Ze de deur opende, zag Ze de brahmachari daar glimlachend staan.

Soms zat Amma lange tijd in meditatie geabsorbeerd. In die tijd hadden we geen benul van wat *samadhi* (totale absorptie in het Zelf) was en wat hadden niet veel geduld als Amma zich in Haar Zelf terugtrok. Nadat ik een half uur in Haar buurt gewacht had, begon ik soms Haar schouder te schudden om Haar aandacht te krijgen. Ik herinner me dat een brahmachari Amma een keer iets wilde vertellen wat hij erg belangrijk vond. Toen Amma er niet op reageerde dat Ze geroepen werd, ging hij naar Haar toe en begon langzaam maar zeker Haar oogleden open te peuteren.

Zelf als Amma ons wegduwde, hielden we ons aan Haar armen vast en zeiden: "U kunt ons berispen, u kunt ons wegduwen, u kunt alles met ons doen, maar blijf alstublieft niet stil, wees niet onverschillig tegenover ons. Dat kunnen we niet verdragen."

Hierdoor gaven we, zonder het te weten, Amma een van de weinige methoden die Ze had om ons echt te disciplineren. Als Ze onze fouten wilde corrigeren, legde Ze, in plaats van ons direct op onze kop te geven, Haar eigen lichaam een vorm van straf op. Soms weigerde Ze te eten, andere keren stond Ze uren lang tot Haar middel in een vijver. Dit soort opvoeding was uiterst pijnlijk voor ons, en langzaam leerden we Amma's berispingen serieuzer te nemen, zodat Ze Haar toevlucht niet tot dergelijke drastische maatregelen hoefde te nemen.

Amma's alwetendheid was uitzonderlijk en schrijnend duidelijk in Haar uitspraken over de 'komende duisternis' in het jaar 2005. Amma had al verscheidene jaren vertrouwelijk met Haar leerlingen over 2005 gesproken. In juli 2003, net voor een Devi Bhava darshan in Rhode Island, deed Ze een publieke aankondiging voor een menigte van meer dan 4.000 mensen. Amma zei iedereen niet bang te zijn, maar dat Ze het gevoel had dat er slechte tijden aanbraken. "Amma ziet veel duisternis in de wereld en iedereen moet ontzettend voorzichtig zijn. Wanneer Amma naar beneden kijkt, ziet Ze diepe kuilen. Tenzij de mensen ontzettend alert zijn, kunnen de dingen verkeerd gaan."

Dit was de belangrijkste reden dat Amma ermee instemde Haar 50ste verjaardag als een internationaal evenement te vieren in september 2003. Ze voelde dat het effect van de rampen die op ons af kwamen, zou verminderen als honderdduizenden mensen samenkwamen om voor wereldvrede en harmonie te bidden. Zo begon het regelmatige herhalen van de vredesmantra *Om lokah samastah sukhino bhavantu* (Mogen alle wezens in alle werelden gelukkig zijn) door Amma's kinderen, zowel individueel als gezamenlijk, over de hele wereld.

Op een bepaalde avond tijdens de viering van Amma's 50ste verjaardag, die door meer dan 200.000 mensen uit alle delen van de wereld bijgewoond werd, vroeg Amma al Haar kinderen de vredesmantra een hele minuut te herhalen en zich voor te stellen dat vredesvibraties zich vanuit ieder hart over de hele planeet verspreidden. Toen die minuut voorbij was, vroeg Ze iedereen de hand vast te houden van degene die naast hem zat en de vredesmantra nog drie keer te herhalen. Amma verrichte ook een speciale puja waarbij ze een jong banyanboompje water gaf met water dat verzameld was uit de rivieren, zeeën en meren van bijna ieder land op aarde.

In de zomer van 2004 zei Amma opnieuw dat Ze voelde dat er "donkere wolken zouden komen die de hemel zouden verbergen." Toen de Verenigde Naties Haar vroegen om aan de Internationale Vredesdag deel te nemen, gaf Ze Haar volledige steun. Hierdoor motiveerde Ze honderdduizenden om mee te doen met een gezamenlijk gebed voor wereldvrede op 21 september 2004. In Haar toespraak op die dag zei Amma: "Op dit moment is de behoefte aan gebed en spirituele oefeningen groter dan ooit tevoren." Op Haar hele tournee door Europa in oktober en november 2004, in iedere stad die Ze bezocht, leidde Amma Haar kinderen in gezamenlijke gebeden voor vrede en harmonie in de komende tijden.

Een paar weken voordat de verwoestende tsunami Zuid Azië trof, zei Amma tegen enkele leerlingen dat Ze het gevoel had dat de dagen na Kerstmis een zeer moeilijke tijd zouden zijn. Op een bepaald moment zei Ze zelfs dat 26 december voor velen buitengewoon tragisch zou zijn. Op de vijfentwintigste 's avonds hoorde Amma het krassen van de kraaien tegelijk met de roep van de nachtegaal. Ze werd heel serieus en zei tegen Haar helpster dat het een zeer ongunstig voorteken was. Die week was Amma ook in tranen onder het zingen van de bhajans, met name een bhajan met de woorden *lokah samastah sukhino bhavantu*. Velen in de ashram die Amma zagen huilen, stortten ook in stilte tranen.

Amma's handelingen op de dag voor de tragedie laten duidelijk zien dat Ze wist dat er iets slechts zou gebeuren. Op 26 december zouden 5.000 arme vrouwen uit het Alappad Panchayat district, het kustgebied rondom Amritapuri, volgens schema de uitkering innen die de ashram hun ieder kwartaal verstrekt. Intuïtief had Amma de dag ervoor bekendgemaakt dat de uitbetaling van de uitkering aan die vrouwen een week uitgesteld moest worden. Als Amma dit niet gedaan had, dan zouden de weduwen hun kinderen thuis achtergelaten hebben om hun uitkering op te halen. Er zouden dan bijna zeker meer kinderen in het dorp verdronken zijn, omdat er niemand was om hen uit het stijgende water te redden.

De uitbetaling van de uitkering aan weduwen op het vasteland van Kollam werd daarentegen niet geannuleerd, maar Amma gaf instructies die niet in de bhajanhal, de gebruikelijke plaats, te houden, maar op de steiger aan de andere kant van de ashram, naast de boten naar het vasteland. Stel je de chaos voor als die hal, die volledig onder water liep, vol vrouwen was geweest die op hun uitkering wachtten. Nu was de bhajanhal bijna leeg toen het water kwam.

Gewoonlijk geeft Amma 's zondags darshan in die hal en zou hij overvol zijn geweest met minstens 15.000 mensen. Maar een uur voor de darshan zou beginnen, zei Amma dat de darshan in de oude gebedszaal gehouden moest worden, die anderhalve verdieping boven de grond is. Hierdoor was de grote hal bijna leeg toen het water naar binnen stroomde.

Als we Amma vragen of Ze alwetend is, zal Ze zelfs nu eenvoudig Haar hoofd schudden, lachen en zeggen: "Ik weet niets. Ik ben gewoon een gekke meid." Een ware Meester zal nooit opscheppen over zijn grootheid. Zoals Amma zegt, als we suiker in een hoek opgehoopt hebben, is het dan nodig een bordje erboven te zetten met 'Dit is suiker'? Dat het suiker is, is duidelijk. Als er iemand vlak naast staat en zegt dat het geen suiker maar zout is, beïnvloedt dat de suiker dan? Zulke mensen missen alleen de kans de zoetheid ervan te proeven, zelfs als er zich een rij mensen, voor wie het duidelijk is dat het suiker en niets anders dan suiker is, vlak voor hen vormt.

Vlak voordat de Mahabharata-oorlog begon, deed Heer Krishna een laatste poging om die te vermijden. Hij reisde alleen en ongewapend als boodschapper van de rechtschapen Pandava's naar het hof van de kwaadwillige Kaurava's. Toen Krishna zijn pleidooi voor vrede hield, weigerde Duryodhana, de prins van de Kaurava's, Hem uit te laten spreken en beval Hem vast te binden en weg te voeren. Toen Krishna alle andere methoden geprobeerd had, liet Hij zijn *vishvarupa* (kosmische vorm) aan Duryodhana daar in het hof zien.

Zelfs toen Duryodhana naar het hele universum staarde dat in Krishna's vorm getoond werd, was hij helemaal niet onder de indruk. Hij geloofde zijn ogen niet, maar spotte met Krishna als een simpele tovenaar.

Later liet Krishna dezelfde kosmische vorm aan Arjuna zien, midden onder het vertellen van de *Bhagavad Gita* op het slagveld. Arjuna was met stomheid geslagen, viel aan Krishna's voeten en smeekte om vergiffenis voor woorden die hij nonchalant tegenover Krishna geuit had, omdat hij Hem als zijn gelijke beschouwde. De aanblik van Krishna's kosmische vorm joeg Arjuna schrik aan en inspireerde hem om zijn toevlucht alleen tot Krishna te nemen.

Zelfs als God zonder vermomming voor ons staat, zal niet iedereen Hem herkennen. Zoals Christus zei: "Zij die ogen hebben om te zien, laat hen zien."

Hoofdstuk 16

Het licht van bewustzijn

Veel mensen hebben me verteld dat ze het gevoel hebbendat ze plotseling meer negatieve neigingen en gedachten hebben, nadat ze Amma ontmoet hebben. Daarom ebt hun aanvankelijke inspiratie om spirituele oefeningen te doen weg. Hierover zegt Amma dat de negatieve neigingen er in feite al waren. Of we waren ons er eerst niet van bewust, of ze lagen sluimerend in onze onderbewuste geest bij gebrek aan geschikte omstandigheden waar ze naar buiten konden komen. Amma vertelt het volgende verhaal om dit punt te illustreren.

Een man die naar de Himalaya reisde, zag een slang opgerold langs de kant van de weg liggen. Omdat hij door de sneeuw bevroren was, kon hij zich totaal niet bewegen. De man die bezorgd was om het welzijn van de slang, begon hem te strelen. Hij scheen zo vriendelijk en onschadelijk, dat hij besloot hem mee te nemen. Op de terugweg bedacht hij dat de slang het misschien erg koud had en hij besloot hem onder zijn oksel te stoppen om hem warm te houden. Toen de slang langzaam de warmte van het lichaam van de man absorbeerde, kwam hij uit zijn winterslaap en beet de man met zijn giftige tanden.

Zo ook hoeft onze negativiteit zich niet meteen te manifesteren als zich de juiste situatie niet voordoet. In de aanwezigheid van een Ware Meester als Amma doen zich spontaan de juiste omstandigheden voor om zelfs onze sluimerende vasana's naar buiten te brengen. Alleen wanneer deze negatieve eihenschappen aan het licht van bewustzijn worden blootgesteld, kunnen ze worden getransformeerd en uiteindelijk getranscendeerd.

In Amma's aanwezigheid zijn er erg veel omstandigheden die onze negatieve gevoelens zoals kwaadheid, wrok en jaloezie naar buiten kunnen brengen. Als we toekijken hoe Amma darshan geeft en iemand ons zicht belemmert, kunnen we kwaad op hem worden. Als Amma aan iemand anders meer aandacht schenkt dan aan ons, kunnen we jaloers op die persoon worden. Iemand kan ons vragen niet op een bepaalde plaats te staan of te zitten. Al deze omstandigheden zijn gelegenheden voor onze negativiteit om naar buiten te komen.

Ieder jaar reist Amma twee maanden lang door heel India. Veel mensen willen Haar op deze tournees vergezellen en wat als een of twee busjes begon, is door de jaren heen uitgegroeid tot een enorme karavaan van zes of zeven bussen plus een aantal kleinere voertuigen. Op een zo'n tournee ging er een bus kapot en moesten de overgebleven bussen de extra passagiers opvangen. Omdat het een van de langste ritten van de reis was en de bussen erg vol zaten, leidde de extra stress en spanning tot ruzie onder de passagiers. Tijdens een korte onderbreking in de reis stapte Amma een bus binnen en gaf een soort peptalk voor iedereen. Ze zei dat we niet moesten vergeten dat steeds als iemand ons ergert of bekritiseert, het eenvoudig Amma is die in de vorm van die persoon aan ons werkt. Later vertelde een passagier die in die bus zat me, dat degene die achter hem zat de hele tournee dezelfde fout bleef herhalen. Iedere keer als hij iets uit zijn tas in het bagagerek bovenin wilde halen, liet hij het per ongeluk vallen op het hoofd van degene die me het verhaal vertelde. Deze reiziger deed dit telkens opnieuw, twee of drie keer tijdens iedere rit van de reis. Die persoon vertelde me dat hij de eerste keren vriendelijk en liefdevol kon zijn, maar op het laatst schreeuwde hij zelfs tegen de andere passagier: "Genoeg, jij idioot! Wat is er met jou aan de hand?"

Maar nadat Amma in de bus gekomen was en met iedereen gesproken had, kon hij het met een glimlach accepteren, hoewel het gedrag van de andere passagier niet veranderde.

Soms vraagt Amma tijdens Haar darshanprogramma 's middags aan de darshansupervisors de rij voor de darshan om halfzes te sluiten omdat Ze om halfacht met het avondprogramma moet beginnen. Ertussenin heeft ze gewoonlijk een aantal belangrijke ontmoetingen gepland.

De darshansupervisors vragen de volgelingen gehoorzaam niet meer in de rij te gaan staan, maar ze ontmoeten vaak weerstand. Iedereen wil meteen darshan ontvangen en ze hebben allemaal hun excuses. Natuurlijk heeft iedereen zijn eigen problemen. En dus proberen de supervisors, en soms ook de brahmachari's en de swami's, met grote moeite de mensen duidelijk te maken dat ze 's avonds kunnen komen of ook de volgende dag als ze 's avonds niet kunnen. In veel gevallen luisteren de mensen echter niet. In plaats daarvan wachten ze met een lang gezicht aan beide kanten van de zaal. Als Amma hen daar ziet staan, vraagt Ze ons onmiddellijk de rij weer te openen om nog 15 mensen toe te laten. Dan sluiten we de rij weer en dit herhaalt zich drie of vier keer. Soms worden de volgelingen boos op de darshansupervisors: "Wat doen jullie hier, als jullie ons vragen om voor darshan te komen, maar ons dan tegenhouden?"

In zalen waar de darshan zo is opgezet dat er een rij van beide kanten komt en de mensen door het middenpad weggaan, wil Amma niet dat mensen op het middenpad zitten. Ze wil dat die ruimte vrij is voor de mensen die van de darshan komen. Op een dag zei Amma tegen de darshansupervisors ervoor te zorgen dat er niemand tijdens het avondprogramma in het middenpad zat. Toen ze alles 's middags opzetten, zorgden ze er goed voor dat iedereen buiten de touwen zat aan beide kanten van het middenpad.

Toen Amma voor het avondprogramma kwam en zag dat het middenpad helemaal leeg was, vroeg Ze me: "Waarom is daar zo'n gat? Maak een aankondiging dat iedereen daar kan zitten." Iedereen had op die gelegenheid gewacht en het middenpad zat binnen een mum vol. De volgende dag besloten de darshansupervisors dat ze vandaag de mensen niet uit het middenpad zouden houden, omdat Amma de vorige dag iedereen uitgenodigd had daar te zitten. Toen Amma deze keer kwam, vroeg Ze meteen: "Waarom hebben jullie mensen op het middenpad gezet? Ik heb jullie gisteren gezegd daar geen mensen te laten zitten. Waarom laten jullie ze vandaag daar zitten?"

De darshansupervisors zeiden tegen Amma: "We hebben daar gisteren niemand laten zitten, maar u hebt iedereen uitgenodigd. Daarom dachten we dat u het zo wilde."

Amma antwoordde: "Doe gewoon wat ik je gezegd heb. Maak je geen zorgen over wat ik daarna doe."

Door deze schijnbaar tegenstrijdige instructies en gedrag schept Amma situaties waarin de negatieve eigenschappen en neigingen van de darshansupervisors aan het licht komen. Door een reeks van dergelijke situaties te ondergaan hebben de darshansupervisors geduld, overgave, vriendelijkheid en andere positieve eigenschappen kunnen ontwikkelen. Op deze manier helpt Amma hen spiritueel te groeien. De mensen die de tegenstrijdige instructies van de darshansupervisors krijgen, die zij van Amma gekregen hebben, krijgen ook de gelegenheid positieve eigenschappen te ontwikkelen.

Er zijn veel Meesters die tegenstrijdigheid gebruiken als een middel om de leerling te verlichten. Dit is een van de fundamentele principes van de zenboeddhistische traditie. Zenmeesters spreken tot hun leerlingen in *koans,* vragen waarop geen juist antwoord is, om de leerling er toe te verlokken het intellect over te geven en in contact te treden met het Zuiver Bewustzijn dat daaraan voorbij ligt. De zenmeester Shuzan bijvoorbeeld hield zijn korte staf omhoog en zei tegen een van zijn leerlingen: "Als je dit een korte staf noemt, verzet je je tegen de Realiteit ervan. Als je het geen korte staf noemt, negeer je de feiten. Wat wil je dit nu noemen?"

Een van de bekendste voorbeelden van dit soort onderwijs is het verhaal van Marpa en zijn favoriete leerling Milarepa. Na een moeilijke jeugd en een kwaadaardige puberteit, waarin hij gedreven werd door het verlangen naar wraak, gaf Milarepa zijn hartstocht voor de wereld op en benaderde de beroemde Guru Marpa voor spirituele instructies. Maar Marpa nam hem niet onmiddellijk als leerling aan. Eerst zei hij dat hij wilde dat Milarepa een stenen constructie bouwde op een hoge rotsachtige bergkam die over Marpa's eigendom uitkeek. Omdat Milarepa een grote dorst naar kennis van de Waarheid had, greep hij deze gelegenheid om zijn Guru te dienen met beide handen aan. Milarepa moest alle keien en stenen te voet bij een steengroeve in de buurt halen en er was niemand om hem te helpen bij het bouwen van de toren. Het was slopend werk en er waren maanden zware arbeid voor nodig. Toen Milarepa op een dag aan de toren werkte, kwam Marpa langs en inspecteerde zijn werk. Nadat Marpa een paar ogenblikken naar de toren gekeken had, vroeg hij Milarepa hem af te breken en alle rotsen en keien terug te brengen naar waar hij ze gevonden had. Marpa zei dat hij zijn plannen veranderd had en nu een nieuw gebouw op een andere plaats wilde. Dit werd telkens weer herhaald totdat hij Milarepa uiteindelijk een reusachtige toren van negen verdiepingen liet bouwen, die er vandaag de dag nog staat. Tijdens deze zware, schijnbaar zinloze taken leverde Milarepa een herculische inspanning en verloor nooit het vertrouwen dat hij de instructies zou krijgen waar hij naar uitkeek. Hij verplaatste stenen die gewoonlijk alleen door de gecombineerde inspanning van drie mannen verplaatst konden worden. Hij spande zich zo zwaar in dat zijn rug één grote wond werd door het dragen van rotsen en metselspecie. Zijn armen en benen waren helemaal kapot en gekneusd. Toch bleef hij doorwerken en hoopte iedere dag dat hij ten slotte met wat religieuze instructies begunstigd zou worden. Uit sympathie liet Marpa hem zien hoe hij kussens voor zijn rug moest gebruiken en liet hem rusten toen zijn lichaam genas. Maar nooit liet hij toe dat Milarepa van bouwwerkzaamheden afzag waarvan hij besloten had dat hij die moest voltooien.

Milarepa hield dit jaren vol. Uiteindelijk gaf hij de hoop op dat hij ooit als leerling aangenomen zou worden, verliet Marpa's ashram en was van plan nooit meer terug te komen. Iedereen verwachtte dat Marpa onverschillig over zijn vertrek zou zijn, omdat hij nooit duidelijk affectie voor Milarepa getoond had. Maar toen Marpa het nieuws hoorde, barstte hij in tranen uit en zei: "Breng hem terug, in Gods naam! Hij is mijn meest dierbare leerling."

Toen Marpa Milarepa uiteindelijk als leerling aannam, zei hij hem dat hij altijd innig van Milarepa gehouden had en zijn grote capaciteiten gezien had, maar dat hij hem wel op deze manier had moeten behandelen, omdat Milarepa in zijn jeugd zo veel afschuwelijke dingen gedaan had. Marpa's tegenstrijdige en schijnbaar zinloze instructies waren alleen geweest om Milarepa los te breken van de ketenen van zijn vroegere handelingen.

Swami Paramatmananda vertelt ook een dergelijk verhaal uit zijn vroege tijd bij Amma. Op een dag besloot Amma dat het tijd was twee hutten te bouwen naast de hut die we al hadden. Door de toevloed van nieuwe permanente bewoners waren er wat meer kamers nodig.

Swami Paramatmananda (toen Brahmachari Nealu) had de supervisie over het werk. Nadat hij een ontwerp opgezet had, liet hij het aan Amma zien en kreeg Haar goedkeuring. Het ontwerp bestond uit drie hutten die in een U-vorm van elkaar afgekeerd waren. Hij dacht dat dit ruimte zou besparen en de wind zo door de deur van iedere hut binnen kon komen. Heimelijk was hij trots op het ontwerp en op de manier waarop de bouw verliep.

Een paar uur nadat de bouw begonnen was, liep Amma langs de bouwplaats. Toen Ze de manier waarop de hutten werden gebouwd zag, riep Ze plotseling: "Wie heeft hun gezegd de hutten zo te bouwen?" Iedereen wees naar Swami Paramatmananda. Hij herinnerde Amma eraan dat Ze het ontwerp gezien had en het goedgekeurd had.

"Ik herinner me helemaal niet dat ik een ontwerp gezien heb. Breek dit af! Niemand hoort hutten te bouwen die van elkaar af gericht zijn. Het enige waar je aan denkt is het comfort en hoe de wind er goed door waait! Kunnen traditionele regels je niets schelen? De regels staan niet toe dat hutten zo gebouwd worden." Met deze woorden verliet Amma de bouwplaats.

Swami Paramatmananda gaf de arbeiders opdracht het werk af te breken waar ze de hele ochtend aan gewerkt hadden.

Na korte tijd keerde Amma terug. Ze keek naar de arbeiders die begonnen waren de hutten af te breken en zei: "Wat doen zij? Zeg hun de hutten te bouwen op de manier die ze oorspronkelijk van plan waren. Hoe kan anders de wind de hutten inkomen?"

"Maar Amma, de traditionele regels dan?" vroeg Swami Paramatmananda.

"Regels? Er zijn geen regels voor het bouwen van hutten. Die zijn alleen voor gewone gebouwen."

Een toeschouwer had kunnen denken dat Amma gek was. Maar Swami Paramatmananda begreep dat de hele situatie Amma's manier was om zijn trots zichtbaar te maken en hem te helpen die te overwinnen.

De omstandigheden die Amma creëert zijn de beste en snelste manier om onze geest volwassen te maken. Amma vergelijkt Haar ashram met Kurukshetra, het slagveld waar de vijf Pandava's in de Mahabharata-oorlog strijd leverden tegen de honderd Kaurava's, beiden met hun eigen legers. Hoewel de Pandava's aan de kant van dharma stonden, waren de Kaurava's veel groter in aantal. Het leger van de Kaurava's was ook veel groter dan het leger van de Pandava's. En toch konden de Pandava's het winnen van de Kaurava's, omdat ze Heer Krishna aan hun zijde hadden.

Men zegt dat dit symbolisch is voor de verhouding tussen de positieve en negatieve eigenschappen in de meesten van ons. Hoewel onze negatieve eigenschappen krachtiger en veel groter in aantal lijken te zijn dan onze goede eigenschappen, kunnen we met de genade van een Echte Meester strijd voeren tegen onze slechte eigenschappen. Dit is niet een strijd die we bij één gelegenheid strijden en die we of winnen of verliezen. Het is een gevecht dat we iedere dag vele malen moeten leveren, in feite ieder moment van ons leven.

Soms kunnen we ons bewust zijn van onze negatieve eigenschappen zonder dat we de behoefte voelen ervan af te komen. We hebben allemaal wel eens iemand ontmoet die gelukkig leek met zijn depressie en we hebben allemaal de ervaring gehad dat we onze kwaadheid jegens iemand rechtvaardigden. Nadat we op iemand kwaad geworden zijn, kunnen we ons soms zelfs goed voelen dat we hem flink de waarheid gezegd hebben.

Eens reed iemand op een snelweg toen hij een vrachtwagen met pech zag met een zeer verdrietige man die wat aan de machine prutste. Hij besloot te stoppen om te zien of hij kon helpen. "Ik weet niet veel van machines af," zei hij tegen de gestrande vrachtwagenchauffeur, "maar kan ik op de een of andere manier helpen?"

"Ja, ja!" riep de vrachtwagenchauffeur uit. "Weet je, ik heb twee krokodillen achter in deze auto, maar ze hebben last van claustrofobie. Daarom kan ik ze daar niet lang in laten zitten. Meneer, u moet deze krokodillen zo snel mogelijk naar de dierentuin brengen!"

"Geen probleem," zei de man. De chauffeur hielp de man bij het overbrengen van de krokodillen naar de achterbank van zijn auto. Ze bonden ze zo goed mogelijk vast en de man reed snel weg in de richting van de dierentuin.

Een uur of twee later, toen de vrachtwagenchauffeur nog steeds aan de kant van de weg stond, zag hij de man voorbij rijden in de andere richting met de krokodillen nog steeds in zijn auto. Deze keer zat er een op de voorbank.

De vrachtwagenchauffeur zwaaide dat hij moest stoppen. "Ben je gek geworden? Ik heb je gezegd dat je die krokodillen naar de dierentuin moest brengen."

"We zijn naar de dierentuin geweest," verklaarde de man enthousiast. "En we hadden zo'n lol dat we nu naar de bioscoop gaan."

Op dezelfde manier gaan wij om met onze innerlijke vijanden als jaloezie, kwaadheid, trots en lust, niet wetend dat ze ons ieder moment kunnen verslinden. Om onze vasana's te overwinnen moeten we de schadelijk effecten kunnen zien die ze op ons en op anderen hebben. Ook al voelen wij ons op ons gemak met onze vasana's, we kunnen er zeker van zijn dat dat niet voor anderen geldt.

Op een dag ging een buurman bij mullah Nasruddin langs en vroeg of hij de ezel van de mullah kon lenen.

"Het spijt me," zei de mullah, "maar ik heb hem al uitgeleend." Nauwelijks had hij dit gezegd of het geluid van een balkende ezel kwam uit de stal van de mullah.

"Maar, mullah, ik kan uw ezel daar horen."

"Schaam je," protesteerde de mullah verontwaardigd, "dat je meer gewicht hecht aan het woord van een ezel dan aan het mijne!" Zelfs wanneer anderen ons erop wijzen dat we ongelijk hebben, houden we ons koppig aan onze eigen visie vast en vinden manieren om die te rechtvaardigen. Amma zegt dat men in een grot kan zitten en iedere dag vele uren kan mediteren, maar als men de grot uit komt, kan men kwaad worden, van iemand walgen of jaloers worden. Wanneer men zo reageert, verdwijnt veel van de spirituele energie die men heeft opgedaan nodeloos. Amma geeft vaak het voorbeeld van de heilige Vishvamitra, die duizenden jaren boete deed. Maar hij was erg heetgebakerd en steeds wanneer hij uit meditatie kwam, werd hij heel gemakkelijk kwaad. Om de energie die hij verloren had, terug te winnen, moest hij weer vele jaren zitten. Uiteindelijk bereikte hij wel Zelfrealisatie, maar het kostte veel meer tijd dan nodig was geweest als hij zijn gewoonte om kwaad te worden eerder had overwonnen.

Daarom legt Amma zoveel nadruk op anderen helpen en met hen samenwerken naast meditatie en andere meer persoonlijke spirituele oefeningen. Wanneer we harmonieus met anderen samenwonen en werken, kunnen we negatieve tendenties ontdekken en overwinnen waarvan we ons anders nooit bewust zouden zijn geweest.

Er is een grap over een gesprek tussen twee monniken die tot een verschillende traditie behoren. De ene monnik vroeg de ander: "Wat is je spirituele discipline?"

"Ik heb een zeer strikte discipline. Ik sta iedere dag 's ochtends om twee uur op en reciteer en bid tot het ontbijt. Op veel dagen ontbijt ik niet eens. Ik vast meer dan honderd dagen per jaar. En alleen omdat jij vandaag nu tegen me praat, kan ik met je praten. De meeste dagen neem ik een gelofte van stilte in acht en ben ik ook alleen."

"Ja, dat is een zeer strikte discipline," zei de eerste monnik.

"Waarom zeg je dat," vroeg de tweede monnik. "Jij doet zeker bijna hetzelfde."

"Niet echt," bekende de eerste monnik droevig.

"Wat doe jij dan?" vroeg de tweede monnik.

"Ik leef in een gemeenschap met honderd andere monniken," zei de eerste monnik simpel.

Toen de tweede monnik dit hoorde, zei hij: "Ik buig voor jou, broeder. Jouw discipline is veel groter dan de mijne."

Hoewel de tweede monnik veel meer ascese deed, vond hij de verzaking van de eerste monnik groter dan de zijne, eenvoudig omdat die met andere monniken kon wonen en nauw samenwerken.

In de Ayurvedische gezondheidszorg worden medicijnen slechts als de helft van de behandeling gezien. De andere helft van de behandeling wordt *pathyam* genoemd. Dit verwijst naar de discipline die we moeten volgen ten aanzien van dieet, rusten, baden enz. Alleen als we deze regels volgen, zullen de medicijnen werken. Op dezelfde manier zijn spirituele oefeningen slechts 50% van spiritualiteit. De andere helft omvat het overwinnen van negativiteit in ons en het juist reageren op de verschillende situaties in het leven.

Amma zegt: "Het is belangrijk om te erkennen en accepteren wat je bent, of je nu onwetend, ongeletterd, deskundig, ethisch of egoïstisch bent." Om echt vooruit te gaan moeten we beginnen met eerlijk naar onszelf en onze fouten te kijken.

De beroemde jazzmusicus Rafi Zabor zei eens: "God spreekt zo zacht als Hij kan, en zo luid als Hij moet." Het is de taak van de Guru om ons op de een of andere manier te helpen deze tekortkomingen te overwinnen. Steeds wanneer het mogelijk is, zal de Guru dit zachtaardig doen. Maar soms moet de Guru schijnbaar drastische maatregelen moeten nemen om ons onze tekortkomingen te laten zien en overwinnen. Amma vertelt het volgende verhaal om dit te illustreren.

Eens keerden een Guru en zijn leerling terug naar hun ashram, nadat ze een dorp bezocht hadden. Het was een lange wandeling en ze hadden urenlang gereisd. Toen ze door een koel, schaduwrijk bos liepen, vroeg de leerling, die lange tijd in stilte geleden had en het niet meer kon weerstaan, zijn Meester uiteindelijk of ze niet konden gaan liggen en een tijdje rusten. De Guru opperde vriendelijk dat het beter was om door te gaan, maar de leerling drong aan en de Guru gaf toe. Toen de Guru enige tijd later weer opstond, kreunde de leerling, die zich nu volledig aan zijn uitputting had overgegeven, luid: "Ik kan geen stap meer verzetten. Meester, ik wil u niet uit de ashram houden, maar laat mij in ieder geval hier in dit fijne, schaduwrijke bos tot morgen rusten." De Guru stemde ermee in en ging alleen verder. Toen hij uit het bos was, kwam hij een boerengezin tegen dat zijn akker aan het bewerken was. De Guru pakte plotseling een van de kinderen van het gezin op en rende terug het bos in, in de richting vanwaar hij gekomen was. Het kind hield hij in zijn armen. Achter hem was er een enorm geschreeuw toen het gezin zich realiseerde dat hun dierbare dochtertje gekidnapt was. Ze vroegen alle buren te helpen bij hun poging haar te redden.

Toen de rennende Guru bij zijn leerling kwam, die nu diep in slaap was, zette hij het kind zachtjes op de grond en vroeg het daar naast de leerling te zitten. Het kind gehoorzaamde blij en de Guru verdween.

Zo bereikte de kwade, zoekende groep de slapende leerling en het verloren kind dat naast hem zat. Natuurlijk namen ze aan dat de leerling de kidnapper was en ze maakten hem onmiddellijk wakker. Toen ze de leerling begonnen af te ranselen, wentelde hij zich van hen af en zette het op een lopen. Hij rende weg van de zoekende groep naar de veilige ashram. En zo bereikte de leerling, die tevoren verklaard had dat hij geen voet meer kon verzetten, de ashram zelfs voor de Guru.

Dit was een voorbeeld van een Guru die zijn leerling zachtaardig probeerde te corrigeren, maar toen dit niet werkte, zijn toevlucht tot hardere methodes moest nemen.

Nadat ik in de ashram was komen wonen, bleef ik, volgens Amma's instructies, verscheidene jaren bij een bank werken. Alle andere brahmachari's waren begonnen met lessen over de geschriften, maar omdat de lessen onder werkuren waren, kon ik ze niet bijwonen. Als ik van het werk terug in de ashram kwam, keek ik hun aantekeningen door en probeerde zoveel mogelijk in me op te nemen.

Op een dag gaf een van mijn spirituele broeders mij advies hoe men zich tegenover de Guru moet gedragen. Hij zei me dat men zelfs moet oppassen met zijn lichaamstaal: niet trots staan, niet recht in de ogen van de Guru kijken, altijd zachtjes spreken enz. Hij legde me uit dat je nooit moet protesteren of excuses vinden, zelfs niet als de Guru je vals beschuldigt dat je een fout gemaakt hebt. Je moet begrijpen dat dit de manier van de Guru is om je negatieve neigingen naar voren te halen.

Omdat hij al met de studie van de geschriften begonnen was, luisterde ik gegrepen naar wat hij vertelde. Op dat moment riep Amma hem plotseling naar Haar kamer. Hij liet me daar staan en rende naar Amma's kamer. Een paar minuten later kon ik zowel Amma's stem horen als die van de brahmachari die me zojuist advies gegeven had hoe men zich in aanwezigheid van de Guru hoort te gedragen. Maar de stem van de brahmachari was veel luider dan die van Amma. Toen ik naar de kamer rende om erachter te komen wat er aan de hand was, ontdekte ik dat de brahmachari heftig ruzie maakte met Amma over iets wat Ze tegen hem gezegd had. Toen hij mij daar zag staan, moest hij zich zijn eerder advies aan mij herinneren en bedeesd begon hij zachter en op een vriendelijker toon te praten. Hij besefte onmiddellijk dat Amma de situatie alleen gecreëerd had om te zien of hij in de praktijk kon brengen wat hij gepreekt had.

In januari 2003 voltooide de ashram een groep van 108 huizen in Rameshwaram, Tamil Nadu, en wees de huizen toe aan plaatselijke dakloze gezinnen. Omdat Tamil Nadu zijn geboorteplaats was, bezocht de president van India, Dr. A.P. J. Abdul Kalam, later de huizengroep. Omdat hij onder de indruk van het werk was, besloot hij 10 maanden van zijn salaris als president aan Amma's ashram te schenken. Dat geld gebruikte de ashram om een operatieafdeling in Rameshwaram te bouwen als onderdeel van het overheidsziekenhuis. Toen de operatieafdeling zijn voltooiing naderde, en voordat hij zoals gepland aan het overheidsziekenhuis werd overgedragen, informeerde een brahmachari die in Rameshwaram gestationeerd was, Amma dat de president spoedig weer een bezoek zou afleggen. Amma ontving dit nieuws terwijl ze darshan aan het geven was en stelde aan een toegewijde die dicht bij Haar zat, voor dat de president uitgenodigd kon worden om de nieuwe operatieafdeling te inaugureren, zolang hij in Rameshwaram was. De toegewijde stond onmiddellijk op om te proberen met het bureau van de president in contact te komen.

Gelukkig was de secretaris van de president op kantoor toen hij belde. Omdat de president Amma eerder bij verscheidene gelegenheden had ontmoet, zei de secretaris tegen de volgeling dat hij de uitnodiging zeker aan de president over zou brengen. Binnen een half uur belde de secretaris de volgeling op om te zeggen dat de president er welwillend mee ingestemd had de operatieafdeling kort te bezoeken en te inaugureren op de dag van zijn bezoek aan Rameshwaram.

De volgeling was in extase en dacht dat Amma zeker tevreden over hem zou zijn omdat hij alles zo snel georganiseerd had. Hij holde terug naar de darshanzaal om Amma over zijn prestatie in te lichten. Maar toen hij naast Amma zat, keek Amma niet eens naar hem. Niet dat Ze haast had om de darshan af te maken. Ze praatte lang met iedere toegewijde die voor darshan kwam en lachte en maakte grappen met de brahmachari's en toegewijden om Haar heen. Maar Ze bleef de blik van deze ene toegewijde mijden. Het was alsof hij onzichtbaar was. De toegewijde was verbaasd en dacht dat Amma graag de resultaten zou willen horen van zijn uiterst belangrijke opdracht. Nadat hij daar bijna een uur zwijgend gestaan had, kon hij zich niet meer inhouden. Hij zei tegen Amma: "De president heeft ermee ingestemd de operatieafdeling te inaugureren. Kunt u geloven dat ik alles in minder dan een uur georganiseerd heb?"

Amma zei tegen de toegewijde: "Denk niet dat je iets bijzonders gedaan hebt. Alles kwam uitsluitend door Gods genade op zijn pootjes terecht."

Toen de toegewijde Amma's woorden hoorde, werd hij onmiddellijk nederig gemaakt. Hij besefte dat Amma, zelfs voordat Ze hem vroeg de taak op zich te nemen, wist wat het resultaat zou zijn en dat Ze hem alleen gevraagd had dit te doen om hem een kans te geven te dienen en een waardevolle les te leren.

Amma is de belichaming van nederigheid, maar Ze is alleen nederig zolang dat onze nederigheid vergroot. Als Haar nederigheid ons ego laat groeien, dan moet Ze de rol van een leraar aannemen en direct op onze fouten wijzen.

In de beginjaren van de ashram hadden we een kleine beerput die met de hand leeggemaakt moest worden. Op bepaalde feestdagen was de beerput zo vol dat hij over begon te stromen. Bij zulke gelegenheden kneep iedereen zijn neus dicht als hij erlangs liep en maakte opmerkingen over de afschuwelijke stank, maar niemand was bereid de put leeg te maken.

Op een dag na zo'n festival, toen alle volgelingen vertrokken waren en er slechts een paar brahmachari's over waren, maakten we ons klaar voor de bhajans. Gewoonlijk miste Amma de avondbhajans nooit. Maar op die speciale dag was Amma niet verschenen, toen het tijd was om met de bhajans te beginnen. Een brahmachari die de ashramroutine trouw bleef, begon te zingen en we zongen allemaal mee. Maar toen we twee liederen gezongen hadden, begonnen we ons af te vragen wat er aan de hand was. Een van ons stond op en ging naar Amma's kamer, maar hij kwam terug met het bericht dat Ze daar niet was. Uiteindelijk ontdekte iemand Amma die stond waar de beerput overliep en probeerde de cementen plaat van de bovenkant van de put op te tillen. Hij holde terug om ons te informeren wat Amma aan het doen was. Toen wij daar aankwamen, was Ze er al in geslaagd het deksel te verwijderen en schepte Ze de poep eruit, de ene emmer na de andere.

We voelden ons vreselijk toen we Amma daar zagen staan en het werk doen waaraan wij zo'n hekel hadden. We wisten dat het enige juiste was om erin te springen en Haar te helpen. Maar we hadden nog steeds tegenzin om het te doen en Amma vroeg ons niets. Uiteindelijk stapte een brahmachari in de put en begon Amma te helpen bij het leegmaken hiervan. Een aantal van ons had het briljante idee om buiten de put te gaan staan en de emmers van de put naar de backwaters te dragen om te vermijden dat ze erin moesten stappen. Omdat zij deze taak op zich hadden genomen, had de rest van ons geen andere keuze dan in de put te stappen. Toen we het werk deden, zaten Amma en wij allemaal onder de poep, maar toen we Amma's houding van gelukzalige onverschilligheid zagen – Ze had even goed zuiver water kunnen scheppen – verloren we geleidelijk onze walging tegenover het werk dat we deden.

Hierna maakten de brahmachari's de beerput steeds schoon wanneer die vol was, zonder dat het hun zelfs gevraagd werd. En Amma was er altijd aan onze zijde.

De waardevolle lessen die ik aan zulke ervaringen ontleen, zijn me tot op de dag van vandaag bijgebleven. Op de laatste dag van *Amritavarsham50*, de vier dagen durende viering van Amma's 50ste verjaardag, kreeg ik de taak om de president van India welkom te heten en te introduceren bij de honderdduizenden toegewijden en bewonderaars van Amma die in het stadion bijeengekomen waren.

Later die dag zat ik in Amma's auto op weg terug naar de ashram. Ik was heel blij dat de viering zo'n succes was geweest. Ik voelde me niet trots, niet écht. Als er een gevoel van trots was, dan gold het Amma en de hele ashram, meer dan mijzelf. Ik verwonderde me gewoon over de omvang van de hele gebeurtenis en voelde me ook heel goed dat ik het voorrecht had gehad de president van India te introduceren. Op weg terug naar de ashram gaf Amma mij mijn volgende opdracht. Ze zei dat er meer dan vijftig scholen in Cochin gebruikt waren om volgelingen te huisvesten die de vieringen bijgewoond hadden, en dat we er heel zeker van moesten zijn dat de scholen goed schoongemaakt waren voordat we ze weer aan de studenten overdroegen. Amma zei dat met name de douches en toiletten in de scholen, die de afgelopen vier dagen door duizenden mensen gebruikt waren, er kraakhelder uit moesten zien. En Ze wilde dat ik persoonlijk toezicht hield op het schoonmaakwerk. Terwijl Ze dit

zei, liet Ze de auto halverwege de terugweg naar de ashram stoppen en vroeg mij uit te stappen en meteen terug te gaan naar Cochin.

Toen ik Amma's instructies hoorde, was ik er zeker van dat Ze het 'goede' gevoel moest hebben ontdekt dat ik had omdat ik de president geïntroduceerd had, en er zeker van wilde zijn dat ik geen gevoelens van trots of egoïsme ontwikkelde. En zo introduceerde ik de ene dag de president en maakte ik de volgende dag honderden vuile toiletten schoon. Als mij jaren geleden hetzelfde was overkomen, zou ik me daar vreselijk onder gevoeld hebben. Maar nu kon ik niet alleen inspiratie putten uit Amma's eerdere voorbeeld dat ze de beerput schoongemaakt had, maar nog meer uit Amma's zeer recente voorbeeld uit Amritapuri.

In de dagen voor de *Amritavarsham50*-vieringen was er een schijnbaar eindeloze stroom hoogwaardigheidsbekleders die Amma persoonlijk wilde spreken. Op een morgen liep Amma, meteen nadat Ze een bijeenkomst met meerdere ministers en andere hoogwaardigheidsbekleders had beëindigd, de trap naar Haar kamer af en begon een aantal toegewijden te helpen met het aan elkaar naaien van geweven plastic zaken. Zo maakte men gordijnen voor de honderden openbare toiletten die de ashram bouwde in en rondom het stadion en bij de scholen en andere verblijfplaatsen waar de toegewijden die de vieringen bijwoonden, overnachtten. Zelfs nu ik Amma zoveel jaren kende, verwonderde ik me toen ik het zag. Nadat Amma juist zoveel belangrijke ambtenaren en directeuren had ontmoet, aarzelde Ze niet om het laagste werk te doen. Hoewel ik reeds wist dat zelfs een schijnbaar onbelangrijk detail Amma nooit ontgaat en Ze geen werk beneden Haar stand beschouwt, verbaast Ze me steeds opnieuw door Haar diepe nederigheid en ruime visie. Voor mij was het één ding dat Amma bereid was de beerput schoon te maken toen dit slechts een nederige hermitage was met slechts een paar brahmachari's die in hutten woonden, maar iets heel anders dat Amma nog steeds bereid was hetzelfde soort werk te doen wanneer er zoveel hoogwaardigheidsbekleders in de rij stonden om haar te spreken. Maar voor Amma was het hetzelfde.

De beste manier waarop Amma ons onderwijst is altijd het voorbeeld van haar eigen activiteit geweest. Een van de meest dramatische voorbeelden die ik tot nu toe gezien heb was op de laatste dag van *Amritavarsham50*. Amma kwam op 27 september om halftien 's ochtends bij Haar kinderen in het *Amritavarsham50*-stadion. Na een onderscheidingsceremonie, wat toespraken en culturele programma's begon Ze darshan te geven. Pas de volgende ochtend om 8 uur verliet Amma het podium, bijna 24 uur later, waarvan Ze er 19 besteed had aan het ononderbroken darshan geven. Hoewel het Amma's verjaardag was, was Zij het die het meeste gaf, de hoogste gift van Haarzelf.

Toen Amma uiteindelijk opstond na die marathonsessie, heerste er een prachtige stilte. Ze keek het stadion rond naar de vele duizenden kinderen, die Haar nog omringden. Ze stak Haar armen omhoog als een laatste *pranam* (handen tegen elkaar houden als teken van respect). Veel mensen verwachtten dat Ze van uitputting in zou storten. Integendeel, Amma nam een nieuw paar *kaimini's* (handcimbaaltjes) aan die iemand Haar gaf en speelde een eenvoudig, vrolijk ritme, alsof Ze de maat aan wilde geven voor dansers die alleen Zij kon zien. Toen liep Ze het podium af met een onspannen, gelukzalige glimlach. *Amritavarsham50* was over.

Hoofdstuk 17

Genade stroomt naar een onschuldig hart

Er was een arme, oudere toegewijde uit Tamil Nadu, die seva placht te doen in de tuinen van Amma's Amrita Vidyalayam (basisschool) in Chennai. Hoewel hij erg arm was, accepteerde hij nooit geld voor zijn diensten. Op een dag gaf een familielid hem twee nieuwe, witte overhemden en twee witte dhoti's. Omdat zijn oude kleren erg versleten waren, besloot hij een stel voor zichzelf te accepteren, maar het andere stel legde hij opzij in zijn pujakamer voor Amma's foto, zoals zijn gewoonte was. Hij wachtte op de dag dat hij Amma kon zien en het Haar kon aanbieden.

Uiteindelijk, bijna een jaar later, had de toegewijde de gelegenheid Amritapuri te bezoeken. Hij bracht het nieuwe stel kleren mee. Toen hij in de darshanrij stond en naar Amma toe ging, werd hij zenuwachtig over het aanbieden van de kleren aan Amma. Per slot van rekening waren het mannenkleren.

Toen hij bij Amma was, bood hij het Haar aarzelend aan. Amma opende het pakje en zag het nieuwe witte overhemd en de dhoti. Tot grote verrassing van iedereen trok Amma het overhemd onmiddellijk over Haar sari aan in plaats van de kleren te zegenen en aan een helper te geven, en ging door met darshan geven. Urenlang droeg Amma het overhemd van de man over Haar sari. Later zei Amma dat Ze spontaan besloot het overhemd te dragen toen Ze zijn onschuld zag. Er kwamen tranen in de ogen van de man, zo ontroerd was hij door Amma's spontane gebaar van waardering voor zijn gift. Amma vroeg de mensen die naast Haar zaten om voor hem plaats te maken en hij zat lange tijd naast Amma. Toen ik dit voorval zag, werd ik herinnerd aan een soortgelijk verhaal uit het leven van Heer Krishna.

Er was eens een zeer arme man die sterk aan Heer Krishna was toegewijd. Hij heette Kuchela en was een jeugdvriend van de Heer. Op een dag vond Kuchela's vrouw dat ze de financiële last waaronder ze gebukt gingen, niet langer kon dragen en stelde ze voor dat Kuchela Heer Krishna, die nu koning was, op ging zoeken om hem om hulp te vragen. Kuchela was ontsteld door het idee en zei dat Krishna de Heer zelf was, en dat hij zich niet in kon denken dat hij de Heer om iets anders zou vragen dan om meer devotie. Maar zijn vrouw bleef dagenlang, wekenlang op het idee hameren en uiteindelijk stemde Kuchela ermee in om in ieder geval naar de Heer te gaan teneinde de kinderen van de hongerdood te redden. Maar hij was nog steeds niet bereid de Heer om iets te vragen. Hij zei zijn vrouw dat ze niet te veel moest verwachten, omdat het heel waarschijnlijk was dat Heer Krishna hem niet zou herkennen of uitnodigen. Ook stond hij erop dat hij niet met lege handen naar de Heer kon gaan, hoewel hij niets wezenlijks aan te bieden had. Kuchela's vrouw herinnerde hem eraan dat in zijn kindertijd Krishna's favoriete versnapering *avil* of geplette rijst was. Voordat Kuchela naar Heer Krishna ging, maakte zijn vrouw een handvol geplette rijst klaar die hij aan de Heer aan kon bieden.

Toen Kuchela vertrok, gaf zijn vrouw hem de geplette rijst. Ze had niets om het in te wikkelen en daarom knoopte ze het in een hoek van Kuchela's sjaal. Kuchela had er dagen voor nodig om naar Krishna's paleis te lopen en zijn angst nam met het uur toe. Hij was er zeker van dat hij niet in het paleis zou worden toegelaten.

Maar Krishna zag Kuchela toevallig vanuit het paleis en rende naar beneden naar de hoofdpoort om zijn oude jeugdvriend en groot toegewijde te ontvangen. Krishna verwelkomde hem met een overstelpende vreugde en knielde zelfs om de voeten van Kuchela te wassen die zoveel dagen had gelopen om hem eer te bewijzen.

Kuchela kromp ineen toen hij dit zag. Hij kon het niet verdragen dat zijn geliefde Heer zijn voeten waste, maar Krishna stond erop.

Toen begeleidde de Heer hem naar het paleis en bood hem een zitplaats aan. Hij herinnerde hem de hele tijd aan de gelukkige tijd die ze samen op school hadden doorgebracht aan de voeten van hun Guru. Hoe langer Krishna sprak en hoe meer Kuchela van de schitterende omgeving van de Heer in zich opnam, des te meer vond hij dat hij onmogelijk zijn eenvoudige offergave van geplette rijst aan de Heer kon aanbieden. Maar hoewel Kuchela de offergave, die in de hoek van zijn versleten sjaal was geknoopt, probeerde te verbergen, pakte Krishna die en haalde de knoop eruit, ving de geplette rijst in zijn hand op en begon die met veel smaak op te eten. Kuchela's onschuldige devotie had de eenvoudige offergave van geplette rijst verrukkelijk voor de Heer gemaakt.

Kuchela verliet Dvaraka in de wolken omdat hij de darshan van de Heer had ontvangen en zoveel vriendelijkheid en affectie, maar toen hij dichter bij huis kwam, werd hij verdrietig als hij aan zijn gezin en hongerlijdende kinderen dacht. Hij was bang voor wat zijn vrouw zou zeggen, als ze erachter kwam dat hij Krishna niets gevraagd had.

In gedachten verzonken liep hij zijn huis voorbij en merkte niet op dat het een enorme transformatie had ondergaan. Van de ene op de andere dag was zijn simpele bouwval een fonkelende villa geworden. Zijn vrouw zag hem voorbijlopen en riep hem terug. Ze vertelde hoe plotseling geluk en welvaart hun ten deel was gevallen door Krishna's genade.

Volgens de Sanatana Dharma traditie is niet zo zeer de uiterlijke verering van belang, als wel de onschuld en liefde waarmee de verering wordt gedaan. Natuurlijk kunnen de riten en rituelen helpen om devotie en concentratie in ons te ontwikkelen. Maar een steen of een grassprietje dat met een hart vol liefde en devotie aangeboden wordt, is de Heer dierbaarder dan een zeer uitgebreide yagna die met een hart vol trots en egoïsme wordt uitgevoerd.

In de *Bhagavad Gita* zegt Heer Krishna:

patraṁ puṣpaṁ phalaṁ toyaṁ yo me bhaktyā prayac-
chati
tad ahaṁ bhaktyupahṛtam aśnāmi prayatātmanaḥ

Steeds als iemand Mij met devotie een blad, een bloem, een
vrucht of water aanbiedt,
Accepteer ik dat, de vrome offergave van hen die zuiver van
hart zijn.

(IX, 26)

Op een van Amma's recente Europese tournees kocht een toegewijde uit Hawaï een bloemenkrans om die aan Amma te geven.
Door gebrek aan tijd kon ze die middag geen darshan krijgen. Haar
werd gevraagd om 's avonds terug te komen en Amma's darshan te
ontvangen. Dit betekende dat ze de bloemenkrans nog verscheidene
uren met zich mee moest dragen voordat ze die aan Amma kon
geven. Misschien door haar eigen culturele achtergrond en omdat
ze niet wist dat zoiets volgens de Indiase gewoonte niet juist was,
hing ze de krans om haar eigen nek en droeg die zo tot het tijd was
voor Amma's darshan. Ik stond toevallig naast Amma toen zij voor
de darshan kwam. Toen de vrouw zich in de darshanrij naar voren
bewoog, merkte ik op dat ze de krans droeg, die er nu verlept uit
zag. Toen het bijna haar beurt voor de darshan was, verwijderde
ze de krans en toen ze op het punt stond die om Amma's nek te
doen, probeerde ik die te pakken en haar te belemmeren hem om te
hangen. Ik vertelde haar dat het niet juist was iets aan Amma aan
te bieden, nadat we het zelf gedragen hebben. Ik stelde voor dat ze
een verse zou halen en die Amma om zou doen. Amma duwde mijn
arm weg en stond erop dat de vrouw toegestaan werd Amma te om-
kransen met de bloemenkrans die ze gedragen had. De vrouw legde
in tranen uit dat ze de krans alleen om haar nek gedragen had om
hem veilig te bewaren totdat ze de gelegenheid had die aan Amma
aan te bieden. Terwijl ik alleen kon zien dat de vrouw de traditie niet
goed volgde en onopzettelijk gebrek aan respect tegenover Amma

toonde, zag Amma alleen het onschuldige verlangen van de vrouw haar een bloemenkrans om te hangen.

Dit voorval herinnerde me aan het verhaal van de Indiase heilige Andal, die de geadopteerde dochter was van een groot toegewijde, genaamd Vishnu Chittar of 'wiens geest in Vishnu verdiept is.' De belangrijkste spirituele oefening van Vishnu Chittar was het met de hand maken van een bloemenkrans voor de Vishnu-*murti* (stenen beeld van Vishnu) in de tempel vlakbij.

Toen Vishnu Chittar op een dag *tulasi*-bladeren (heilig basilicum) aan het plukken was voor de bloemenkrans van die dag, ontdekte hij dat er een meisjesbaby op de grond lag. Omdat hij dacht dat iemand de baby daar per ongeluk had achtergelaten, zocht hij de hele omgeving af naar haar ouders. Omdat niemand iets van het kind afwist, besloot hij dat het een geschenk was van zijn geliefde Heer Vishnu en bracht hij het meisje groot alsof het zijn eigen kind was, met zeer veel liefde en genegenheid.

Toen zijn dochter Andal ouder werd, vermaakte Vishnu Chittar haar met de verhalen over de jeugdfratsen van Heer Krishna en Zijn lila's met de gopi's. Spoedig kwam Vishnu Chittar erachter dat zijn dochter haar hart verloor aan de meest bekoorlijke aller *Avatars*, de koeienherder uit Vrindavan. Terwijl Vishnu Chittar voelde dat de Heer zijn eigen dierbare zoon was, had Andal een relatie met de Heer als haar geliefde minnaar. Naarmate ze ouder werd, werd dit gevoel dieper. Zelfs als teenager had ze geen belangstelling voor jongens, maar dacht alleen aan haar geliefde Heer Krishna.

Al die jaren handhaafde Vishnu Chittar zijn gewoonte een bloemenkrans voor de Vishnu-murti te maken. Het was zijn gewoonte de krans in de vroege ochtend te maken en hem dan in zijn pujakamer te laten liggen als hij naar beneden naar de rivier ging om zich te wassen. Daarna bracht hij hem naar de tempel. Wat hij niet wist was dat Andal zelf een eigen gewoonte ontwikkeld had, namelijk wachten tot Vishnu Chittar naar beneden naar de rivier gegaan was en dan de bloemenkrans die hij had gemaakt, te nemen en die om haar eigen nek te hangen. Ze deed dit in volmaakte onschuld, keek in de spiegel en vroeg zich af hoe het de Heer zou staan.

Op een dag pakte Vishnu Chittar, nadat hij van het baden was teruggekeerd, de bloemenkrans van zijn altaar op en ontdekte dat er een lange zwarte haar in zat. Omdat hij zeker wist dat het zijn eigen haar niet was, had hij geen idee hoe dat kon. Omdat hij vond dat het onmogelijk was zo'n krans aan de murti aan te bieden, ging hij die dag niet naar de tempel. De volgende ochtend werd hij wakker, nog steeds van streek van het voorval van de vorige dag. En hoewel hij zoals gewoonlijk een krans in de vroege ochtenduren maakte en die op zijn altaar achterliet, brak hij hier met zijn gewoonte. In plaats van naar beneden naar de rivier te gaan om te baden, verborg hij zich bij de pujakamer in de hoop de dader te ontdekken. Tot zijn grote verrassing zag hij zijn dochter de krans nemen en om haar nek doen. Ze bewonderde zich in de spiegel en was zich gelukzalig niet bewust van de wereld om zich heen. Woedend en verschrikt dat zijn eigen dochter heiligschennis tegenover zijn geliefde Heer had gepleegd, rende hij de pujakamer in en rukte de bloemenkrans weg van de bange Andal. Die dag bood hij ook geen bloemenkrans aan de godheid aan. Hij besloot de volgende dag zijn allermooiste bloemenkrans te maken en ervoor te zorgen dat zijn godslasterlijke dochter er niet bij in de buurt kwam. Die nacht had hij een goddelijk visioen van Heer Vishnu, die hem meedeelde dat hij geen bloemenkrans van Vishnu Chittar wilde tenzij Zijn dierbare Andal hem eerst gedragen had. Pas toen realiseerde Vishnu Chittar zich hoe groot de devotie van zijn dochter was. Hoewel wat Andal deed niet volgens de voorgeschreven traditie was, maakte haar onschuldige liefde voor de Heer en haar doelgerichte devotie voor Hem alleen haar heel dierbaar in Zijn hart.

Deze verhalen over devotie, zowel oude als moderne, laten ons zien dat bovenal een onschuldig hart nodig is om de genade van God te winnen. Ook al leren we de meest ingewikkelde rituelen en teksten van buiten, het zal moeilijk zijn echte spirituele vooruitgang te boeken zonder onschuldige liefde voor God.

Een van Amma's brahmachari's deelde een ontroerend verhaal met me. Een zeer arme vrouw, bij wie de tranen over de wangen rolden, kwam voor Amma's darshan in Amritapuri. Toen Amma haar vroeg waarom ze huilde, antwoordde ze: "Ik kan mijn sandalen niet vinden, Amma."

Toen de brahmachari dit hoorde, was hij enigszins geërgerd en dacht: "Amma om een paar sandalen vragen is als een welwillende koning om een wortel vragen."

En toch nam Amma de zorgen van de vrouw erg serieus. Ze zei dat het door de achteloosheid van de ashrambewoners kwam dat deze vrouw haar sandalen verloren had. "De mensen die in de ashram wonen, zijn zich niet bewust van de problemen van een leven in de wereld," merkte Amma op. Deze mensen ondergaan zoveel trauma's en pijn in hun leven. Ze worstelen zo hard om regelmatig een maaltijd te krijgen en de eindjes aan elkaar te knopen. En van dat moeilijk verdiende geld moeten zij hun sandalen kopen."

Een andere brahmachari legde Amma uit dat sommige toegewijden de schoenenrekken niet gebruikten die de ashram had opgezet, maar hun sandalen liever onder aan de trap naar de darshanzaal achterlieten. Omdat de sandalen van veel mensen er hetzelfde uitzien, is verdwijning af en toe onvermijdelijk.

Amma veranderde niet zo gemakkelijk van mening. Ze droeg de brahmachari op om voor plastic zakken te zorgen waarin de toegewijden hun sandalen mee konden nemen als ze voor Amma's darshan kwamen.

Toch maakten enkele brahmachari's bezwaar: "Amma, het is niet juist sandalen mee te nemen, wanneer men naar een Meester gaat."

"Denk je dat sandalen zo laag zijn?" vroeg Amma ongelovig. "In Gods schepping is er niets wat laag is. Amma ziet deze sandalen als een vorm van God, omdat ze de voeten van Amma's kinderen tegen stenen en doornen beschermen. Jullie proberen Brahman overal te zien, maar toch kun je zelfs een paar sandalen niet als goddelijk accepteren." Met deze woorden vroeg Amma een brahmachari de arme vrouw een nieuw paar sandalen te geven.

We vinden een verhaal dat hier erg op lijkt in het leven van Heer Krishna. Aan het begin van de Mahabharata-oorlog richtte Bhishma, die de generaal van het Kaurava-leger was, grote verwoestingen aan in het leger van de Pandava's. Door deze aanval daalde het moreel in het Pandava-leger snel. Uiteindelijk besloot Krishna Bhishma, die ook aan Hem was toegewijd, op te zoeken in het vijandelijke kamp van de Kaurava's. Draupadi, de vrouw van de vijf Pandava-broers [1], vergezelde Krishna bij de opdracht midden in de nacht.

Toen ze bij Bhishma's tent kwamen, legde de Heer Draupadi rustig uit dat Bhishma sliep, en dat ze naar binnen moest gaan en voor hem buigen. Draupadi deed haar sandalen uit en ging volgens Krishna's instructies naar binnen.

Toen ze binnenkwam, richtte Bhishma zich op en toen hij zag

---

[1] Lezers die niet vertrouwd zijn met het epos de *Mahabharata* mag het vreemd in de oren klinken dat een edel iemand als Draupadi vijf rechtschapen mannen als de Pandava's trouwde. Maar deze relatie is zeer symbolisch op een aantal niveaus. Op het niveau van het verhaal trouwden de Pandava's allemaal met Draupadi vanwege hun devotie en respect voor hun moeder en haar instructies. Arjuna won het recht met Draupadi te trouwen in een boogschietwedstrijd. Na het huwelijk namen de vijf broers Draupadi met zich mee naar huis om haar aan hun moeder voor te stellen. In hun geestdrift wachtten ze zelfs niet tot ze binnen waren om het goede nieuws te delen. Toen ze bij hun huis kwamen, schreeuwden ze: "Lieve moeder, kijk eens wat we met ons mee naar huis gebracht hebben!"
Zonder te kijken en in de veronderstelling dat haar zonen het over een of ander voorwerp hadden, riep de moeder van de Pandava's: "Wat het ook is, deel het met jullie vijven, zoals jullie altijd gedaan hebben."
De Pandava's waren geschokt toen ze deze instructie hoorden, maar omdat die van hun moeder kwam, vonden ze dat ze die wel móesten opvolgen. Ieder van hen trouwde met dezelfde vrouw.
Symbolisch gezien stelt iedere Pandava een bepaald kenmerk van een nobel mens voor. Sahadev stelt devotie en intelligentie voor. Nakula stelt lichamelijke schoonheid voor. Yudhishthira was de belichaming van dharma. Arjuna symboliseert moed en Bhima vertegenwoordigt lichamelijke kracht. Op deze manier gezien is Draupadi's huwelijk met de vijf Pandava's bedoeld om het belang te laten zien van het tot ontwikkeling brengen van al deze eigenschappen in ons eigen karakter.

dat een vrouw voor hem knielde, uitte hij een gunst: "Dat je gelukkig getrouwd mag blijven." Toen Draupadi opstond en Bhishma zich realiseerde dat hij de vrouw van zijn vijanden gezegend had, werd hij woedend en zei: "Hoe durf jij hier te komen? Wie is er met je meegegaan?" Hij gooide de deur van de tent open en zag zijn geliefde Heer Krishna staan met Draupadi's sandalen in zijn hand. Nadat Draupadi de tent was ingegaan, was het gaan regenen en Krishna was nu doornat.

Bhishma was geschokt toen hij Krishna in de regen zag staan en des te meer omdat Hij de sandalen in Zijn handen hield. "Mijn liefste Heer!" riep hij uit. "Wat is dit?"

De Heer glimlachte vriendelijk. "Het begon plotseling te regenen. Omdat ik bang was dat Draupadi's sandalen nat zouden worden, heb ik geprobeerd ze met mijn sjaal te bedekken."

Toen Draupadi besefte wat er gebeurd was, riep ze paniekerig uit: "Mijn Heer! Morgen kan de wereld u afkeuren omdat u de schoenen van een vrouw vastgehouden hebt!"

Krishna antwoordde rustig: "Laat de wereld beseffen dat het schoeisel van mijn toegewijden erg kostbaar is. God verblijft in ieder voorwerp. Deze sandalen zijn een afbeelding van God."

Amma zegt dat een Guru voor de leerling, voor de toegewijde leeft. Als we deze uitspraak voor ogen houden, is het gemakkelijk te begrijpen waarom onze geliefde Amma en Heer Krishna zoveel belang hechten aan de schoenen van hun volgelingen. Want als we onze schoenen verliezen, worden we dan niet verdrietig? Ik heb bij Amma's programma's vaak mensen gezien die naar hun schoenen zochten, alsof hun leven ervan afhing. En toch hechten we niet veel belang aan dezelfde dingen als ze van anderen zijn. Maar zelfs als we God niet in sandalen kunnen zien, laten we in ieder geval van de volgelingen houden die ze dragen en niet vergeten dat God in hen allen verblijft.

Hoofdstuk 18

Genade is een mysterie

Een man is gestorven en staat voor de hemelpoort. De hei-lige Petrus zegt tegen de man: "Je hebt 100 punten nodig om de hemel in te mogen. Vertel me nu alle goede dingen die je gedaan hebt. Ik geef je voor alles een aantal punten, afhankelijk van hoe goed het was. Wanneer je 100 punten haalt, mag je naar binnen."

"Prima," zegt de man. "Ik ben 50 jaar met dezelfde vrouw ge-trouwd geweest en heb haar nooit bedrogen. Ik heb zelfs nooit met verlangen naar een andere vrouw gekeken."

"Dat is geweldig," zegt Petrus. "Dat is twee punten waard!"

"Twee punten?" zegt de man. Hij klonk een beetje ontmoedigd.

"Wel, ik ben iedere zondag in mijn leven naar de kerk gegaan en heb het kerkkoor gedirigeerd. Ik heb daar ook op andere manieren als vrijwilliger gewerkt en gaf regelmatig donaties."

"Goed van jou," zegt Petrus. "Dat is zeker één punt waard."

"Eén punt? En dit dan: ik heb als liefdadigheidsarts gewerkt, heb door oorlog verscheurde gebieden bezocht en hulp geboden aan mensen in nood. Bovendien heb ik drie gehandicapte wezen uit de landen die ik bezocht heb, geadopteerd en opgevoed."

"Fantastisch, dat is nog twee punten," zegt Petrus.

"Twee punten?" De man hief zijn armen op. "Met deze vergoe-ding is de enige manier waarop ik in de hemel kan komen Gods genade."

"Precies," zegt Petrus.

Amma zegt dat we Gods genade nodig hebben, willen onze inspanningen op welk gebied dan ook succes hebben. Zelfs om een straat veilig over te steken hebben we genade nodig. In iedere situatie en bij iedere inspanning zijn er zoveel factoren waarover we geen controle hebben. Natuurlijk hebben we wél in de hand hoeveel inspanning we ergens in stoppen en de aandacht en zorg waarmee we ons werk doen. Maar het is genade die alle andere factoren op een gunstige manier bij elkaar brengt, wat resulteert in het succes van onze inspanningen.

In de zomer van 2004, tijdens een ochtenddarshan in Amma's ashram in San Ramon, stond ik in de darshanzaal met een volgeling te praten. Ik had het beginmateriaal dat ik voor mijn tweede boek, *Het Ultieme Succes,* verzameld had, bij me. Terwijl ik met de volgeling praatte, liep ik langzaam naar het podium. Toen ik bij het podium was, riep Amma me plotseling. Zodra ik bij Haar kwam, greep Ze de kleine stapel papieren die ik in mijn handen had. Luid begon Ze me voor de gek te houden en vertelde iedereen rondom Haar dat het mijn gewoonte is altijd een zak of wat papieren bij me te hebben. Dat zeggend begon Ze door de papieren te bladeren die Ze uit mijn handen had gegrist en vroeg me wat het was. Ik vertelde Amma wat het was. Ze riep onmiddellijk uit: "O, je schrijft een tweede boek!"

"Ja, Amma," zei ik. "Moet ik dat niet doen?"

Amma antwoordde: "Ja, ja. Schrijf het." Toen Ze dit zei, sloot Ze Haar ogen een paar minuten en gaf een prachtige zegen met de papieren in Haar handen. Als de lezers van *Het Ultieme Succes* daarin iets bruikbaars of nuttigs hebben gevonden, kwam dat alleen door Amma's genade.

We weten nooit hoe en wanneer goddelijke zegeningen tot ons komen. Vele jaren geleden, toen er slechts een paar mensen in de ashram woonden, begonnen de swami's bhajans te componeren, die we iedere avond rond de schemering met Amma zongen. In die tijd hadden de meeste oudere swami's behalve ik liederen gecomponeerd. Ik beschouw mezelf niet als een groot musicus en daarom was het nooit in me opgekomen een bhajan te schrijven. Laat op een avond kwamen echter zowel tekst als melodie in mij op en besloot ik mijn eerste lied voor Amma te schrijven. Rond een uur 's nachts had ik de bhajan bijna af, toen er op de deur geklopt werd. Ik opende de deur en was zeer verrast Amma in de deuropening te zien staan. "Waarom ben je zo laat nog op?" vroeg Amma onschuldig.

Ik legde een beetje bedeesd uit dat ik een bhajan voor Amma aan het componeren was.

"O, een paar dagen geleden dacht Amma dat de meeste swami's bhajans gecomponeerd hadden. Amma vroeg zich af waarom jij dat nog niet gedaan had." Amma's opmerking was schijnbaar terloops, maar hieruit begrip ik dat Amma mij zowel de woorden als de melodie voor het lied had ingegeven en dat ik letterlijk een instrument in Haar handen was.

Een van de organisatoren van Amma's programma in New Mexico vertelt een prachtige anekdote. De eerste keer dat Amma New Mexico bezocht, haalde hij Amma van het vliegveld af en reed Haar naar zijn huis. Het regende toen ze uit het vliegveld kwamen. Voordat Amma in de auto stapte, stond Ze enige tijd met Haar handpalmen omhoog en verzamelde regendruppels in Haar hand. Toen keerde Ze zich tot deze volgeling en zei: "Genade valt altijd als regen. We moeten ons alleen open stellen om het te ontvangen."

Met 'ons open stellen om het te ontvangen' bedoelt Amma niet alleen een simpele bereidheid om Gods hulp te ontvangen om succes te hebben. Amma's uitspraak was eigenlijk zeer wetenschappelijk. Amma vertelt ons dat we allemaal een subtiele aura hebben en dat in deze aura een subtiele indruk van al onze gedachten, woorden en daden wordt opgeslagen. In iemand die alleen zuivere gedachten heeft, alleen goede woorden spreekt en alleen goede daden verricht, is de aura goud van kleur en uiterst ontvankelijk voor genade. Terwijl iemand die vol negatieve gedachten zit zoals oordelende, wraakzuchtige, jaloerse of wellustige gedachten, die een scherpe tong heeft, gemeen is en wiens handelingen alleen hemzelf ten goede komen, een donkere en vertroebelde aura heeft. Daarom zal het licht van genade hier niet doorheen kunnen komen. Het zijn de indrukken die door de eigen handelingen van deze persoon gevormd worden, die het stromen van de genade tegenhouden.

Alleen mensen kunnen eraan werken ontvankelijker voor genade te worden. Daarom zegt men dat het menselijk leven een zegen is. Alle andere vormen van leven hebben niet het onderscheidingsvermogen dat mensen hebben. Ze hebben geen besef van juist en verkeerd of goed en kwaad. Wanneer een hond zonder reden een postbode bijt, zal dat de ontvankelijkheid van de hond voor genade niet vermeerderen of verminderen, omdat hij geen onderscheidingsvermogen heeft. Maar als een postbode zonder reden een hond trapt, zal deze daad een overeenkomstige negatieve indruk op zijn aura achterlaten. Hij heeft onderscheidingsvermogen en hoort een besef van dharma te hebben.

Dit betekent niet dat we ons ontmoedigd moeten voelen wanneer we denken aan al onze vorige handelingen die genade tegengehouden hebben. Laten we ons liever verheugen over de mogelijkheid om positief moeite te doen op het huidige moment, wat ons steeds ontvankelijker voor de stroom van genade zal maken, totdat ons hele leven een zegen wordt.

Eén manier om ontvankelijker voor genade te worden is oprecht de instructies van een Echte Meester opvolgen. Eens vroeg Amma de ashrambewoners wie de meeste mantra's zonder onderbreking kon herhalen. Het was geen competitie, maar een uitdaging voor ieder individu. Ze droeg ons op niet erg snel te herhalen, alsof het een race was, maar te reciteren met een constante, redelijke snelheid en met liefde en aandacht. Sommige bewoners herhaalden 5.000 mantra's, anderen minder en weer anderen meer. Maar toen de nacht vorderde, gingen we ten slotte allemaal naar bed. Dat wil zeggen allemaal op een na. Eén bewoner bleef 24 uur wakker en herhaalde zijn mantra de hele tijd. Na afloop gaf Amma hem twee snoepjes als prasad. Klinkt dat als een onvoldoende beloning? Men zou kunnen opperen dat het slechts twee snoepjes voor 24 uur werk is, maar in feite was het veel meer. De snoepjes zijn niet belangrijk, maar Amma's waardering. Iedereen reciteerde een lange tijd, maar het kwam bij niemand anders op om slaap op te geven om Amma's instructies op te volgen. Maar deze ene persoon dacht: "Amma heeft gezegd dat we zoveel mogelijk mantra's moeten herhalen en omdat het mogelijk is om het één nacht zonder slaap te stellen, wil ik dat doen." Het was voor deze gedachte, dit niveau van toewijding dat Amma Haar waardering toonde. En of we het weten of niet, het is deze waardering, niet de waardering van een gewoon iemand, maar de waardering van een Echte Meester, waar iedereen naar zoekt. Als de Guru ons waardeert, betekent dat dat zijn genade naar ons stroomt.

Natuurlijk verwerpt Amma zelfs de ergste misdadiger niet, maar door goede daden te verrichten kunnen we ontvankelijker voor Haar zegen en genade worden. Amma vertelt vaak het verhaal van een jongetje, dat zichzelf zonder het te weten de magneet maakte voor Amma's genade en affectie. Toen Amma op een dag darshan in Amritapuri aan het geven was, werd er iemand ziek en gaf midden in de darshanrij over. De persoon verontschuldigde zich en ging naar het ashramziekenhuis. Hij was niet in staat het braaksel in de tempel op te ruimen en degenen die naast hem stonden, vonden dat het ook niet hun plicht was het op te ruimen, omdat ze de man niet kenden en het niet hun braaksel was. Geleidelijk gingen de oorspronkelijke getuigen naar de darshan en vertrokken, maar het braaksel bleef midden op de tempelvloer liggen, halverwege de darshanrij. Iedereen die voor Amma's darshan kwam, moest eroverheen stappen en velen knepen hun neus dicht en bekritiseerden de ashram dat er niemand was om die goed schoon te houden. Sommigen vertelde Amma over de vuiligheid, maar niemand ruimde het vrijwillig op.

Toen kwam er een jongetje, niet ouder dan acht of negen jaar, bij de plek waar hij eroverheen moest stappen om in de darshanrij verder te gaan. In plaats van zijn neus dicht te knijpen en eroverheen te springen draaide hij zich om en rende de tempel uit om een paar tellen later met een doek in zijn ene hand en een emmer water in de andere te verschijnen. Zonder links of rechts te kijken knielde hij en begon nauwkeurig het braaksel van de zieke persoon op te ruimen. Hij rende verscheidene malen de tempel in en uit om de doek schoon te spoelen, voordat hij de vloer droog veegde. Zo liet hij een gepoetst, brandschoon vierkant van tegels achter, waar een paar minuten tevoren het braaksel had gelegen. Ten slotte ging de jongen zijn handen wassen voordat hij weer in de darshanrij ging staan.

Amma zag dit allemaal gebeuren en toen de jongen Haar schoot bereikte, stortte Ze Haar liefde en affectie over hem uit. Ook nadat Ze de darshanzaal verlaten had en naar Haar kamer gegaan was, zei Ze dat het gezicht van de jongen in Haar op bleef komen, hoewel Ze het de hele dag druk had met veel bijeenkomsten en telefoontjes. Hoewel Haar genade als een rivier naar iedereen stroomt, zei Amma over deze jongen dat hij als het ware door zijn onschuldige en zuiver onbaatzuchtige daad een kleine holte in de oever van Haar rivier van genade gegraven had, waarnaar Haar genade direct en spontaan stroomde.

Er zijn mensen die vinden dat ze geen Guru of God nodig hebben en dat ze door hun eigen inspanningen de Hoogste Realisatie kunnen bereiken. Maar zowel de geschriften als de Meesters zeggen dat onze eigen inspanningen beperkt zijn en dat alleen genade ons over de drempel naar uiteindelijke Bevrijding kan helpen. Als vergelijking zegt Amma dat we tot de laatste halte in een bus kunnen rijden en het dan vandaar nog maar een korte afstand naar onze bestemming is. De laatste afstand kan alleen afgelegd worden met de genade van de Guru of God. Amma vertelt het volgende verhaal.

Er was een *dharmashala* (herberg voor pelgrims) waar iedere dag voedsel aan de pelgrims werd uitgereikt. In die plaats gold de regel dat de pelgrims een bel die aan de luifel hing moesten luiden. Als de herbergier het geluid hoorde, deed hij de poort open en serveerde het voedsel. Op een dag kwam er een arm jongetje dat van aalmoezen leefde bij de dharmashala en probeerde de bel te luiden. Maar de bel hing te hoog voor hem. Hij probeerde de bel met een lange stok te luiden, maar hij kon er nog steeds niet bij. Hij probeerde op allerlei steunen te klimmen om de bel te bereiken, maar zonder resultaat. Ten slotte probeerde hij vanaf de steunen te springen, maar zonder resultaat. De jongen was uitgeput en ging wanhopig op de grond zitten. Een voorbijganger die vanaf een bank aan de overkant van de straat had toegekeken hoe hard dit jongetje probeerde bij de bel te komen, had veel medelijden met de jongen. Hij stond op, stak de straat over en luidde de bel voor hem. Weldra ging het hek open en kreeg de jongen te eten in de dharmashala.

Nadat we spirituele oefeningen gedaan hebben en al het mogelijke gedaan hebben om ons te zuiveren, moeten we eenvoudig geduldig wachten totdat de Meester ons Zijn genade verleent. Maar we moeten oppassen dat we niet ophouden ons in te spannen onder het mom van wachten op genade. Amma zegt: "Het is prima als je vol vertouwen op Zijn komst wacht, maar wees er zeker van dat je met aandacht wacht. Als je door andere dingen in beslag genomen wordt, hoe kan God dan komen? Hoe kan Zijn genade stromen? Het is dwaas om te zeggen: 'Ik wacht op God, totdat Zijn genade komt. Hij is mededogen zelve, dus zal Hij komen. Laat ik me tot dan met andere belangrijke zaken bezighouden.' Met dit soort vertrouwen ontvang je geen genade en zul je ook niet de kracht hebben om moeilijke situaties te boven te komen."

Uiteindelijk kan alleen genade ons de kennis van de Waarheid geven. Maar de enige manier om dit soort genade te verkrijgen is onophoudelijk inspanning verrichten om het doel te bereiken, zoals de jongen bij de dharmashala alles deed wat hij kon om de bel te luiden. Het waren de serieuze inspanningen van de jongen die de aandacht van de man trokken en hem ontroerden. Op dezelfde manier zal het zeker de genade van de Guru aantrekken, wanneer wij er serieus naar streven Het Zelf te realiseren, wat ons naar het uiteindelijke doel zal leiden. Wij van onze kant moeten oprecht ons best doen. Voor al het overige zal de Meester zorgen.

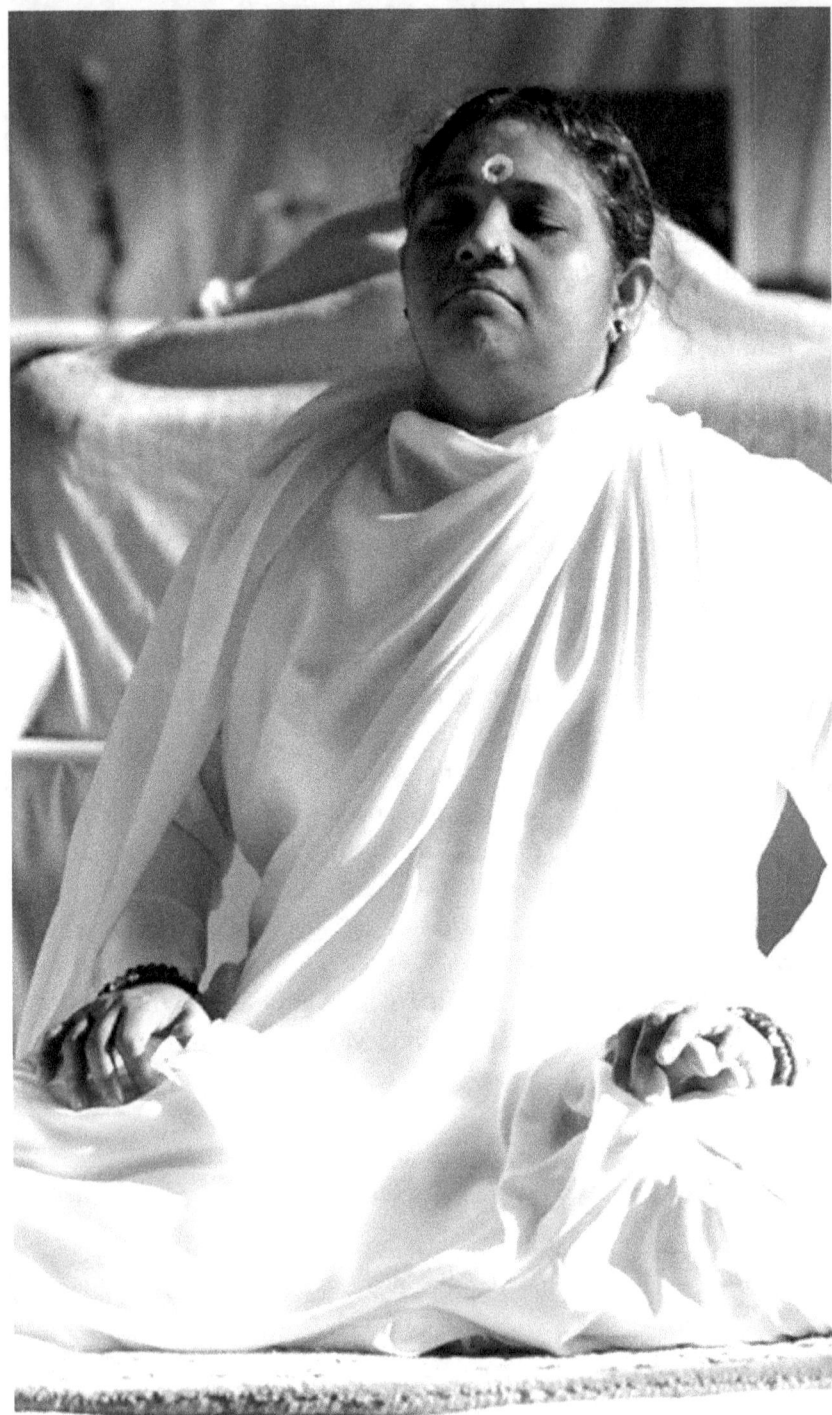

Hoofdstuk 19

Vermomde zegeningen

I n het laatste hoofdstuk hebben we genade gedefinieerd als de factor die onze inspanningen succesvol maakt en ons helpt onze doelstellingen in het leven te bereiken. Het is waar dat genade soms zo werkt, maar het is niet altijd zo eenvoudig. Als we vooruitgaan op het spirituele pad, zullen we ontdekken dat genade het tastbaarst is bij falen en ontberingen, misschien nog meer dan bij succes. Misschien schreef de Griekse toneelschrijver Aeschylos met dit voor ogen: "Hij die leert, moet lijden. En zelfs in onze slaap valt pijn die niet kan vergeten, druppel voor druppel in het hart, en in onze wanhoop, tegen onze wil, komt wijsheid tot ons door de ontzagwekkende genade van God."

Vanaf 1985 begon Amma me vanuit de ashram uit te zenden om satsang te geven, toegewijden te ontmoeten en tijd in plaatselijke ashrams door te brengen. Vanaf toen was de enige mogelijkheid dat ik lange tijd in Amma's aanwezigheid kon doorbrengen tijdens Haar wereldtournees. Nu doet Amma de tournee naar Japan en de VS in de zomer, komt twee maanden terug naar Amritapuri en doet dan de Europese tournee in oktober en november. Maar in die tijd volgde de Europese tournee onmiddellijk op de Amerikaanse en daarom kon ik drie maanden onafgebroken in Haar aanwezigheid doorbrengen. Dit was altijd een gelukzalige periode voor me en ik keek er ieder jaar naar uit. Maar in 1989 gebeurde er iets wat deze tournees erg moeilijk voor me maakte. Steeds als ik naar Amma's kamer ging, vond Ze een reden om me weg te sturen. Ze zei dat Ze het te druk had of dat Ze alleen gelaten wilde worden. Ze gaf me op mijn kop voor dingen die ik niet juist gedaan had en soms gaf

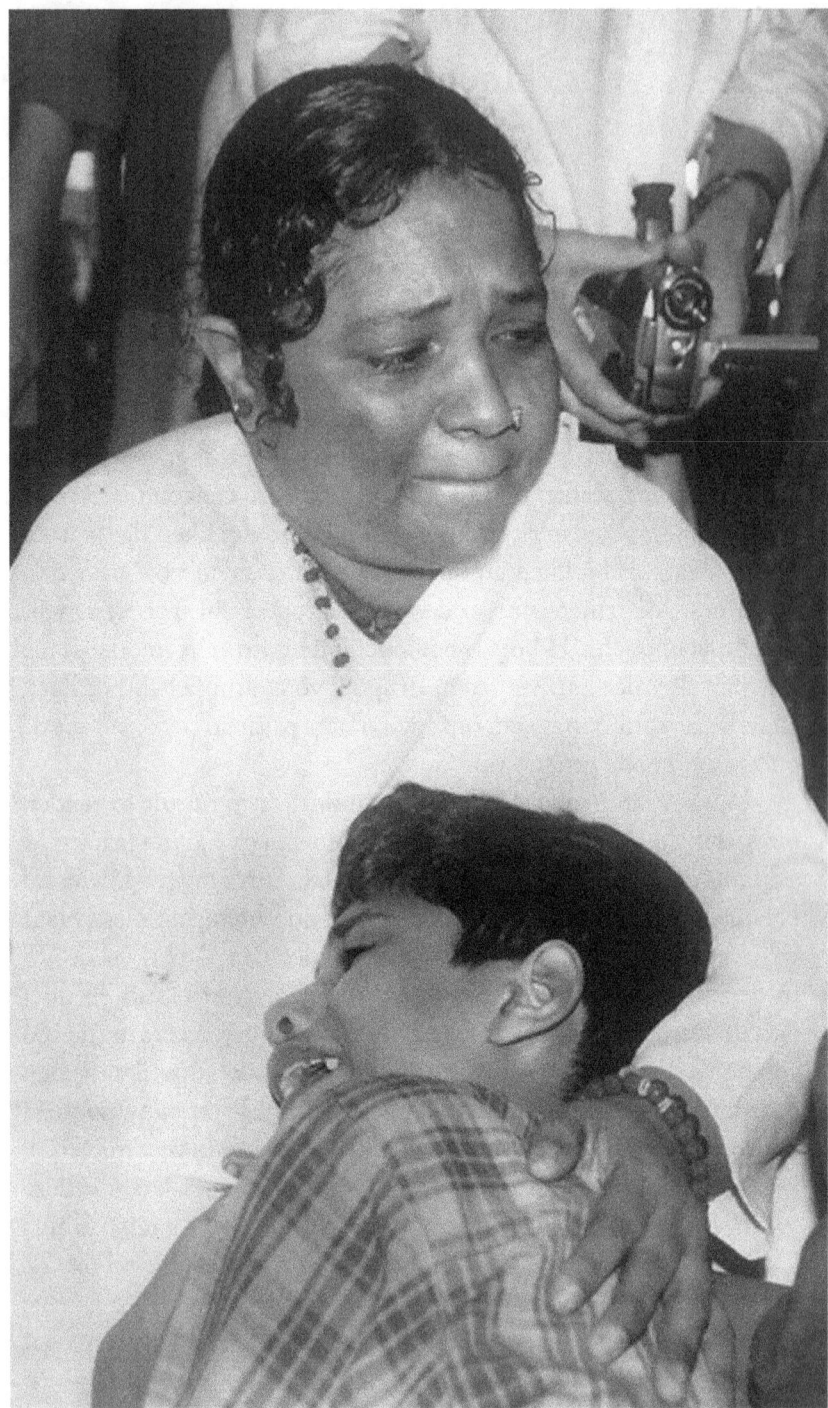

Ze me zelfs de schuld van dingen die ik niet gedaan had. In de loop van de tijd merkte ik op dat Ze dit niet bij de andere swami's deed. Als Amma me zo behandelde, was ik zeer verdrietig, maar toen ik zag dat ik de enige was die Ze zo behandelde, voelde ik me nog rotter. Ik begon fouten te maken als ik de tabla voor Amma tijdens de avondbhajans bespeelde en was over het algemeen niet op mijn best.

Deze behandeling duurde de hele tournee in 1989 en ook de tournee in 1990. Uiteindelijk, tijdens de tournee in 1990, riep Amma me op een gegeven moment naar Haar kamer. Ik ging aarzelend naar Haar kamer en vroeg me af wat Ze voor me in petto had. Ik dacht zelfs dat Amma me misschien terug zou sturen naar India, omdat ik zelfs de tabla's niet goed meer bespeelde.

Toen ik Amma's kamer binnenging, was Haar stemming vriendelijk. Ze legde me geduldig uit dat ik in een zeer slechte periode zat en dat ik voorbestemd was in deze tijd te lijden en tegenspoed te ondergaan. Daarom had Amma me ongevoelig behandeld. Ze zei ook dat ik een gelofte af moest leggen naast mijn normale spirituele oefeningen. Ze zei dat het zo'n slechte tijd voor me was, dat ik misschien zelfs de ashram zou verlaten.

Toen ik over Amma's advies nadacht, besloot ik dat ik een gelofte van stilte en vasten op donderdagen zou afleggen. Zij was immers alles voor me en ik had geen andere God dan Haar, en donderdag is de dag die traditioneel het symbool is van aanbidding van de Guru. Ik besefte ook dat de manier waarop Amma me behandelde alleen was om me te helpen mijn prarabdha uit te putten zonder dat ik in een nog slechtere situatie terecht zou komen. Volgens de wet van karma moest ik in die tijd innerlijk, emotioneel lijden en pijn ondergaan. Amma hielp me door die ontberingen te gaan zonder dat ik Haar verliet.

Onlangs kwam een jonge brahmachari die als *pujari* (tempelpriester) in een van Amma's Brahmasthanamtempels werkte, met tranen in zijn ogen naar Amma toe. Toen Amma hem vroeg wat er aan de hand was, legde hij uit dat de meeste mensen in het gebied van de tempel hem zeer hartelijk ontvingen, maar dat er één echtpaar was dat constant wreed en grof tegen hem was. Ze zeiden zelfs dat zijn aanwezigheid hen deed walgen en dat ze niet meer naar de tempel zouden gaan als Amma niet een andere brahmachari zou sturen om hem te vervangen. Toen hij zijn verhaal beëindigde, vroeg hij Amma droevig: "Is mijn aanwezigheid zo weerzinwekkend, Amma?"

Amma veegde de tranen van de jongen af en troostte hem met de woorden: "Als iemand je uitscheldt, besteed dan geen aandacht aan zijn woorden." De brahmachari was getroost door Amma's woorden, maar wat Ze vervolgens zei was echt een verrassing voor hem: "Spoedig komt de dag dat honderden mensen om je aandacht zullen wedijveren!" Met vernieuwde energie ging de brahmachari de volgende dag naar de Brahmasthanamtempel terug. Amma's woorden hadden hem gerustgesteld, hoewel hij niet zag hoe Haar voorspelling uit kon komen.

Enkele maanden later, op de dag na de tsunami, riep Amma deze brahmachari en vroeg hem om voor de lichamelijke en emotionele behoeften te zorgen van meer dan 700 kinderen die hun huis verloren hadden en in de meeste gevallen ook een of meer familieleden. In de daarop volgende weken en maanden ontwikkelden deze kinderen een diepe affectie en respect voor deze brahmachari. Overal waar hij heen ging, werd hij door minstens een dozijn kinderen gevolgd. Toen de overlevende familieleden van deze kinderen het succes zagen dat hij had bij het inspireren, vermaken en disciplineren van hen, begonnen ook zij om zijn aandacht en advies te vragen.

Soms is er vanwege ons prarabdha geen manier om een pijnlijke ervaring te vermijden. We hebben geen keuze dan het te ondergaan. De schrijver Chinua Achebe zei het heel welsprekend: "Wanneer het lijden op je deur klopt en je zegt dat er geen plaats voor hem is, dan zegt hij dat je je geen zorgen hoeft te maken, omdat hij zijn eigen krukje meegebracht heeft." In zulke gevallen zegent Amma ons echter met de kracht om de situatie met moed en gelijkmoedigheid tegemoet te treden.

Drie jaar geleden moest ik twee knieoperaties ondergaan. Van tevoren had Amma me gezegd dat het een slechte tijd voor me was en dat ik op moest passen met mijn gezondheid. Omdat Amma niet specifiek zei voor wat voor soort gezondheidsproblemen ik uit moest kijken, piekerde ik er niet over. Ik liet het probleem, wat het ook mocht zijn, aan Amma over. Kort daarna begon ik op een dag zware pijn in een knie te voelen. Toen ik dit Haar vertelde, zei Ze me dat ik meteen naar het ziekenhuis moest gaan. Nadat de dokters mij onderzocht hadden, stelden ze voor dat ik een correctieve operatie zou ondergaan. Hoewel het een kleine operatie zou zijn, was ik toch wat bang omdat ik nooit eerder een ernstige verwonding of ziekte had gehad.

Amma zei me dat ik de operatie moest ondergaan en daarom maakte ik plannen om de operatie door te laten gaan. Ik was toen in de Verenigde Staten en ik belde Amma bijna iedere dag op. Ik bad dan tot Haar dat Ze me op de een of andere manier zou helpen dat de operatie niet nodig was. Steeds wanneer ik met Amma sprak, stelde Ze me gerust: "Maak je geen zorgen, mijn zoon. Alles zal in orde komen."

Door Amma's woorden was ik zeker dat de operatie vermeden kon worden, maar toen de dag waarop de operatie gepland was kwam, was mijn conditie niet verbeterd. Ik had geen keuze dan de operatie te ondergaan. De operatie verliep gemakkelijk en na afloop belde ik Amma op. Ze zei dat Ze bij me was geweest tijdens de operatie, hoewel ik Haar niet had kunnen zien. Toen ik Amma's woorden hoorde, voelde ik me erg getroost. Na de operatie verdween de pijn.

Zes maanden later had ik opnieuw problemen in dezelfde knie. De artsen informeerden me dat een tweede operatie nodig was. Amma zei dat ik de operatie deze keer in AIMS, Haar hooggespecialiseerde ziekenhuis in Cochin, moest ondergaan. De eerste keer was ik ver weg in de Verenigde Staten geweest en had ik Amma dagenlang niet kunnen zien. Als ik de operatie in AIMS zou ondergaan, zou ik Amma binnen een paar dagen kunnen zien, omdat AIMS slechts drie uur van de ashram is. Ik volgde Amma's instructies en onderging de tweede operatie. Deze keer voelde ik helemaal geen angst, omdat ik wist dat Amma in een subtiele vorm tijdens de operatie bij me zou zijn en omdat ik Haar kort erna weer zou kunnen zien. Hiervoor had ik zelfs afkeer van een spuitje in mijn arm, maar na deze ervaring voel ik helemaal geen spanning over behandelingen die ik moet ondergaan. In dit geval had Amma niet geholpen op de manier die ik verwacht had. Ze verwijderde het probleem niet. In plaats daarvan gaf Ze me de moed om de ervaring gelijkmoedig te ondergaan.

Echte Meesters overtreden of hinderen zelden de wetten van het universum, hoewel ze het vermogen hebben dit te doen. Ze respecteren en volgen deze wetten, omdat ze geen speciale egoïstische verlangens hebben om anders te doen en omdat ze vanaf hun niveau van bewustzijn begrijpen dat deze wetten alleen voor het welzijn van de wereld functioneren.

Maar er zijn voorbeelden dat Moeder Natuur reageert op de spontane *sankalpa* of het goddelijke besluit van Mahatma's als Amma. Tijdens Amma's programma's in San Ramon, Californië, was er in een bepaald jaar een vreselijke brand in de keuken waar ze het voedsel kookten voor de honderden volgelingen die gekomen waren om Amma te zien. Een brahmachari die met Amma toen op de veranda van Haar huis stond, vertelde me later dat Amma op een gegeven moment naar het vuur keek en met gevouwen handen bad.

Wat daarna plaatsvond is echt verbazingwekkend. De wind draaide plotseling en begon van de tent en de andere ashramgebouwen af te waaien. Natuurlijk waren er een paar mensen onmiddellijk gewond door het vuur, maar veel meer kwamen er zonder letsel af omdat het vuur zich niet verspreidde.

Amma bezocht iedere gewonde volgeling in het ziekenhuis en zat naast hun bed. Later legde Ze hun uit dat zij allemaal voorbestemd waren om op die dag veel erger te lijden of zelfs om het leven te komen. Door het ongeluk in Amma's ashram te ervaren konden ze aan een erger lot ontsnappen.

Nu zijn ze allemaal terug in de keuken op Amma's Amerikaanse tournee, met meer enthousiasme en toewijding dan ooit. Ze hebben me allemaal verteld dat ze Haar aanwezigheid en genade sterk konden voelen tijdens al hun moeilijkheden en dat hun vertrouwen in Amma als gevolg van deze ervaring zelfs dieper is geworden. Het vuur heeft hun lichaam verwond, maar niet hun vertrouwen of energie. Zonder het ongeluk op een negatieve manier op te vatten of over hun lot te piekeren hebben ze het ongeluk als een manier gezien om hun leven opnieuw aan Amma's voeten te wijden. Ze lieten het geen struikelblok in hun leven worden, maar maakten er een springplank naar spirituele groei van.

Amma heeft gezegd dat de Guru 90 procent van ons karma verwijdert, zodat we alleen de overblijvende 10 procent hoeven te ondergaan. Maar zelfs dan kunnen we ons afvragen: "Waarom 10 procent overlaten? Als de Guru 90 procent kan verwijderen, waarom dan geen 100 procent? Wat is er zo krachtig of belangrijk aan de wet van karma dat we minstens 10 procent moeten lijden?" Het antwoord is dat deze overblijvende 10 procent ons spiritueel doet groeien en vooruitgaan.

Amma beschrijft de houding die een spiritueel zoeker moet hebben bij het onder ogen zien van zijn karma: "Een zoeker maakt zich er geen zorgen over of geluk of ongeluk op hem afkomt. Hij weet dat zijn karma als een pijl is, die al van de boog is losgelaten. Niets kan hem tegenhouden. De pijl kan hem pijn doen, verwonden of zelfs doden, maar voor hem maakt dat niet uit. Het is als de naald van een pick-up die door de groeven van een grammofoonplaat gaat. Het lied moet gespeeld worden zolang de naald van het leven door de groeven gaat. Het lied kan vreselijk of heel goed zijn. Hoe dan ook, hij heeft het zelf gemaakt. Het is zijn eigen stem. Hij wil niet weglopen van zijn karma omdat hij weet dat het een zuiveringsproces is en dat het de vlekken schoonmaakt die door hem in het verleden zijn gemaakt, in een vorig leven. En boven alles heeft de echte zoeker altijd de bescherming en genade van de Guru. Daarom zal hij zelfs in de moeilijkste tijden troost en hulp krijgen."

Lijden is alleen een schok voor ons, wanneer het lange tijd niet in ons leven is geweest. We hoeven het alleen maar te vragen aan de miljoenen mensen over de hele wereld die in troosteloze armoede leven of in door oorlog geteisterde gebieden. Zij zullen ons vertellen hoe vol van lijden het leven is. We hoeven het alleen maar aan Amma te vragen. Ze weet het beter dan wie ook. Miljoenen mensen uit de hele wereld komen met ontelbare problemen naar Haar toe en vragen om Haar genade en advies. In plaats van ons af te vragen waarom we moeten lijden, moeten we proberen eraan te denken hoe gelukkig we op andere momenten in ons leven geweest zijn en God dankbaar zijn dat we zo lang in welvaart hebben kunnen leven.

Uit Haar oneindige mededogen garandeert Amma ons dat Haar troost en hulp er in de moeilijkste tijden zullen zijn. Kunnen we om meer vragen? Ik bid dat we ons altijd allemaal die woorden van Amma herinneren wanneer er tegenspoed in ons leven komt en dat Ze ons de juiste waarneming van die ervaringen geeft, zodat ze ons helpen groeien en vooruitgaan op het spirituele pad.

Hoofdstuk 20

Een golf van genade

En paar maanden na de tsunami organiseerde Amma twee kampen voor de kinderen die door de ramp getroffen waren. Tijdens deze kampen verbleven er in de ashram meer dan 10.000 kinderen die deelnamen aan cursussen in yoga, Sanskriet en gesproken Engels. Voordat ze naar de ashram kwamen, waren veel kinderen zo getraumatiseerd door de ervaring van de tsunami dat ze 's nachts niet eens konden slapen. Maar toen ze naar de ashram kwamen, leken ze al hun zorgen te vergeten, ook al waren ze daar nog nooit eerder geweest en hadden ze Amma nog nooit ontmoet. Van de ene op de andere dag werden ze weer speels en blij, zelfs heel ondeugend: ze verwisselden de sloten op de deuren van de mensen; gingen in de lift op en neer en lieten hem op iedere verdieping stoppen en een Westerse brahmachari die in de woonflats werkte, werd onderuitgehaald door een stuk of tien jongens van een jaar of acht die hun kracht wilden testen.

Ondertussen leerde een andere Westerse volgeling de kinderen hoe ze papieren vliegtuigjes moesten maken. De volgende dag was er plotseling behoefte aan een nieuwe baan in de ashram, die van luchtverkeersleider. De kinderen wierpen honderden papieren vliegtuigjes van de vijftiende verdieping van de flats.

Iedere dag hield Amma een vraag- en antwoordbijeenkomst met de kinderen. Amma gebruikte de onschuldige vragen van de kinderen als een gelegenheid om hun spirituele waarden bij te brengen. Op een middag bijvoorbeeld vertelde een kind Amma dat ze gehoord had dat godsbeelden in sommige tempels over de jaren langzaam groeien. "Is dit mogelijk?" wilde het kind weten.

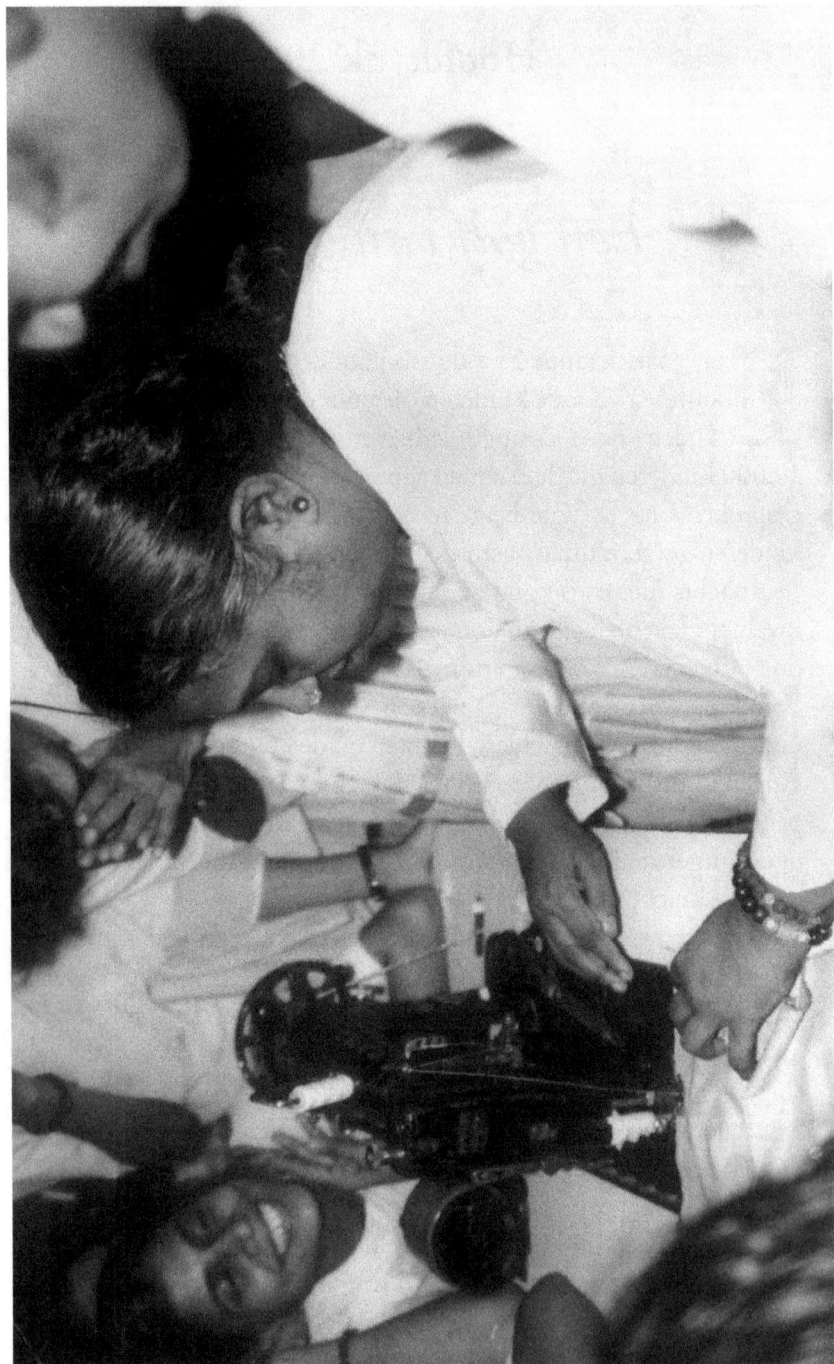

"God is een wonder," zei Amma. "Alles is mogelijk in Gods schepping. De beelden kunnen groeien, maar hoe zit het met jou? Ben jij gegroeid? Ben jij veranderd? Wat heeft het voor zin om naar de verandering van een beeld te kijken? Jij bent degene die moet veranderen."

Een ander kind vroeg Amma wat Haar echte naam was. "Ik heb dit ook onderzocht," zei Amma. "Ik heb geen naam. Mensen geven me verschillende namen."

Een ander kind vroeg: "Amma, wat is de naam van uw moeder?"

Amma's antwoord toonde opnieuw de ruimheid van Haar visie: "De naam van mijn pleegmoeder is Damayanti[1], maar voor mij is de aarde mijn moeder, de zee is mijn moeder, de lucht is mijn moeder, planten zijn mijn moeder, de koe is mijn moeder, dieren zijn mijn moeder. Het gebouw waarin we zitten is ook mijn moeder."

Toen kwam er een klein meisje naar voren: "Amma, ze zeggen dat u goddelijke krachten hebt. Is dat waar?"

"Wat bedoel je met goddelijke krachten?" vroeg Amma.

"Dat alles wat Amma zegt, uit zal komen, dat mensen die geen kinderen konden krijgen, van u kinderen kregen…"

"Vraag het de volgelingen," zei Amma aanvankelijk, omdat Ze niet over zichzelf wilde praten. "Ik geef er de voorkeur aan een klein kind te zijn, een beginner. Iedereen wil de koning over het dorp zijn, en dan beginnen ze allemaal te vechten. Je moet een koning van binnen worden." Amma voegde eraan toe dat het vermogen om zulke dingen tot stand te brengen in ons allemaal aanwezig is, maar dat wij het moeten oproepen. De kinderen juichten en begroetten Amma's antwoord met applaus.

Op de laatste dag van het kamp stond er een kind op en vroeg: "Amma, wat zal er met ons gebeuren wanneer we hier morgen weggaan?"

Amma vroeg hem waarom hij zo'n vraag stelde.

---

[1] Damayanti is de naam van Amma's biologische moeder. Door haar pleegmoeder te noemen wijst Amma erop dat we in ieder leven een andere, tijdelijke moeder krijgen en God onze enige blijvende moeder is.

De jongen antwoordde: "Amma, de vijf dagen die we hier hebben doorgebracht, hebben ons leven volledig veranderd. Hoewel velen van ons een moeder, vader, broer of zus in de tsunami verloren hebben, hebben we de pijn van het verlies niet gevoeld door de liefde en aandacht die u ons zo rijkelijk gegeven hebt. Nu willen we de ashram niet meer verlaten. We willen hier voor altijd blijven."

Een ander kind dat aan zo'n kamp deelnam, zei onder de darshan tegen Amma: "Amma, in de tsunami hebben we alles verloren, maar we hebben u gevonden. En weet u, het was het waard."

Toen het kamp voorbij was, bezochten veel plaatselijke kinderen de ashram heel regelmatig. Ze hebben nu het gevoel dat die van hen is. Hun ouders en andere volwassenen uit de dorpen, die nooit een voet in de ashram hadden gezet, komen nu voor melk en kruidenierswaren, medische verzorging, kleding, advies en zelfs voor beroepsopleidingen. De ashram is een oase van hoop geworden in wat anders een woestijn van wanhoop zou zijn geweest, die onvruchtbaar en bleek geworden is door een van de ergste natuurrampen uit de geschiedenis van de mensheid.

Tijdens de wereldtournee in 2004 zei Amma dat Ze donkere wolken zich aan de horizon zag verzamelen en dat we allemaal moesten bidden dat deze wolken in een regen van genade zouden veranderen. In wat er daarna gebeurd is, kunnen we zien dat deze donkere wolken vele levens in de vorm van de tsunami geteisterd hebben, maar dat ze ook veel mensen de regen van Amma's genade hebben gegeven.

Amma zegt dat we ons niet volledig bewust zijn van de meedogende aard van de Meester, zolang alles soepel verloopt en wanneer niemand zwaar lijdt. Maar wanneer een ramp ons treft, zal het mededogen van de Meester zich in alle volheid manifesteren. Hoe groter de ramp, des te meer zal het mededogen van de Meester stromen. Eigenlijk is er altijd dezelfde mate van mededogen, maar we kunnen het niet waarnemen. Ik denk dat niemand van ons vóór de tsunami wist hoe meedogend Amma in werkelijkheid is.

Een minister van de Indiase regering die naar de film van

Amma's activiteiten op de dag van de tsunami keek, maakte een opmerking over het feit dat Amma als reactie onmiddellijk andere kleren aantrok en door het opkomende water waadde en dan iedereen aanspoorde naar een hoger gebied te gaan waar men veilig zou zijn. De minister zei dat hij, als hij in Amma's plaats had gestaan, zelf eerst naar een hogere plaats gegaan zou zijn en dan iedereen gevraagd zou hebben te volgen. Maar Amma deed het tegenovergestelde. Ze stond erop dat Ze de allerlaatste persoon was die op die dag de ashram verliet. Zelfs de olifanten en koeien van de ashram waren naar het vasteland overgebracht, voordat Amma er eindelijk mee instemde naar een veiligere plek te gaan.

Er waren die dag bijna 20.000 mensen in de ashram en hoewel de ashram helemaal onder water liep, raakte er niet één persoon gewond. Zelfs de patiënten die in het charitatieve ziekenhuis van de ashram op bed lagen, werden gered. Omdat Amma de darshan op het laatste moment verplaatst had naar de oude gebedshal die anderhalve verdieping boven de grond is, speelden er geen kinderen in het grote open terrein op de begane grond dat de belangrijkste darshanhal is. Omdat Amma de uitbetaling van uitkeringen tot een andere dag uitgesteld had, werd 9.000 arme vrouwen bespaard wat het ergste van de ramp geweest zou zijn, toen het water de grote hal in de open lucht binnenstroomde. Als ik aan deze wonderbaarlijke reeks van bijna-ongelukken denk, móet ik wel denken aan Heer Krishna die de Govardhana-berg omhoog hield boven de bewoners van zijn jeugddorp om hem tegen de watervloed te beschermen. Het was alsof Amma letterlijk iedere persoon en ieder dier oppakte en hem boven het binnenstromende water hield. Kunnen we dat iets anders dan goddelijke genade noemen?

Amma wilde de ashram niet verlaten tot iedereen weggegaan was, en dan alleen nog maar omdat enkele leerlingen niet wilden gaan als Zij achterbleef. Uiteindelijk stak Amma de backwaters over naar het vasteland, ergens voorbij middernacht. Het was duidelijk dat Ze de hele dag geen druppel water gedronken had, omdat Haar lippen helemaal gesprongen waren. Toen een brahmachari Haar vroeg iets te drinken, antwoordde ze simpel: "Hoe kan ik water drinken wanneer er zoveel mensen gestorven zijn?"

Wij leunen graag achterover en feliciteren onszelf omdat we een of twee goede dingen gedaan hebben. We zeggen dan in onszelf: "Voor vandaag heb ik mijn goede daad verricht." Maar hoeveel Amma ook voor anderen doet, Ze vindt nooit dat het genoeg is.

Een paar jaar geleden was er een korte periode waarin Amma een band om Haar pols droeg terwijl Ze darshan gaf. Op een dag verwijderde Ze de band plotseling en ging door met darshan geven zonder de band. Toen een brahmachari Haar vroeg waarom Ze dat deed, antwoordde Amma: "Als ik darshan geef, moet mijn hand hun lichaam aanraken, zodat ze een band met Amma voelen en Haar moederlijke affectie voelen. Een plastic band tussen Amma's hand en hun lichaam zal dit gevoel alleen belemmeren." Amma is altijd bereid Haar eigen lijden te vergeten ter wille van anderen. Ze draagt nu geen band meer.

In de *Viveka Chudamani* verklaart Shankara: "De Mahatma's zijn de angstaanjagende oceaan van geboorte en dood overgestoken. Zonder reden of verwachting helpen ze anderen ook over te steken." Hun mededogen komt niet voort uit een logische beslissing of een beslissing waar ze zelf voordeel bij hebben. Ze doen dit eenvoudig uit hun oneindige mededogen met ons. Als Amma direct gevraagd wordt waarom Ze Haar leven gewijd heeft aan het afvegen van de tranen van de lijdende mensheid en hun spirituele verheffing, haalt Ze gewoon Haar schouders op en zegt: "Dat is alsof je aan een rivier vraagt waarom hij stroomt en aan de zon waarom hij schijnt. Dat is zijn natuur. Hij kan niet anders."

Amma vindt nooit dat Ze genoeg voor Haar kinderen gedaan heeft. Zelfs voor de tsunami werkte Amma harder en meer uren dan iemand ooit gedaan heeft in de geschiedenis van de wereld. Ze is toegewijd aan het spiritueel en materieel helpen van zoveel mogelijk mensen, soms lijkt het wel van de hele mensheid.

Hoewel het grootste deel van de wereld de tsunami en zijn slachtoffers al vergeten is, zegt Amma dat Haar geest nog steeds vol is met het lijden en de noden van de tsunamislachtoffers. De meeste mensen denken dat Amma terug naar Haar kamer gaat en gaat liggen rusten na een inspannende darshanzitting. Maar de waarheid is dat Ze meestal helemaal geen rust krijgt. Tijdens Haar Amerikaanse tournee in 2005, zes maanden na de ramp, ging een Devi Bhava darshan van halfzeven 's avonds door tot de volgende dag 's middags. Maar toen Amma klaar was, ging Ze meteen naar Haar kamer, waar Ze vier uur telefoneerde met de ashrambewoners die de tsunamihulpverlening voor Haar leidden.

In de maanden na de ramp maakten sommige brahmachari's grapjes dat men om Amma's aandacht te trekken zijn zin moest beginnen met 'tsunami'. Over Haar toewijding aan deze zaak merkte Amma op dat Ze niet tevreden zou zijn totdat alle tsunami- slachtoffers die Ze onder Haar hoede genomen had, in Kerala, Tamil Nadu, Pondicherry, de Andaman- en Nicobareilanden en Sri Lanka, hun huizen terug hadden en weer een normaal leven konden leiden.

Wanneer dit geschreven wordt, in augustus 2005, is Amma's ashram de enige instelling in India die nieuwe huizen aan de tsuna- mislachtoffers heeft geschonken. De tsunami was echt een vreselijke tragedie en hij vernielde het leven en de hoop van zeer veel mensen. Maar zonder Amma, die al hun verdriet op zich nam, zouden ze helemaal geen licht in hun leven gehad hebben en geen hoop om terug te keren tot een normaal leven. Zo bracht een van de grootste natuurrampen die de wereld ooit gezien heeft, het oneindige me- dedogen en de oneindige genade van de grootste Mahatma die de wereld ooit gekend heeft, naar buiten.

Er is een prachtig gedicht dat de manier waarop goddelijke genade ons op onverwachte manieren kan zegenen, beschrijft.

Ik vroeg God om kracht, zodat ik kon presteren,
maar ik werd zwak gemaakt,
zodat ik kon leren God nederig te gehoorzamen.

Ik vroeg om gezondheid, zodat ik grootse dingen kon doen,
maar mij werd zwakte gegeven, zodat ik betere dingen kon
doen.

Ik vroeg om rijkdom, zodat ik gelukkig kon zijn,
maar mij werd armoede gegeven, zodat ik wijs kon wor-
den.

Ik vroeg om macht, zodat ik door mensen geprezen zou
worden,
maar mij werd kwetsbaarheid gegeven, zodat ik de behoefte
aan God voelde.

Ik vroeg om alle dingen, zodat ik van het leven kon genie-
ten,
maar mij werd het leven gegeven, zodat ik van alle dingen
kon genieten.

Ik kreeg niets waarom ik gevraagd had, maar alles waarop
ik gehoopt had.
Bijna ondanks mijzelf werden mijn onuitgesproken gebeden
verhoord.

Ik ben zeer gezegend onder alle mensen.

Er zijn altijd een aantal zegeningen in ons leven. De vraag is of wij ze als zodanig kunnen herkennen. Amma zegt: "God is er, de Guru is er en genade is er altijd. Jullie hebben alle vermogens om dit te weten en ervaren. Jullie hebben een kaart en hebben aanwijzingen in de vorm van de Guru's woorden gekregen. De wind van de Guru's genade waait altijd. De rivier van zijn goddelijke wezen stroomt altijd en de zon van zijn kennis schijnt altijd. Hij heeft zijn deel gedaan. Zijn werk was lang, lang geleden klaar."

Nu moeten wij ons deel doen. We staan altijd onder een stroom van goddelijke genade. Of we ons voor die genade openen en ons hart in goddelijke liefde laten bloeien of ons afsluiten en dieper weg-zinken in egoïsme, begoocheling en wanhoop is helemaal onze zaak.

Door genade ontmoeten we de Meester. Door genade herkennen we een Meester, wanneer we hem zien. En de Meester schenkt ons genade. Door Amma's genade kunnen de meesten van ons in ieder geval een beetje van Haar goddelijkheid en grootheid herkennen. Als we ons aan die goddelijkheid vasthouden en ons openstellen door goede daden te verrichten en een zuiver en onschuldig kinderhart te ontwikkelen, dan zal ons leven zeker meer gezegend, vrediger en rijker worden. Dat kan niet anders. Moge Amma Haar zegeningen over ons allemaal uitstorten.

Woordenlijst

adharma – onrechtvaardigheid, afwijken van de natuurlijke harmonie

Advaita – letterlijk 'niet twee'; verwijst naar het non-dualisme, het fundamentele principe van de Vedanta, de hoogste spirituele filosofie van Sanatana Dharma.

Amrita Kutiram – het huisvestingsproject van de Mata Amritanandamayi Math waarbij gratis huizen aan heel arme gezinnen worden verstrekt. Tot nu toe zijn er in heel India dertigduizend huizen gebouwd en weggegeven.

Amrita Vidyalayam – basisscholen die opgericht en geleid worden door de Mata Amritanandamayi Math en gewijd zijn aan onderwijs gebaseerd op waarden. Op het moment zijn er 50 Amrita Vidyalayams in heel India.

Amritapuri – het internationale hoofdkwartier van de Mata Amritanandamayi Math dat gelegen is in Amma's geboorteplaats in Kerala, India.

Amritavarsham50 – de viering van Amma's 50ste verjaardag die in september 2003 als een internationaal evenement voor dialoog en gebed gehouden werd in Cochin, Kerala en als thema had 'De wereld omhelzen voor vrede en harmonie.' Het feest van vier dagen werd bijgewoond door internationale ondernemers, vredestichters, onderwijsdeskundigen, spirituele leiders, milieudeskundigen, de meest vooraanstaande politieke leiders en artiesten uit India en meer dan 200.000 mensen per dag, onder wie vertegenwoordigers van alle 191 lidstaten van de Verenigde Naties.

archana – verwijst meestal naar het reciteren van de 108 of 1000 namen van een bepaalde godheid (bijvoorbeeld de Lalita Sahasranama).

Arjuna – een groot boogschutter die een van de helden uit het epos de Mahabharata is. In de Bhagavad Gita spreekt Krishna tot Arjuna.

asana – meditatiematje

asura – duivel

Atman – het Zelf of Bewustzijn

AUM – ook 'Om'. Volgens de vedische geschriften is dit de oerklank

van het universum en de bron van de schepping. Alle andere geluiden ontstaan uit Om en lossen weer in Om op.

Avatar – Goddelijke Incarnatie. Afgeleid van de Sanskriet wortel 'ava-
tarati' – 'neer beneden komen'.

avil – geplette rijst

Bhagavad Gita – 'Lied van de Heer'. Het onderricht dat Heer Krishna
aan het begin van de Mahabharata-oorlog aan Arjuna gaf. Het
is een praktische gids om een crisis in ons persoonlijke en sociale
leven aan te kunnen en is de essentie van Vedische wijsheid.

bhajan – devotioneel lied

bhakti – devotie, toewijding, dienstbaarheid en liefde voor de Heer

bhava – stemming of houding

bhiksha – aalmoes

Bhishma – stamvader van de Pandava's en Kaurava's. Hoewel hij tijdens de Mahabharata-oorlog aan de kant van de Kaurava's vocht,
was hij voorvechter van dharma en sympathiseerde hij met de
zegevierende Pandava's.

brahmachari – een celibatair levende mannelijke leerling die spirituele
oefeningen doet onder leiding van een meester

brahmacharini – het vrouwelijke equivalent van brahmachari

brahmacharya – celibaat, en controle over de zintuigen in het algemeen

Brahman – de Ultieme Waarheid voorbij alle verschijnselen; ook: de alwetende, almachtige, alomtegenwoordige basis van het universum

brahmanen – priesterklasse in India

Brahmasthanam-tempel – deze tempels die voortgekomen zijn uit
Amma's goddelijke intuïtie, zijn voor iedereen toegankelijk ongeacht hun geloof. In het midden staat een vierkant beeld met een
afbeelding van Ganesh, Shiva, Devi en de Slang, die de inherente
eenheid in de verscheidenheid van het Goddelijke uitdrukken.
Er zijn nu zestien van deze tempels in India en één in Mauritius.

damam – beheersing van de zintuigen

danam – liefdadigheid

darshan – een audiëntie bij een heilige of een visioen van het Goddelijke

daya – mededogen, compassie

deva's – hemelse wezens

Devi – Godin, de Goddelijke Moeder

Devi Bhava – 'de Goddelijke Stemming van Devi'. De toestand waarin

Amma Haar eenheid en vereenzelviging met de Goddelijke Moeder laat zien.

dharma – in het Sanskriet betekent dharma 'dat wat (de schepping) in stand houdt'. Meestal geeft het de harmonie in het universum aan. Andere betekenissen zijn rechtvaardigheid, plicht, verantwoordelijkheid.

Draupadi – de echtgenote van de vijf Pandava's

Duryodhana – de oudste van de honderd Kaurava-broers. Eigende zich de troon toe waarop Yudhishthira, de oudste van de vijf Pandava's, recht had. Door zijn haat tegenover de rechtvaardige Pandava's en zijn bekende weigering hun zelfs een grassprietje te geven, maakte hij de Mahabharata-oorlog onvermijdelijk.

gopi – de gopi's waren melkmeisjes die in Brindavan woonden, de woonplaats van de jonge Krishna. Zij waren vurige Krishna-aanhangers. Zij zijn een voorbeeld van de meest intense liefde voor God.

gurukula – letterlijk 'Guru-groep'. Traditionele school waar kinderen bij een Guru wonen die hen onderwijst in de geschriften en academische kennis, waarbij hij hun spirituele waarden bijbrengt.

homa – vuurceremonie

japa – herhaling van een mantra

jiva of jivatman – individuele ziel. Volgens de Advaita Vedanta is de jivatman niet een beperkte, individuele ziel, maar één met en hetzelfde als de Paramatman of Brahman, de Hoogste Ziel, die zowel de materiële als intelligente oorzaak van het universum vormt.

jnana – kennis

kaimani's – handcimbaaltjes

karma – bewuste handelingen; ook de keten van gevolgen veroorzaakt door handelingen

Kaurava's – de honderd kinderen van koning Dhritarashtra en koningin Gandhari, van wie de kwaadaardige Duryodhana de oudste was. De Kaurava's waren de vijanden van hun neven, de deugdzame Pandava's, met wie zij in de Mahabharata-oorlog vochten.

Krishna – de belangrijkste incarnatie van Vishnu. Hij werd in een koninklijke familie geboren, maar groeide bij pleegouders op. Hij woonde als jonge koeienherder in Brindavan waar hij werd bemind en vereerd door zijn toegewijde metgezellen, de gopi's en gopa's.

Later stichtte Krishna de stad Dwaraka. Hij was een vriend en adviseur van Zijn neven, de Pandava's, in het bijzonder van Arjuna, die hij diende als wagenmenner tijdens de Mahabharata-oorlog en aan wie Hij Zijn leer in de vorm van de Bhagavad Gita openbaarde.

Krishna Bhava – 'de Goddelijke Stemming van Krishna'. De toestand waarin Amma Haar eenheid en vereenzelviging met Krishna laat zien. Aanvankelijk gaf Amma Krishna Bhava onmiddellijk voorafgaand aan Devi Bhava darshan. Tijdens Krishna Bhava identificeerde Ze zich niet met de problemen van de toegewijden die naar Haar darshan kwamen, maar bleef er getuige van. Na vastgesteld te hebben dat de mensen in de moderne wereld voornamelijk de liefde en het mededogen van God als de Goddelijke Moeder nodig hadden, stopte Amma met het geven van Krishna Bhava in 1985.

Kurukshetra – het slagveld waar de Mahabharata-oorlog werd gestreden

Lalita Sahasranama – Duizend Namen van de Goddelijke Moeder, die dagelijks gereciteerd worden in alle ashrams en centra van Amma, door toegewijden in groepsverband, en bij mensen thuis

lila – goddelijk spel

lokah samsastah sukhino bhavantu – vredesmantra die betekent: "Mogen alle wezens gelukkig zijn" en dagelijks door Amma's leerlingen en volgelingen over de hele wereld herhaald wordt voor de vrede en harmonie in de hele wereld.

Mahabharata – een van de twee grote Indiase historische epische vertellingen. De andere is de Ramayana. Het is een grote verhandeling over dharma. Het verhaal gaat voornamelijk over het conflict tussen de rechtschapen Pandava's en de kwaadaardige Kaurava's en de grote slag bij Kurukshetra. Het bevat honderdduizend verzen en is de langste epische vertelling ter wereld. Het is geschreven rond 3200 voor Christus door de heilige Veda Vyasa.

Mahatma – letterlijk 'Grote Ziel'. Hoewel de term nu breder wordt gebruikt, verwijst Mahatma in dit boek naar iemand die verblijft in de Kennis dat hij één is met het Universele Zelf of de Atman.

mala – soort rozenkrans

manamam – overdenking, reflectie. Tweede stap in het proces van drie stappen naar Zelfrealisatie zoals omschreven in de Vedanta.

Mata Amritanandamayi – Amma's officiële naam die 'Moeder van

Onsterfelijke Gelukzaligheid' betekent, vaak voorafgegaan door het voorvoegsel Sri waarmee respect wordt aangeduid

maya – illusie. Volgens Advaita Vedanta komt het door maya dat de jivatman zich ten onrechte identificeert met het lichaam, de geest en het intellect in plaats van zijn identiteit met de Paramatman te beseffen.

Minakshi Devi – vorm van de Goddelijke Moeder die geïnstalleerd is de beroemde tempel in Madurai.

nidhidhyasanam – contemplatie. Laatste stap in het proces van drie stappen naar Zelfrealisatie zoals omschreven in de Vedanta.

nirguna – zonder vorm

pada puja – ceremoniële wassing van de voeten van de Guru of van zijn sandalen als teken van liefde en respect. Gewoonlijk wordt de wassing met zuiver water, yoghurt, ghi, honing en rozenwater gedaan.

Pandava's – de vijf zonen van koning Pandu en de helden van het epos de Mahabharata

payasam – zoete pudding gemaakt van rijst of vermicelli, cashewnoten en melk.

prarabdha – het resultaat van handelingen uit vorige levens dat we in dit leven voorbestemd zijn om te ervaren

prasad – gezegend offer of gave van een heilige of tempel, vaak in de vorm van voedsel

puja – rituele of plechtige eredienst

Rama – de goddelijke held uit het epos de Ramayana; een incarnatie van Heer Vishnu die beschouwd wordt als het ideaal van dharma en deugdzaamheid

Ravana – machtige demon. Vishnu incarneerde als Heer Rama om Ravana te verslaan en hierdoor de harmonie in de wereld te herstellen.

rishi's – gerealiseerde zieners of heiligen die mantra's schouwen

sadhana – spirituele oefening

saguna – met vorm

sakshi bhava – de houding waarbij men een getuige blijft van het lichaam, de geest en het intellect.

samadhi – eenheid met God; een transcendente toestand waarin men elk gevoel van individualiteit verliest

samsara – cyclus van geboorte en dood

sanatana dharma – 'eeuwig dharma', 'de eeuwige manier van leven', de oorspronkelijke en traditionele naam van het hindoeïsme

sankalpa – goddelijk besluit

sannyasin – een monnik die een formele gelofte van verzaking (sannyasa) heeft afgelegd. Een sannyasin draagt traditioneel een okerkleurig kleed dat het verbranden van alle verlangens symboliseert.

sannyasini – het vrouwelijke equivalent van sannyasin

Satguru – letterlijk 'Echte Meester'. Alle Satguru's zijn Mahatma's, maar niet alle Mahatma's zijn Satguru's. Een Satguru is iemand die ervoor kiest om naar het niveau van gewone mensen af te dalen om hen met hun spirituele groei te helpen, terwijl hij de gelukzaligheid van het Zelf blijft ervaren.

satsang – in vereniging zijn met de Opperste Waarheid; ook: in het gezelschap verkeren van Mahatma's, luisteren naar een spirituele lezing of discussie en in groepsverband deelnemen aan spirituele oefeningen

seva – belangeloos dienen waarvan het resultaat aan God wordt opgedragen

Shankaracharya – Mahatma die door zijn geschriften de superioriteit van de Advaita-filosofie van non-dualiteit herstelde in een tijd waarin sanatana dharma in verval was

Shiva – wordt vereerd als de eerste en belangrijkste in de afstamming van Guru's en als de vormloze basis van het universum in relatie tot de scheppingskracht Shakti. Hij is de Heer van vernietiging (van het ego) in de drie-eenheid van Brahma de schepper, Vishnu de instandhouder en Shiva. Hij wordt meestal voorgesteld als monnik met zijn lichaam ingesmeerd met as, slangen in zijn haar, alleen gekleed in een lendendoek, met een bedelnap en een drietand in zijn handen.

shruti – 'wat overgeleverd werd door te horen'. Verwijst naar de geschriften van Sanatana Dharma die tot kortgeleden door een mondelinge traditie werden overgeleverd.

Sita – Rama's heilige echtgenote; in India wordt ze als de ideale vrouw beschouwd

sravanam – luisteren. Eerste stap in het proces van drie stappen naar Zelfrealisatie zoals omschreven in de Vedanta.

Srimad Bhagavatam – devotioneel geschrift dat de verschillende incarnaties van Heer Vishnu beschrijft, met speciale nadruk op het leven van Sri Krishna. Geschreven door de wijze Veda Vyasa nadat hij de Mahabharata had voltooid.

Sudhamani – Amma's geboortenaam die haar ouders haar bij haar geboorte gaven en die 'Juweel van Nectar' betekent

tapas – ascese, boetedoening

Upanishaden – de delen van de Veda's die over de filosofie van het non-dualisme gaan

vairagya – onthechting, vooral onthechting van alles wat niet blijvend is, d.w.z. de hele zichtbare wereld

vasana's – latente neigingen of subtiele verlangens van onze geest die zich als activiteit en gewoontes manifesteren

Vedanta – 'het einde van de Veda's'; verwijst naar de Upanishaden, die gaan over Brahman, de Hoogste Waarheid, en de weg om die Waarheid te realiseren.

vedantin – beoefenaar van de Vedanta-filosofie

Veda's – Oudste van alle geschriften. De Veda's zijn niet samengesteld door een menselijke schrijver maar werden tijdens diepe meditatie aan de oude rishi's geopenbaard. De Veda's zijn samengesteld uit mantra's die altijd in de natuur aanwezig zijn in de vorm van subtiele vibraties; de rishi's bereikten zo'n diepe toestand van rust dat ze deze mantra's konden schouwen.

vedisch – komt uit of verwijst naar de oude Veda's

vishvarupa – kosmische vorm

viveka – onderscheidingsvermogen, vooral het onderscheid tussen het blijvende en het niet blijvende

Viveka Chudamani – kroonjuweel van onderscheidingsvermogen. Een inleidende tekst over Vedanta geschreven door Adi Shankaracharya die aanbevolen wordt voordat men met de studie van de Upanishaden begint.

yagna – offer in de betekenis van iets ter verering offeren of een handeling verrichten voor zowel persoonlijk als gemeenschappelijk welzijn

yoga – 'verenigen'; eenheid met het Hoogste Zijn; een ruim begrip dat ook verwijst naar de verschillende praktische technieken waarmee men eenheid met het Goddelijke kan verkrijgen; een pad dat naar Zelfrealisatie leidt yogi – een beoefenaar of een deskundige in yoga

Yudhishthira – oudste van de vijf Pandava's en de rechtmatige opvolger van de Kuru-troon die de kwaadaardige prins Duryodhana zich toegeëigend had. Men zegt dat hij de incarnatie van het principe van dharma in een menselijke vorm was.

www.ingramcontent.com/pod-product-compliance
Lightning Source LLC
LaVergne TN
LVHW051547080426

835510LV00020B/2894